Selbstdisziplin

Wie du dir das Leben erschaffst, von dem du schon immer geträumt hast

2. Auflage

Copyright © 2018 – Andreas Hofmann

www.andreas-hofmann.net

Alle Rechte vorbehalten.

Die Rechte des hier verwendeten Textmaterials liegen ausdrücklich beim Verfasser. Eine Verbreitung oder Verwendung des Materials ist untersagt und bedarf in Ausnahmefällen der eindeutigen Zustimmung des Verfassers.

Copyright © 2018 Andreas Hofmann

www.andreas-hofmann.net

Alle Rechte vorbehalten.

ISBN: 9781719926003

Independently published

Inhaltsverzeichnis

Vorwort 4

Teil I: Selbstdisziplin auf den Punkt gebracht 15

    Was darf es sein: Kurzfristiges Vergnügen oder langfristiger Vorteil? .. 16

    Die wichtigste Fähigkeit für ein glückliches und erfülltes Leben 23

    Was ein Marshmallow mit Selbstdisziplin zu tun hat 33

    So funktioniert Willenskraft wirklich 39

    Glaubst du die Ausreden, die du dir selbst erzählst? 53

    Das Geheimnis der dauerhaften Motivation 58

    Die 21 besten Strategien für mehr Selbstdisziplin 65

    Der einfachste Weg zur positiven Veränderung 102

    Die gefährlichen Schattenseiten der Selbstdisziplin 116

Teil II: Mehr Erfolg im Leben – durch Selbstdisziplin 127

    Jeder kann erfolgreich sein! 128

    So erreichst du alle deine Ziele – garantiert! 147

    Spitzenleistung im Beruf? So gelingt es dir 193

    7 Strategien, die dich produktiver werden lassen 212

    Was jeder über Geld wissen sollte 229

    7 Strategien, um besser mit Ängsten umzugehen 256

    Wie du perfekte Beziehungen führst 271

    Die 3 „Geheimnisse" für einen gesunden Körper 282

Schlusswort 302

Eine kleine Bitte… 307

Mehr Selbstdisziplin: Der kostenlose 7-tägige E-Mail-Kurs 308

Danksagung 309

Über den Autor 310

Quellenverzeichnis 311

Impressum 315

Vorwort

Ich denke nicht, dass ich überdurchschnittlich intelligent oder talentiert bin.

Jedoch habe ich eine große Stärke.

Diese Stärke hat mich dorthin gebracht, wo ich aktuell stehe.

Diese Stärke wird dafür sorgen, dass sich all meine Träume verwirklichen werden.

Diese Stärke ist eine Fähigkeit, die nicht angeboren ist und die von jedem erlernt werden kann.

Erlernst du diese Fähigkeit und wendest sie an, wird sie ebenfalls dafür sorgen, dass sich deine Träume erfüllen werden.

Meine große Stärke und diese Fähigkeit ist Selbstdisziplin.

Da wir jetzt wohl einige Stunden miteinander verbringen werden, möchte ich dir zuerst etwas über mich und mein bisheriges Leben erzählen. Dadurch wirst du verstehen, welchen massiven Einfluss die Selbstdisziplin auf mein Leben hatte:

Meine Geschichte

Geboren wurde ich 1987 in der Siemensstadt Erlangen in Franken.

Meine Kindheit war alles andere als perfekt:

- Ich habe nicht die Aufmerksamkeit und Liebe bekommen, die ich mir gewünscht habe.
- Ich wurde in der Schule gemobbt.
- Ich hasste mich selbst.

Ich möchte dich nicht mit weiteren Details langweilen, da du solche Geschichten wahrscheinlich zur Genüge kennst.

Außerdem möchte ich mich nicht beschweren, da wohl…

1. …mindestens 98 % der Kinder auf dieser Welt ohne zu zögern gerne mit meiner Kindheit tauschen würden.
2. …kein Mensch unbeschadet aus der Kindheit kommt – egal, wie liebevoll unsere Eltern und unser Umfeld auch waren.

Die Erfahrungen, die ich in meiner Kindheit gemacht habe, haben dafür gesorgt, dass ich heute so bin wie ich bin – und das ist gut so.

Soweit ich mich zurückerinnern kann, verspürte ich in mir schon immer das Verlangen, mehr aus meinem Leben zu machen. Da ich damals jedoch ein weitestgehend fremdbestimmtes Leben führte und hilflos in der Opferrolle verharrte, tat ich natürlich nichts, um meine Träume wahr werden zu lassen.

Dementsprechend sah mein Leben von Anfang bis Mitte 20 wie folgt aus:

- Ich hatte keinen Erfolg bei Frauen.
- Ich hatte kaum richtige Freunde.
- Meine Arbeit machte mir keinen Spaß.
- Ich konnte nicht mit Geld umgehen und war somit ständig pleite.

Wie du dir vorstellen kannst, war ich – gelinde gesagt – sehr unglücklich mit meinem Leben. Doch statt dagegen etwas zu tun, saß ich oft allein zu Hause und betäubte mich mit Computerspielen.

Mit 21 las ich mein erstes Buch über Persönlichkeitsentwicklung: *„Denke nach und werde reich"* von Napoleon Hill. Natürlich setzte ich daraus kaum etwas um bzw. zog es nie wirklich durch, da mein Leben von Ängsten und Selbstzweifeln zerfressen war.

Damals machte mir das Lesen solcher Bücher keinen Spaß. Doch wenn ich schon in der Praxis nichts tat, um mein Leben zu verbessern, wollte ich wenigstens darüber lesen und theoretische Erfahrungen sammeln, die ich „irgendwann" umsetzen könnte. So zwang ich mich zum Lesen, und mit der Zeit kamen weitere Bücher hinzu.

Leider kommen die meisten Menschen erst in Aktion, wenn der Schmerz zu stark wird. Dieser Punkt war bei mir mit Mitte 24 erreicht:

Mein größtes Schmerzthema war damals mein ausbleibender Erfolg bei Frauen.

Durch Zufall lernte ich eine Frau kennen, die mich interessant fand. So kam ich mit 24 zum ersten richtigen Date in meinem Leben. Da ich jedoch keinerlei Erfahrung und Selbstvertrauen im Umgang mit Frauen hatte, schaffte ich es innerhalb von 30 Minuten, dass sie jegliches Interesse an mir verlor.

Dieses Ereignis schmerzte mich so sehr, dass ich die Entscheidung traf, dass es so nicht weitergehen konnte. Zum ersten Mal in meinem Leben beschloss ich, wirklich die Verantwortung zu übernehmen und diesen Lebensbereich nach meinen Vorstellungen zu gestalten.

Ich begab mich auf die Suche nach Leuten, die diesen Lebensbereich bereits gemeistert hatten, um von ihnen zu lernen. Zum Glück fand ich solche Leute, und sie wurden zu guten Freunden. Mit ihrer Hilfe stellte ich mich meinen Ängsten, und es kam zu ersten kleineren Erfolgen.

Zum damaligen Zeitpunkt zog ich quasi mein komplettes Lebensglück aus der Interaktion mit Frauen. Gab es eine Frau in meinem Leben, war ich glücklich. Gab es keine Frau, war ich unglücklich. Das machte mich Frauen gegenüber bedürftig, was im Bereich Dating/Beziehung eine der unattraktivsten Eigenschaften überhaupt ist. Aus diesem Grund waren meine Erfolge überschaubar und die Frauen verschwanden so schnell, wie sie in mein Leben getreten waren.

Ende 2013 saß ich mit einem gebrochenen Herzen, jeder Menge Schmerz und einem sehr guten Freund – der gleichzeitig einer meiner großen Mentoren war – in einer Bar in Berlin.

Mein Freund hielt mir schonungslos den Spiegel vor. Er erklärte mir, dass Erfüllung nicht aus einem Lebensbereich allein käme und dass ich selbst für mein Glück verantwortlich wäre – und keine Frau. Des Weiteren zeigte er mir Wege auf, wie ich mich verändern könnte.

Rückwirkend betrachtet war dieses Gespräch der zweite große Wendepunkt in meinem Leben. Aufgrund dieses Gesprächs beschloss ich, mir ein so tolles Leben aufzubauen, dass ich unabhängig davon bin, ob es gerade eine Frau in meinem Leben gibt oder nicht.

Rund vier Jahre später kann ich sagen, dass mir dies ziemlich gut gelungen ist:

- Meine Arbeit macht mir Spaß und erfüllt mich.
- Ich habe einen tollen und herzlichen Freundeskreis, der mich jederzeit unterstützt.
- Inzwischen lebe ich in einer der spannendsten Städte der Welt.
- Den Umgang mit Geld habe ich gelernt und finanziell geht es mir besser denn je.
- Mit den Frauen läuft es wesentlich besser.
- Und das Wichtigste: Ich bin glücklich!

Ich bin noch nicht dort, wo ich hinmöchte, doch befinde ich mich auf einem guten Weg dorthin und lebe mein Leben immer mehr nach meinen Vorstellungen. Vor allem lebe ich nach einem meiner wichtigsten Werte: Freiheit.

- Ich habe keinen Chef, der mir vorschreibt, wann ich auf der Arbeit sein muss und wie viele Stunden ich pro Woche zu arbeiten habe.
- Ich habe keinen Wecker, der mich morgens aufweckt – es sei denn, ich entscheide mich freiwillig dafür.
- Ich bin komplett frei und kann mir meinen Tag so einteilen wie ich es will.

Warum erzähle ich dir das alles?

Weder möchte ich jammern, wie schlecht es mir damals ging noch möchte ich damit prahlen, wie toll mein Leben heute ist und wie ich es geschafft habe. Mit meiner Geschichte will ich dir zeigen, dass Veränderung möglich ist.

Eine Sache kann ich dir jedoch nicht versprechen: Dass eine solche Veränderung innerhalb von wenigen Tagen passiert. Große Veränderung braucht immer ihre Zeit und wahrscheinlich wird es länger dauern als dir lieb ist.

Dennoch ist viel mehr möglich als du jetzt vielleicht für möglich hältst. Hättest du mir vor fünf Jahren erzählt, wie mein Leben heute aussieht, hätte ich dich für verrückt erklärt.

Anfang 2016 fragte ich mich zum ersten Mal bewusst, was dafür verantwortlich war, dass sich mein Leben so sehr zum Positiven verändert hat. Die Antwort kam mir sofort: Eine starke Selbstdisziplin.

Damit sind wir beim Thema:

Mein Leben ist heute so toll, weil ich dazu bereit war, die dafür notwendigen Dinge zu tun. Ich weiß, es klingt abgedroschen, doch von nichts kommt nichts.

Meine Geschichte liest sich wahrscheinlich recht einfach, doch du kannst mir glauben: Das war es nicht. Oft habe ich mich dazu überwinden müssen, Dinge zu tun, die mir im jeweiligen Moment keinen Spaß gemacht haben. Außerdem habe ich eine Menge schmerzhafter Rückschläge einstecken müssen und war einige Male kurz davor, alles hinzuschmeißen. Rückwirkend betrachtet habe ich es nie bereut, diese Dinge getan bzw. nach Rückschlägen weitergemacht zu haben.

„Meine Disziplin hat mich dahin gebracht, wo ich heute stehe. Nur wenn ich weiterhin diszipliniert handle, werden sich meine Träume erfüllen."

In meinem Zimmer hängt dieser Spruch über meinem Schreibtisch und an meiner Tür. Ich möchte, dass ich ständig daran erinnert werde, was dafür verantwortlich war, dass ich inzwischen ein so tolles Leben führe. Außerdem soll mich dieser Spruch ermahnen, nicht nachlässig zu werden.

Neben meiner Selbstdisziplin war eine weitere Sache entscheidend:

Der Wille, es zu tun

Kurz nach seiner Amtseinführung im Jahre 1961 fragte der damalige amerikanische Präsident John F. Kennedy den deutschstämmigen Raketenforscher Dr. Wernher von Braun, was es benötige, einen Menschen sicher zum Mond und wieder auf die Erde zurückzubringen.

Darauf antwortete von Braun:

„Der Wille, es zu tun."

Diese kurze Anekdote beschreibt deutlich, worauf es bei Veränderung ankommt. Ist bei dir selbst kein Wille zur Veränderung gegeben, wird dir auch der beste Trainer auf dieser Welt nicht weiterhelfen können.

Ein Trainer, Coach, Mentor oder wie auch immer du ihn nennen magst, kann dir immer nur die Tür zeigen. Vielleicht kann er dir einen Schubs in die richtige Richtung geben, doch durch die Tür hindurchgehen, kannst nur du selbst.

Wie du vielleicht weißt, biete ich Coachings in Form einer mehrmonatigen Begleitung an. Diese Coachings sind nicht unbedingt billig.

Warum habe ich solche Preise?

Erstens bin ich der festen Überzeugung, dass meine Coachings dieses Geld wert sind. Die Erfolge meiner Teilnehmer geben mir dabei recht. Doch darauf will ich gar nicht hinaus…

Zweitens – und die Sache ist mir viel wichtiger: Ich möchte meine wertvolle Zeit in Menschen investieren, die wirklich bereit sind, sich zu verändern. Ist jemand dazu bereit, eine solche Geldsumme in die Hand zu nehmen und diese in sich zu investieren, **ist bei dieser Person der Wille zur Veränderung auch wirklich gegeben.**

Arbeite ich mit solchen Coachees zusammen, werden die Dinge, die ich ihnen empfehle, auch umgesetzt. Ist der Wille gegeben, gibt es kein *„Ja, aber..."* mehr. Daher ist es nur eine Frage der Zeit, bis die gewünschten Resultate folgen werden.

Der amerikanische Autor Napoleon Hill veröffentlichte 1937 das Buch *„Denke nach und werde reich"*. Dieses Buch ist quasi die Bibel der Selbsthilfeliteratur und zählt zu den meistverkauften Büchern aller Zeiten.

Für dieses Buch interviewte Hill die 500 wohlhabendsten Amerikaner und fasste die Erkenntnisse daraus in 13 Gesetze für Erfolg zusammen. Das erste Gesetz ist, ein brennendes Verlangen für den angestrebten Erfolg zu entwickeln.

Der Erfolg wird sich erst dann einstellen, wenn du ihn wirklich willst. Sobald dein Verlangen stark genug ist, gibt es keine Ausreden mehr. Du wirst automatisch all die Dinge tun, die dafür notwendig sind. Selbst, wenn du noch nicht weißt, wie du dein Ziel erreichen sollst, wirst du einen Weg finden.

Ich hatte das Glück, einen solchen starken Willen zu haben. Dieser Wille war stärker als jedes Hindernis, das sich mir in den Weg stellte. Wie du ebenfalls einen solch starken Willen entwickelst, erfährst du in diesem Buch.

Über dieses Buch

Was ist der gefährlichste Satz, den es gibt?

„Das weiß ich bereits."

Wann weißt du eine Sache wirklich?

Sobald du dieses Wissen täglich anwendest und lebst.

Das in diesem Buch enthaltene Wissen ist zum Teil bereits schon über 2.000 Jahre alt. Und so ist es nicht nur mit diesem Buch, sondern quasi mit jedem anderen Buch über Erfolg. Lies fünf Bücher über Erfolg und du weißt alles, was du darüber wissen musst.

Warum werden die meisten Menschen trotzdem nicht erfolgreich?

Weil sie das Wissen nur konsumieren und nicht in der Praxis anwenden.

Höchstwahrscheinlich wirst du das ein oder andere, das in diesem Buch steht, schon einmal gehört haben. Es geht jedoch nicht um das Wissen, es geht immer um das Umsetzen!

Dies ist ebenfalls keine neue Information. So schrieb Goethe beispielsweise:

„Es ist nicht genug, zu wissen, man muss auch anwenden; es ist nicht genug, zu wollen, man muss auch tun."

Der griechische Stoiker und Philosoph Epiktet sagte bereits um die 100 n. Chr.:

„Nicht die Sprüche sind es, woran es fehlt; die Bücher sind voll davon. Woran es fehlt, sind Menschen, die sie anwenden."

Aus diesem Grund wird das Lesen dieses Buches allein nicht viel verändern. Du wirst disziplinierter, indem du mit diesem Buch arbeitest und es zu einem Teil von dir selbst machst. Entscheidend dabei ist, wie schnell du die gelernten Dinge umsetzt.

In diesem Buch berufe ich mich auf viele psychologische Studien und eigene Erfahrungen. Da jeder Mensch unterschiedlich ist, kann es jedoch sein, dass für dich andere Strategien besser funktionieren. Aus diesem Grund gibt es kein Richtig oder Falsch. Es gibt nur: Das unterstützt mich in meinem Leben und bringt mich näher an meine Ziele oder eben nicht.

Deine Handlungen in der Vergangenheit haben dich dorthin gebracht, wo du heute stehst. Bist du damit nicht zufrieden (was wahrscheinlich so ist, sonst hättest du dieses Buch ja nicht gekauft), tue etwas anderes. Dementsprechend rate ich dir zur Offenheit – sowohl bei der Arbeit mit diesem Buch als auch im Leben allgemein.

Dieses Buch setzt sich aus zwei Teilen zusammen:

In Teil I geht es darum zu verstehen, warum es so wichtig ist, diszipliniert zu handeln. Außerdem erfährst du, wie Selbstdisziplin funktioniert und wie du deine Disziplin steigern kannst. Zusätzlich gebe ich dir meine besten Strategien an die Hand, mit denen es dir zukünftig einfacher fallen kann, in verschiedenen Situationen diszipliniert zu handeln.

In Teil II geht es darum, wie du Selbstdisziplin in den verschiedenen Lebensbereichen einsetzen kannst, um einzelne Lebensbereiche nach deinen Vorstellungen zu gestalten. Ich habe das Buch so geschrieben, dass du die Kapitel immer wieder einzeln lesen kannst, falls du in einem bestimmten Lebensbereich gerade Schwierigkeiten hast.

Trotzdem ist es wichtig, dass du dieses Buch zumindest beim ersten Mal vom Anfang bis zum Ende liest, da sehr viel aufeinander aufbaut.

Mein Ziel mit diesem Buch ist es, dir all mein Wissen mitzugeben. <u>Doch wie weiter oben beschrieben, wird dir das nur etwas nützen, sofern du es auch anwendest.</u> Des Weiteren will ich bei dir Bewusstheit schaffen. Nur, wenn du weißt wie Dinge funktionieren, kannst du sie durchschauen und anschließend verändern.

Außerdem möchte ich mit diesem Buch etwas zurückgeben, da es in meinem Leben viele tolle Menschen gab und gibt, von denen ich sehr viel lernen durfte und immer noch darf.

Ich wünsche dir jetzt viel Freude mit dem Buch.

Andreas Hofmann
Berlin, im Januar 2018

Teil I:
Selbstdisziplin auf den Punkt gebracht

„Als ich etwas über das Leben großer Menschen las, fand ich heraus, dass der erste Sieg, den sie errangen, der über sich selbst war; Selbstdisziplin war ihnen allen am wichtigsten."

Harry S. Truman
(ehemaliger amerikanischer Präsident)

Kapitel 1

Was darf es sein: Kurzfristiges Vergnügen oder langfristiger Vorteil?

„Wer das Selbst nicht erobert, wird vom Selbst erobert werden."

Napoleon Hill
(amerikanischer Schriftsteller)

Alle menschlichen Bedürfnisse lassen sich auf zwei Dinge herunterbrechen:

1. Freude zu erlangen
2. Schmerzen zu vermeiden

Das Bedürfnis, Schmerzen zu vermeiden, ist dabei wesentlich ausgeprägter, als das Bedürfnis Freude zu erlangen.

Mit Tätigkeiten, die einfach sind und uns Spaß machen, verbinden wir Freude, während wir mit Tätigkeiten, für die wir uns überwinden müssen, Schmerzen verbinden.

Somit tendiert der Mensch immer wieder dazu, die Dinge zu tun, die ihm kurzfristig Vergnügen bereiten. Doch leider sind es oft die Tätigkeiten, die uns kurzfristig keinen Spaß machen, die uns im Leben wirklich voranbringen.

Die meisten Menschen entscheiden sich für den Weg des geringsten Widerstands. Erst einmal spricht nichts dagegen: Es wäre dumm, es uns unnötig schwerzumachen.

Wählst du den Weg des geringsten Widerstands, bedeutet es, das zu tun, was einfach ist und was dir Spaß macht, anstatt dem, was für das Erreichen deiner Ziele wirklich notwendig ist.

Angenommen, dein Ziel wäre es abzunehmen: Deinem Ziel näher bringen dich eine gesunde Ernährung und regelmäßiger Sport. Kurzfristig ist es jedoch bequemer, wenn du dir eine Pizza in den Ofen schiebst, dich auf die Couch legst und dir beim Essen der Pizza eine Folge deiner Lieblingsserie ansiehst.

Entscheidest du dich regelmäßig für das kurzfristig Bequeme, wirst du deine Ziele höchstwahrscheinlich nicht erreichen.

Willst du stattdessen die Dinge tun, die vielleicht kurzfristig unangenehm sind, dir jedoch langfristig einen größeren Vorteil versprechen, benötigst du Selbstdisziplin:

- Du verzichtest auf die geliebten Kartoffelchips, um deinem Wunschgewicht näher zu kommen.
- Du setzt dich an einem schönen Sonntagnachmittag hin und lernst, um eine gute Note zu schreiben.
- Du verzichtest darauf, das dritte Bier zu trinken, weil du deinen Führerschein behalten möchtest.
- Du überwindest dich zu einer schweißtreibenden Einheit im Fitnessstudio, weil du dieses Jahr eine tolle Strandfigur haben möchtest.
- Du machst Überstunden und kommst später von der Arbeit nach Hause, weil du befördert werden möchtest.

Selbstdisziplin ist also die Eigenschaft, sich gegen das kurzfristig Bequeme zu entscheiden und Anstrengung auf sich zu nehmen, um dadurch langfristig eine größere Belohnung zu erhalten. Wir sind dazu bereit, auf gewisse Dinge zu verzichten, weil es etwas gibt, was uns wichtiger ist.

Selbstdisziplin bedeutet, jetzt auf das Stück vom Kuchen zu verzichten, um zu einem späteren Zeitpunkt den ganzen Kuchen zu bekommen.

Die Notwendigkeit von Selbstdisziplin für das Überleben

Das Wort *„Disziplin"* stammt vom lateinischen *„disciplina"* ab, was so viel bedeutet wie *„Lehre"*, *„Zucht"* und *„Schule"*. Als Verhalten bezeichnet Disziplin eine Form der bewussten Selbstregulierung.

Bist du diszipliniert, bedeutet es, dass du dich selbst und deine Bedürfnisse unter Kontrolle hast und dich nicht von diesen überwältigen lässt.

Jeder Mensch hat Bedürfnisse. Wenn er jedoch nicht in der Lage wäre, seine Triebe zu kontrollieren, dann wäre ein Zusammenleben mit anderen Menschen nicht möglich, da das Zusammenleben mit anderen Lebewesen in gewisser Weise immer Zurückhaltung bedeutet.

Bei im Rudel lebenden Tieren gibt es ebenfalls diverse Verhaltensregeln, an die sich das Gruppenmitglied halten muss, um nicht aus der Gruppe ausgestoßen zu werden. Solche Verhaltensformen sind beispielsweise:

- Wer zuerst fressen darf,
- wer sich mit wem paaren darf oder
- welche Aufgabe das Tier in der Gruppe hat.

Sich zurückzuhalten und seine Bedürfnisse hinten anzustellen, ist für Rudeltiere ein Überlebensgarant, da der Ausstoß aus der Gruppe oft mit dem sicheren Tod verbunden ist.

Auch wenn es bei einem Menschen in der westlichen Welt heute nicht mehr der Fall ist, verhielt es sich bei unseren Vorfahren ähnlich: Führten sich unsere Vorfahren in der Gruppe auf (sie stahlen etwas, hatten Sex mit der Dame des Gruppenführers usw.), konnte dies zum Ausschluss aus der Gruppe bzw. sogar zum Tod führen.

Somit besitzt jedes Rudeltier ein gewisses Maß an Selbstdisziplin. Eine große Sache unterscheidet den Menschen jedoch vom Tier:

Was den Menschen vom Tier unterscheidet

In einem Versuch wurde die Fütterung von Affen umgestellt: Statt mehrmals am Tag kleinere Mengen, bekamen sie nur noch einmal am Tag eine größere Menge.[1]

Was passierte?

Die Affen fraßen sich richtig satt und als sie gesättigt waren, begannen sie, die restlichen Nahrungsmittel zu ignorieren und sogar, sich gegenseitig damit zu bewerfen.

Sie lernten nie, sich einen Teil für später aufzuheben. Sie kamen nicht einmal ansatzweise auf die Idee, dass sie in ein paar Stunden wieder hungrig werden würden.

Vielleicht denkst du jetzt an das Eichhörnchen, das sich für schlechte Zeiten einen Nahrungsvorrat anlegt. Dabei handelt es sich jedoch um programmierte Instinkte und nicht um eine geplante Vorratshaltung.

Tieren fehlt die Möglichkeit, langfristig zu denken. Experten schätzen, dass die intelligentesten Primaten ungefähr zwanzig Minuten in die Zukunft vorausschauen können.

Der Einfluss des langfristigen Denkens auf unser Leben

„Joe sitzt in einem Restaurant und trinkt eine Tasse Kaffee. Er denkt darüber nach, was in der nächsten Zeit passieren wird, wenn …"

„Nach dem Aufwachen denkt Bill über seine Zukunft nach. Allgemein geht er davon aus …"

Bei diesen Zeilen handelt es sich um Schreibübungen.

Wie gehen diese Geschichten weiter? Du kannst gern die Geschichten von Joe und Bill weiterdenken. Stell dir kurz vor, über was die beiden nachdenken könnten. Ein paar Stichpunkte reichen vollkommen aus.

Bei dieser Übung handelte es sich um ein Experiment, das mit Heroinsüchtigen und einer Vergleichsgruppe durchgeführt wurde. Die Vergleichsgruppe wies dabei ähnliche Voraussetzungen auf wie die Heroinabhängigen (einfacher Schulabschluss, Jahreseinkommen unter 20.000 Dollar usw.).[2]

In diesem Versuch sollte überprüft werden, wie weit beide Gruppen in die Zukunft denken.

Schrieb die Vergleichsgruppe die Geschichte von Joe zu Ende („die nächste Zeit"), umfasste deren Zeitspanne im Schnitt eine Woche in die Zukunft. Bei den Heroinsüchtigen war es eine Stunde.

Bei der Geschichte von Bill („denkt über die Zukunft nach") schilderte die Vergleichsgruppe langfristige Pläne wie berufliche Ziele oder die Heirat. Die Süchtigen beschrieben bevorstehende Ereignisse wie einen Termin beim Arzt oder einen Besuch bei Verwandten.

Im Schnitt dachte die Vergleichsgruppe viereinhalb Jahre in die Zukunft, während der Zeitraum bei den Heroinsüchtigen auf neun Tage beschränkt war.

Dieser verkürzte Zeithorizont ist typisch für Suchtkranke, weil Suchtkranke auf den kurzfristigen Kick aus sind.

In einem nachfolgenden Experiment mit den Geschichten von Joe und Bill stellten die Wissenschaftler fest, dass das Einkommen der Testpersonen umso höher war, je weiter diese in die Zukunft dachten.

Nur wer in der Lage ist, langfristig zu denken, kann seine Handlungen in der Gegenwart danach ausrichten, um auf diesen Horizont zuzuarbeiten und ihn wahr werden zu lassen. Und hier kommt die Selbstdisziplin ins Spiel.

Wie langfristig denkst und handelst du?

Du darfst verstehen, dass das Leben ein großer Schmetterlingseffekt ist: Du stehst in deinem Leben heute genau dort, wo du stehst, weil du in der Vergangenheit diverse Dinge getan bzw. nicht getan hast – bewusst oder unbewusst.

Dies zu akzeptieren mag vielleicht schwerfallen, da sich die Vergangenheit jedoch nicht ändern lässt, bleibt dir keine Wahl.

Das Schöne am Schmetterlingseffekt ist, dass dieser ebenfalls für unsere Zukunft gilt, denn deine Zukunft wird durch die Handlungen in der Gegenwart erschaffen.

Welche Handlungen unternimmst du gegenwärtig?

Befriedigst du hauptsächlich deine kurzfristigen Bedürfnisse?

Oder bist du dazu bereit, kurzfristig in den sauren Apfel zu beißen, um dadurch langfristig einen größeren Vorteil zu haben?

Das Leben ist die Summe deiner Handlungen. Es ist nicht schlimm, sich ab und zu etwas zu gönnen und seine kurzfristigen Bedürfnisse zu befriedigen. Gibst du jedoch ständig nur deinen kurzfristigen Bedürfnissen nach, wirst du es im Leben nicht weit bringen.

Selbstdisziplin ist also eine Entscheidung gegen das kurzfristige Vergnügen, weil es etwas gibt, das uns wichtiger ist und uns langfristig einen größeren Vorteil verspricht.

Schau dich um: So gut wie alles, was du siehst, wurde von Menschen erfunden und entwickelt:

- Das Drucken von Büchern bzw. das Gerät, auf dem du dieses Buch liest
- Die Uhr, die du am Arm trägst
- Das Smartphone, mit dem du u. a. telefonierst
- Die Matratze, auf der du nachts schläfst
- Das Auto, mit dem du fährst

Würde der Mensch ständig seinen kurzfristigen Bedürfnissen nachgeben und den ganzen Tag nur tun, was ihm Spaß macht, würde es all diese Dinge nicht geben. Vermutlich würde der Mensch sogar immer noch in Höhlen leben.

Im nächsten Kapitel wirst du erfahren, warum Selbstdisziplin so wichtig ist.

Resümee:

- Der Mensch möchte Freude erlangen und Schmerzen vermeiden. Mit Tätigkeiten, die einfach sind, verbinden wir Freude. Mit Tätigkeiten, für die wir uns überwinden müssen, verbinden wir Schmerzen. Doch leider sind es oft die Tätigkeiten, für die wir uns überwinden müssen, die uns in unserem Leben wirklich voranbringen.

- Selbstdisziplin ist die Eigenschaft, auf das kurzfristig Bequeme zu verzichten und Anstrengung auf uns zu nehmen, um dadurch langfristig einen größeren Vorteil zu erhalten.

- Je langfristiger du denkst und deine Handlungen in der Gegenwart auf Basis dieser langfristigen Perspektive ausrichtest, umso höher ist die Chance, dass du deine Ziele erreichen wirst.

Kapitel 2

Die wichtigste Fähigkeit für ein glückliches und erfülltes Leben

„Ich habe 30 Jahre gebraucht, um über Nacht berühmt zu werden."

Harry Belafonte
(amerikanischer Entertainer)

Wir leben in einer Zeit, in der vieles sofort verfügbar ist: Ob du ein Buch lesen, einen Film ansehen oder ein bestimmtes Lied hören möchtest, in der Regel genügen dafür ein paar Mausklicks.

Da wir in vielen Lebensbereichen die sofortige Befriedigung unserer Bedürfnisse gewohnt sind, erwarten wir, dass es in anderen Lebensbereichen genauso abläuft.

Aus diesem Grund sind die wenigsten Menschen heutzutage noch dazu bereit, Mühe in ihre Träume und Ziele zu investieren. Stattdessen wollen sie den schnellen Erfolg und suchen nach der Wunderpille. Die Werbung hält uns diese ständig vor die Nase:

- „Benutze dieses Deo, dann liegt dir die Frauenwelt zu Füßen!"
- „Von Zuhause aus pro Monat ganz einfach 10.000 € verdienen. Keine Vorkenntnisse notwendig!"
- „In zwei Wochen 10 kg abnehmen! Ohne Sport und ohne Ernährungsumstellung!"

Doch eine Wunderpille gibt es leider nicht – tut mir leid, falls ich dich jetzt enttäuscht haben sollte.

Alle sichtbaren nachhaltigen Erfolge beruhen auf harter Arbeit und Verzicht. Für Außenstehende ist dies jedoch auf den ersten Blick nicht wahrnehmbar.

Das Tückische am Erfolg

Angenommen, du sähest einen ca. 35-jährigen Mann, der einen Porsche fährt.

Vielleicht denkst du dir, er hatte reiche Eltern oder Glück und der Erfolg ist ihm in den Schoß gefallen.

Das Tückische am Erfolg ist, dass auf den ersten Blick nur das Endresultat sichtbar ist. In diesem Fall, dass der Mann einen Porsche fährt.

Wir wissen nicht, was er dafür getan hat, um sich dieses Auto leisten zu können. Vielleicht arbeitet er seit zehn Jahren im Schnitt pro Woche 80 Stunden, um jetzt sein Traumauto fahren zu können. Außenstehende sind nicht in der Lage, diese insgesamt 41.600 Stunden harter Arbeit wahrzunehmen.

In gewisser Weise gehört Glück immer dazu. Jedoch ist meine Lieblingsdefinition von Glück folgende: Die entsprechende Vorbereitung trifft auf die richtige Situation.

Natürlich ist es ebenfalls möglich, dass der Porschefahrer einfach zur richtigen Zeit am richtigen Ort war. Ich will gar nicht abstreiten, dass durch Zufall kurzfristige Erfolge möglich sind. Doch in solchen Fällen ist der Erfolg meist nicht nachhaltig.

Das beste Beispiel dafür sind Lottogewinner: Zwar gibt es keine offiziellen Studien, jedoch schätzen Insider, dass 80 bis 95 % aller Lottogewinner innerhalb von zwei Jahren wieder genauso viel (oder wenig) Geld haben wie vor ihrem Gewinn – häufig sogar noch weniger.

Warum ist das so?

Lottogewinner haben kein Fundament geschaffen, auf dem ihr Erfolg stehen kann. Sie haben nie gelernt, mit so viel Geld umzugehen.

Millionäre denken anders. Dieses Denken ist ein großer Teil des Fundaments von wohlhabenden Leuten. Ich beschäftige mich seit Mitte 2016 bewusst mit der Frage, was wohlhabende Menschen anders machen und bin zu dem Ergebnis gekommen, dass „Geld haben" zu 50 % Einstellungssache ist.

Vielleicht fragst du dich gerade, was die anderen 50 % sind. Lies dir dieses Kapitel aufmerksam durch, dann wirst du die Antwort erhalten!

Für alle nachhaltigen Erfolge wurde zuerst ein stabiles Fundament geschaffen. Gibt es kein stabiles Fundament, ist der Erfolg meist genauso schnell weg wie er gekommen ist.

Das Erfolgsgeheimnis der Superstars

Woran denkst du als Erstes, wenn du an berühmte Popstars, Filmstars oder Profisportler denkst?

Den Ruhm? Das viele Geld? Den luxuriösen Lebensstil, den sie leben?

Das sind alles Endprodukte des Erfolgs, die für die Masse sichtbar sind. Die Masse erkennt jedoch nicht, was dafür getan wurde, um die Endprodukte des Erfolgs genießen zu können.

Ein gutes Beispiel ist Christiano Ronaldo – einer der wohl besten Fußballer aller Zeiten. Was macht Christiano Ronaldo so gut?

1. Sein Talent bzw. seine genetischen Voraussetzungen. Klar, dass dies eine Rolle spielt, das will ich nicht einmal abstreiten.
2. **Jedoch ist er der erste Spieler, der frühmorgens auf dem Trainingsplatz steht und gleichzeitig der letzte Spieler, der jeden Tag den Platz verlässt – und das seit mehreren Jahrzehnten.**

Doch Christiano Ronaldo ist damit nicht allein: Ob es nun eine Rihanna, Lady Gaga, ein Mark Zuckerberg, Elon Musk oder Arnold Schwarzenegger ist, du kannst dir sicher sein, dass sie unzählige Stunden an Arbeit investiert haben, um heute dort zu sein, wo sie sind.

Selbst jetzt, obwohl sie es „geschafft haben", arbeiten sie mehr als der Durchschnitt. Dies fällt uns nur nicht auf.

Falls du mir nicht glaubst, lies ein paar Biografien berühmter Leute, wie z. B. von Arnold Schwarzenegger. Dort wird es deutlich beschrieben.

Künstler und Profisportler bringen natürlich ein gewisses Grundtalent mit. Doch Talent wird überschätzt. Sie alle holen durch harte Arbeit das Maximale aus ihrem Talent heraus.

Christiano Ronaldo, Rihanna, Arnold Schwarzenegger und alle anderen erfolgreichen Menschen haben eine Sache gemeinsam: Sie alle haben einen hohen Preis bezahlt, um heute dort zu sein, wo sie sind.

Alles hat seinen Preis

Alle Menschen möchten erfolgreich, reich, gesund, schlank und glücklich sein.

Ich glaube fest daran, dass es möglich ist, diese Dinge zu erreichen, jedoch hat alles seinen Preis. Die wenigstens Menschen sind dazu bereit, diesen Preis zu zahlen.

An jedem Traum hängt ein Preisschild. Du wirst deine Träume am schnellsten verwirklichen können, sobald du bereit bist, den vollen Preis dafür zu bezahlen.

Dieser Preis kann sein:

- Das Investieren von Zeit und Geld
- Schlechte Erfahrungen zu machen
- Verzicht auf Dinge, die uns Spaß machen bzw. die wir liebgewonnen haben
- Schmerzhafte Rückschläge einzustecken
- Sich seinen Ängsten zu stellen

In der Regel ist es eine Kombination aus diesen Dingen.

Je mehr es zu gewinnen gibt, umso mehr muss in der Regel auch investiert werden. Vergleiche es mit einer Immobilie: Für eine 150 m² Penthousewohnung in Münchens bester Lage wirst du mehr Geld bezahlen müssen als für eine 1-Zimmer-Wohnung in einem Dorf in Ostdeutschland.

Angenommen, du möchtest dir ein erfolgreiches Unternehmen aufbauen: Dafür würdest du unzählige Stunden Arbeit investieren und auf vieles verzichten müssen. Du würdest weniger Zeit für deine Freunde, PartnerIn und deine Hobbys haben. Außerdem würde es mit hoher Wahrscheinlichkeit nicht so laufen, wie du es dir vorgestellt hast und du würdest den einen oder anderen Rückschlag hinnehmen müssen. Ich habe es schon öfter erlebt und deshalb weiß ich, wovon ich schreibe.

Der Preis für Erfolg ist stets im Voraus fällig. Du wirst erst einmal in Vorleistung gehen müssen, bevor du irgendwann den Ertrag erhältst. Der Erfolg selbst ist das Endresultat. Im Wort *„Erfolg"* ist dies sogar enthalten: *„Er"* und *„folgt"*.

Was ein Obstbaum mit Erfolg zu tun hat

Nehmen wir an, du pflanzt den Samen eines Obstbaums in die Erde.

Erwartest du, dass du innerhalb von fünf Minuten die erste Frucht dieses Baumes genießen kannst?

Natürlich nicht.

Trotzdem denken viele Menschen, dass ihnen der Erfolg zugeflogen kommt, sobald sie anfangen, etwas für ihre Ziele zu tun.

Jedoch verhält es sich mit dem Erfolg so ähnlich wie mit diesem Obstbaumsamen: Du wirst dich erst einen gewissen Zeitraum um ihn kümmern müssen, bis du die ersten Früchte ernten kannst.

Soll dieser Baum irgendwann Früchte tragen, wirst du…

- …für genügend Sonnenlicht sorgen müssen.
- …ihn für ein schnelleres Wachstum düngen müssen.
- …darauf achten müssen, dass er genug Wasser bekommt.
- …ihn vor wilden Tieren und Ungeziefer schützen müssen.
- …ihn schneiden müssen.

Vor allem in der Anfangszeit wirst du sehr viel mehr investieren müssen als du zurückbekommen wirst. Kümmerst du dich jedoch immer weiter um diesen Baum, wird er irgendwann die ersten Früchte tragen.

Der Baum wird jedoch nicht schneller wachsen, indem du an ihm ziehst – ganz im Gegenteil: Ziehst du an dem Baum, wirst du ihn nur aus dem Boden herausreißen.

Trotzdem kannst du sehr viel dafür tun, dass dieser Baum groß und stark wird. Und je größer und stärker dieser Baum wird, umso…

1. ...weniger wirst du dich um ihn kümmern müssen.
2. ...mehr Früchte wird er tragen, die du ernten kannst.

Erfolg gibt es nicht geschenkt. Du darfst ihn dir verdienen. Ich verspreche dir jedoch eine Sache: Beginnst du damit, etwas für deine Ziele zu unternehmen und bleibst am Ball, wird dir sehr viel entgegenkommen.

Die wichtigste Fähigkeit für ein glückliches und erfülltes Leben

Auch wenn nachhaltiger Erfolg nur in den wenigsten Fällen von heute auf morgen entsteht, wird dein angestrebter Erfolg durch deine gegenwärtigen Handlungen erschaffen. Oft dadurch, indem du die Dinge tust, die kurzfristig unangenehm sind.

Dennoch tendiert der Mensch – wie in Kapitel 1 beschrieben – immer wieder dazu, nur die Dinge zu tun, die ihm kurzfristiges Vergnügen bereiten.

Um dich gegen das kurzfristige Vergnügen zu entscheiden und stattdessen die unangenehmen, dich wirklich weiterbringenden Dinge zu tun, benötigst du eine Sache: Selbstdisziplin.

- Selbstdisziplin, um die Dinge zu tun, die dazu notwendig sind, deinen Zielen näher zu kommen.
- Selbstdisziplin, um auf die Dinge zu verzichten, die dir Spaß machen.
- Selbstdisziplin, um dich deinen Ängsten zu stellen.
- Selbstdisziplin, um nach schmerzhaften Rückschlägen weiterzumachen.

Ohne Disziplin wäre kein Künstler in der Lage, einen Song nach dem anderen aufzunehmen, Tanz-Choreografien zu lernen, Promo-Termine wahrzunehmen oder auf Tournee zu gehen.

Kein Profisportler könnte ohne Disziplin eine ganze Saison über hart trainieren, sich gesund ernähren, auf genügend Erholung achten und genau in den wichtigen Momenten Spitzenleistungen erbringen.

Selbstdisziplin ist deshalb so wichtig, da sie in jedem Lebensbereich vorhanden ist:

Ängste: Traust du dich, dich deinen Ängsten zu stellen oder haben sie Macht über dich?

Arbeit: Bist du dazu bereit, Überstunden zu machen? Bildest du dich regelmäßig weiter? Arbeitest du wirklich oder verbringst du einen Großteil der Zeit damit, im Internet zu surfen und dich mit deinen Kollegen zu unterhalten? Lässt du dich von jeder Kleinigkeit ablenken?

Beziehungen: Nimmst du dir regelmäßig Zeit für deinen Partner und deine Freunde? Hältst du dich an Absprachen oder ist es dir egal?

Erziehung: Lebst du deinen Kindern das vor, was du ihnen ständig einredest?

Geld: Sparst du jeden Monat einen Teil deines Einkommens oder gibst du alles für sinnlosen Konsum aus?

Gesundheit/Fitness: Treibst du regelmäßig Sport? Ernährst du dich gesund?

Pers. Entwicklung: Wie viele Bücher liest du im Jahr? Besuchst du regelmäßig Veranstaltungen für deine persönliche Weiterbildung? Konsumierst du das Wissen nur oder setzt du es auch um?

Schlaf/Erholung: Gönnst du dir regelmäßige Pausen? Bleibst du am Abend extrem lange wach, obwohl du weißt, dass du am nächsten Tag früh raus musst? Schläfst du ausreichend?

Selbstmanagement: Arbeitest du die Aufgaben ab, die du dir vornimmst? Hältst du dich an die Prioritäten, die du dir gesetzt hast?

Ziele: Tust du wirklich die Dinge, die dich deinen Zielen näherbringen?

Wie du siehst, lässt sich Selbstdisziplin überall finden. In jedem Lebensbereich hast du eine Wahl, was es sein darf: Das kurzfristig Bequeme oder das, was dir langfristig einen größeren Vorteil bringt.

Für den Moment genügt es zu wissen, dass deine Selbstdisziplin Auswirkungen auf jeden Lebensbereich hat.

In Teil 2 des Buches werden wir auf die einzelnen Lebensbereiche genauer eingehen. Du wirst erfahren, was du konkret tun kannst, um diese Lebensbereiche nach deinen Vorstellungen zu gestalten und wie dir Selbstdisziplin dabei helfen kann.

Da unsere Selbstdisziplin so enorme Auswirkungen auf unser Leben hat, ist sie – die entsprechende Gesundheit vorausgesetzt – die wichtigste Eigenschaft, für ein glückliches und erfülltes Leben.

Der amerikanische Bestsellerautor Kop Kopmeyer verbrachte über 50 Jahre seines Lebens damit, 1.000 Prinzipien für Erfolg zu ermitteln. Natürlich wurde er oft gefragt, welche dieser 1.000 Prinzipien die Wichtigste ist. Seine Antwort darauf war immer dieselbe: *„Selbstdisziplin, denn ohne Disziplin sind die anderen 999 nichts wert. Mit Selbstdisziplin funktionieren sie alle."*

Viele Langzeitstudien fördern diese Vermutung ebenfalls. Die wohl bekannteste Studie dazu werden wir uns im nächsten Kapitel genauer ansehen.

Resümee:

- Die wenigsten Menschen sind dazu bereit, Mühe in ihre Ziele und Träume zu investieren. Stattdessen sitzen sie auf der Couch und erwarten, dass der Erfolg zu ihnen kommt. Doch so läuft das Spiel leider nicht. Willst du eine bestimmte Sache haben (z. B. einen tollen Körper, ein erfolgreiches Unternehmen usw.), dann tu etwas dafür!

- Jeder nachhaltige Erfolg steht auf einem stabilen Fundament. Dieses Fundament wurde durch harte Arbeit und Verzicht erschaffen. Die Arbeit, die in das Fundament investiert wurde, ist für Außenstehende auf den ersten Blick oft nicht wahrnehmbar. Sie nehmen nur die Spitze des Eisbergs wahr, d. h. die Endresultate (Geld, Status, eine gemeisterte Fähigkeit usw.).

- An jedem Traum hängt ein Preisschild. Je größer deine Träume sind, umso mehr muss in der Regel auch bezahlt werden. Du wirst deine Träume am schnellsten verwirklichen, wenn du dazu bereit bist, den vollen Preis dafür zu bezahlen. Bist du bereit, diesen Preis zu bezahlen?

- Du erschaffst dein zukünftiges Leben durch deine gegenwärtigen Handlungen. Dementsprechend ist es möglich, dein Leben nach deinen Vorstellungen zu gestalten. Da große Veränderung jedoch nie von heute auf morgen passiert, ist es so wichtig, heute die (unangenehmen) Dinge zu tun, die dich langfristig näher an deine Ziele bringen. Dafür benötigst du vor allem eine Sache: Selbstdisziplin.

Kapitel 3

Was ein Marshmallow mit Selbstdisziplin zu tun hat

„Ich bin wahrhaftig ein König, denn ich weiß mich selbst zu beherrschen."

Pietro Aretino
(italienischer Dichter und Schriftsteller)

Das sogenannte Marshmallow-Experiment war eine Studie an der US-amerikanischen Stanford University, die von 1968 bis 1974 stattfand. Der österreichisch-amerikanische Persönlichkeitspsychologe Walter Mischel zeigte in dieser Studie die Wichtigkeit des Belohnungsaufschubs für den akademischen, emotionalen und sozialen Erfolg einer Person eindrucksvoll auf.

Kinder im Alter zwischen 3 und 6 Jahren wurden dabei einzeln in einen langweiligen Raum geführt, in dem sich außer einem Stuhl und einem Tisch nichts befand.

Das Kind durfte sich aus einer breiten Palette von Süßigkeiten (z. B. ein Marshmallow, einen Oreo-Keks oder ein Salzgebäck) seine Lieblingssüßigkeit auswählen. Diese wurde anschließend auf einen Teller gelegt und auf den Tisch gestellt, an dem das Kind saß.

Der Psychologe erklärte dem Kind mehrmals, dass er gleich den Raum verlässt und es diese Süßigkeit anschließend essen darf. Alternativ kann sich das Kind jedoch gedulden und die Süßigkeit solange nicht verspeisen, bis der Psychologe wieder in den Raum kommt (i. d. R. nach 15 Minuten, was für ein kleines Kind eine Ewigkeit sein kann). Hielt sich das Kind solange zurück und aß diese Süßigkeit nicht, erhielt es anschließend eine zweite seiner zuvor ausgewählten Süßigkeit.

Nachdem sich der Psychologe sicher war, dass das Kind die Aufgabe verstanden hatte, verließ er den Raum.

Die Kinder wurden also vor die Wahl gestellt: Entweder eine kleine sofortige Belohnung oder eine größere Belohnung, für die sie sich etwas gedulden mussten.

Laut Angaben Mischels hielten sich einige Kinder die Augen zu oder drehten sich um, sodass sie die Süßigkeit nicht sehen mussten. Andere fingen an zu singen, schlugen gegen den Schreibtisch, zogen an ihren Zöpfen oder streichelten das Marshmallow wie ein Kuscheltier, nur um sich abzulenken. Andere Kinder hingegen aßen die Süßigkeit sofort.

Von den über 550 getesteten Kindern aß jedoch nur eine Minderheit die Süßigkeit sofort. Der Rest versuchte zu widerstehen, doch nur rund ein Drittel der Kinder hielt lange genug durch, um sich die zweite Süßigkeit zu verdienen.

Mit diesem Experiment verfolgte Mischel das Ziel herauszufinden, ab welchem Alter Kinder in der Lage sind, mit Versuchungen umzugehen und welche Strategien sie dabei anwenden, diesen zu widerstehen. Er ahnte dabei nicht einmal ansatzweise, wie viel dieser Test über das zukünftige Leben der Kinder verriet. Dass sich daraus mehrere Folgestudien entwickelten, ergab sich eher zufällig.

Auf YouTube findest du unter folgendem Link ein amüsantes Video, wie der Marshmallow-Test in etwa ablief:

https://www.youtube.com/watch?v=Y7kjsb7iyms

Die Entwicklung der Folgestudien

Einige Jahre später kam Mischel der Gedanke, dass ein Zusammenhang zwischen dem Verhalten der Kinder (die inzwischen Teenager waren) während des Experiments und ihrem späteren Leistungsvermögen bestehen könnte.

Die Theorie entstand, da Mischels Töchter ebenfalls an diesem Experiment teilgenommen hatten und sich Mischel hin und wieder bei seinen Töchtern erkundigte, wie es ihren MitschülerInnen so ginge. Dafür bat er seine Töchter, auf einer Skala von null bis fünf zu bewerten, wie es um die sozialen Kontakte und die schulische Leistungsfähigkeit ihrer Freunde steht.

Dabei fiel ihm auf, dass es möglicherweise einen Zusammenhang zwischen der schulischen Leistungsfähigkeit und dem Abschneiden beim Marshmallow-Test geben könnte. Aufgrund dieser Annahme wurde eine Anschlussstudie erhoben.

Viele der damals beteiligten Kinder waren noch auffindbar, sodass stichprobenartig deren Eltern und Lehrer angeschrieben wurden. Diese sollten die Kinder einstufen, wie diese im Vergleich zu anderen Kindern ihrer Altersstufe dastehen.

Die Kinder, die damals das Marshmallow nicht gegessen hatten, ...

- ...hatten bessere Noten in der Schule.
- ...konnten sich besser konzentrieren.
- ...waren selbstbewusster und zuversichtlicher.
- ...gerieten unter Stress nicht so schnell in Panik.
- ...waren besser im Vorausdenken und Planen.
- ...ließen sich durch Rückschläge nicht entmutigen.

Aufgrund dieser Ergebnisse wurde eine Langzeitstudie ins Leben gerufen. In dieser wurden die damaligen Teilnehmer alle zehn Jahre zu ihrer beruflichen Stellung, ihrem Familienstand, ihrer finanziellen Lage und ihrer körperlichen und psychischen Gesundheit befragt.

Die ersten Tests der jungen Erwachsenen

Um zu überprüfen, wie sich ihr Leben entwickelt hatte, wurden einige Teilnehmer der Studie im Alter von 25 bis 30 Jahren erneut kontaktiert. Dieses Mal waren die Fragen jedoch direkt an die jungen Erwachsenen gerichtet.

Die Auswertung ergab, dass jene die, die das Marshmallow nicht gegessen hatten, durchschnittlich erfolgreicher in ihrem Leben waren. Diese Personen...

- ...hatten einen höheren Bildungsabschluss.
- ...nahmen weniger Drogen.
- ...hatten einen niedrigeren Body-Mass-Index.
- ...verdienten mehr Geld.
- ...führten stabilere Beziehungen.
- ...waren besser darin, ihre langfristigen Ziele zu verfolgen.
- ...hatten ein höheres Selbstwertgefühl.
- ...begingen weniger Straftaten.

Die Ergebnisse waren für Mischel und sein Team so schockierend, dass sie dachten, sie hätten einen Glückstreffer gelandet. Aus diesem Grund wurde der Marshmallow-Test inklusive der Folgestudien zu einer anderen Zeit, mit anderen Personengruppen, in anderen sozialen Milieus wiederholt. Der ursprüngliche Test fand im Kindergarten der amerikanischen Elite-Universität Stanford statt.

Die Ergebnisse waren jedoch immer dieselben: Die Kinder, die damals die kurzfristige Belohnung zugunsten einer späteren größeren Belohnung aufschoben, hatten mehr Erfolg im späteren Leben.

Was wir daraus lernen können

Der Marshmallow-Test lässt nicht automatisch darauf schließen, ob ein Kind später ein gutes Leben, Glück oder Erfolg haben wird. Die Chancen dafür steigen jedoch enorm.

Das Marshmallow kann beispielsweise für eine Beförderung stehen, für die mehr Zeit und Arbeit investiert werden muss. Oder für die Strandfigur, für die regelmäßig trainiert und dabei auf eine entsprechende Ernährung geachtet werden muss.

Es ist immer dasselbe: Wollen wir unsere langfristigen Ziele erreichen, müssen wir kurzfristig auf etwas Verlockendes verzichten.

Selbstkontrolle hilft uns dabei, schwierige Entscheidungen zu treffen und die Dinge zu tun, die notwendig sind, um unsere Ziele zu erreichen.

Natürlich gehören auch weitere Dinge dazu. Doch je besser du darin bist, deine kurzfristigen Bedürfnisse zu kontrollieren und stattdessen die Dinge zu tun, die dich deinen langfristigen Zielen näherbringen, umso erfolgreicher wirst du in deinem Leben werden.

Was denkst du?

Hättest du als Kind das Marshmallow gegessen?

Ich bin mir ziemlich sicher, dass ich es sofort gegessen hätte.

Heute würde ich mich als diszipliniert bezeichnen, doch das war nicht immer so. Zum Glück ist es möglich, seine Selbstdisziplin zu verbessern.

Wie das funktioniert, erfährst du im nächsten Kapitel.

(Für alle in diesem Kapitel beschriebenen Studien ist die Quelle Walter Mischels Buch: „Der Marshmallow-Effekt")

Resümee:

- Das Marshmallow-Experiment war eine Studie mit Kindern (3 bis 6 Jahre alt). Diese konnten sich ihre Lieblingssüßigkeit auswählen und wurden anschließend vor die Wahl gestellt: Ein Stück sofort oder zwei Stück später. Das Ziel dieser Studie war es zu beobachten, wie Kinder mit Versuchungen umgingen. Die Folgestudien entwickelten sich eher zufällig.

- Aus den Folgestudien ergab sich, dass die Kinder, die der Süßigkeit widerstehen konnten, in ihrem späteren Leben durchschnittlich mehr Erfolg hatten. Sie führten gesündere Beziehungen, waren schlanker und hatten einen höheren Bildungsabschluss.

- Die Ergebnisse dieser Folgestudien waren so verblüffend, dass diese Tests mehrmals wiederholt wurden. Doch die Ergebnisse blieben immer wieder dieselben.

- Im Erwachsenenalter kann die Süßigkeit beispielsweise für eine Beförderung oder die Strandfigur stehen. Doch was auch immer unsere langfristigen Ziele sein mögen: Wollen wir diese erreichen, müssen wir kurzfristig immer auf etwas Verlockendes verzichten. Je besser du in dieser Fähigkeit bist, umso erfolgreicher wirst du in deinem Leben werden.

Kapitel 4

So funktioniert Willenskraft wirklich

"Die Fähigkeit, sofortige Belohnungen zugunsten künftiger Resultate aufzuschieben, ist eine erlernbare Fähigkeit."

Walter Mischel
(amerikanischer Psychologe und Erfinder des Marshmallow-Tests)

Stell dir vor, du wärst ein äußerst beliebter, verheirateter amerikanischer Präsident.

Du sitzt nach einem langen anstrengenden Arbeitstag im Oval Office und willst noch ein paar Sachen abarbeiten, wobei du von einer Praktikantin unterstützt wirst.

Plötzlich macht dir diese ein unmoralisches Angebot und bietet dir Oralsex an.

Dir ist bewusst, dass die Chance hoch ist, dass dies irgendwann herauskommen könnte.

Was tust du?

Du denkst, ich habe diese Geschichte erfunden?

Falsch.

Diese Geschichte entspricht halbwegs der Wahrheit.

Der betreffende amerikanische Präsident war Bill Clinton (Präsident von 1993 bis 2001) und seine damalige Praktikantin war Monica Lewinsky, zu der Clinton wahrscheinlich eine sexuelle Beziehung unterhielt.

Da Clinton unter Eid bestritt, mit Lewinsky „Geschlechtsverkehr" gehabt zu haben, führte diese Affäre 1998 sogar zu einem Amtsenthebungsverfahren, das jedoch scheiterte.

Clinton konnte den Kopf gerade noch so aus der Schlinge ziehen, weil das Wort *„Geschlechtsverkehr"* nicht genau definiert ist und Oral-Sex laut einer 1991 durchgeführten Studie für 59 % der befragten amerikanischen Studenten nicht unter *„Geschlechtsverkehr"* fällt.

Wie kann eine solche Sache dem damals mächtigsten Mann der Welt passieren?

Warum stolpern Politiker – auch jene, die sich öffentlich gegen Prostitution einsetzen – immer wieder über solche und ähnliche Affären?

Doch warum tun auch wir immer wieder Dinge, die wir anschließend bereuen?

Die Antwort auf diese Frage und wie Willenskraft genau funktioniert, erfährst du in diesem Kapitel.

Die Willenskraft ist endlich

Im Laufe eines Semesters führten Forscher diverse Tests zur Selbstdisziplin mit ihren Studenten durch.[3] Je näher das Ende des Semesters kam – und somit die Prüfungsphase immer näher rückte – umso schlechter schnitten die Studenten dabei ab. Es verschlechterten sich nicht nur ihre Testergebnisse im Labor, sondern verschiedene Aspekte ihres Privatlebens litten ebenfalls unter der Klausurenphase:

- Ihr Koffeinkonsum verdoppelte sich.
- Obwohl sie weniger auf Partys gingen, blieb ihr Alkoholkonsum gleich.
- Der Junk-Food-Konsum stieg um 50 %.
- Sie riefen seltener zurück.

- Ihre Wohnungen waren unordentlicher.
- Ihre körperliche Hygiene litt.
- Sie verschliefen häufiger und tätigten mehr Spontankäufe.

Die Vermutung liegt nahe, dass die Studenten die frei gewordene Zeit dafür nutzten, um mehr zu lernen. Doch erstaunlicherweise gaben viele Studenten zu, dass sie mehr Zeit mit Freunden als mit dem Lernen verbrachten.

Wie kann das sein?

Da uns nicht unbegrenzt Willenskraft zur Verfügung steht, verbrauchten die Studenten vermutlich so viel Willenskraft dafür, sich zum Lernen zu zwingen, dass für das Lernen selbst nicht mehr genug Willenskraft übrig war und sogar ihr restliches Leben darunter litt.

Stell dir jetzt ein großes mit Wasser gefülltes Gefäß vor. Dieses Gefäß steht für deine Selbstdisziplin. **Selbstdisziplin bzw. Willenskraft benötigst du für drei Dinge**:

- **Um dich zu überwinden, Dinge zu tun** (zum Sport zu gehen, obwohl du keine Lust hast)
- **Um Versuchungen zu widerstehen** (die Süßigkeiten nicht zu essen, obwohl du Lust hast)
- **Um Entscheidungen zu treffen** (ziehst du das weiße oder das blaue Hemd an?)

Jedes Mal, wenn du eines dieser Dinge tust, wird Wasser aus deinem Willenskraft-Gefäß abgeschöpft werden. Je weniger Wasser in diesem Gefäß vorhanden ist, umso höher ist die Chance, dass du der Versuchung nachgibst und dich für das kurzfristig Bequeme entscheidest.

Dies liegt daran, dass die Selbstdisziplin in einem Teil des Gehirns gesteuert wird, der sehr viel Energie benötigt: Dem präfrontalen Cortex.

Der präfrontale Cortex ist unter anderem zuständig für das rationale Denken, das Treffen von langfristigen Entscheidungen und die Selbstkontrolle.

Geht dem Körper die Energie aus, werden die Funktionen des präfrontalen Cortex – und somit auch die Selbstdisziplin – zurückgefahren, um zu gewährleisten, dass für die überlebensnotwendigen Prozesse des Gehirns noch genug Energie zur Verfügung steht.

Evolutionstechnisch hat dies durchaus seine Daseinsberechtigung: Vor 10.000 Jahren konnte es schwierig werden, das Gehirn mit neuer Energie zu versorgen. Heute jedoch geht man einfach zum Kühlschrank oder in den Supermarkt...

Was deine Ernährung mit deiner Selbstdisziplin zu tun hat

Wie im vorherigen Absatz beschrieben, benötigt dein Körper Energie, um zu funktionieren. Der Treibstoff, mit dem dein Körper und dein Gehirn arbeitet, ist Glucose (= Zucker).

Führen wir unserem Körper Zucker oder andere einfache Kohlenhydrate wie weißen Reis oder Weißmehlprodukte zu, kann er diese sofort verwerten und Energie daraus gewinnen. Aus diesem Grund steigt unser Verlangen nach Süßem, sobald wir in unserem Alltag überdurchschnittlich viel Willenskraft benötigen.

„Na super, ich will Diät halten und bin gezwungen, Zucker zu essen, damit meine Selbstdisziplin richtig funktioniert..."

Falls du gerade diesen Gedanken hattest, kann ich dich beruhigen: **Dein Körper ist in der Lage, jedes ihm zugeführte Lebensmittel in Glucose umzuwandeln und entsprechend zu verwerten.** Es dauert jedoch seine Zeit, bis die Umwandlung abgeschlossen ist und die Energie dem Gehirn zur Verfügung steht.

Es mag durchaus Zeiten geben, in denen Zucker zur Stärkung der Selbstdisziplin sinnvoll sein kann, wie z. B. vor einer Prüfung. Doch dauerhaft ist dies keine Alternative, da auf den Energieschub vom Zucker ein rascher Absturz erfolgt, den wir nur durch noch mehr Zucker kompensieren können.

Achte dementsprechend auf eine regelmäßige ausgewogene Ernährung und versuche, weitestgehend auf einfache Kohlenhydrate wie Zucker, weißen Reis oder Weißmehlprodukte – wie normale Nudeln und Weißbrot – zu verzichten.

Gerade in Zeiten großer Willenskraftanstrengungen – z. B. wenn du mit dem Rauchen aufhören möchtest – kann eine regelmäßige ausgewogene Ernährung den Unterschied ausmachen. Genauso wie genügend Schlaf:

Im Schlaf zu mehr Willenskraft

Im Durchschnitt schläft der Mensch in der westlichen Welt pro Tag inzwischen ein bis zwei Stunden weniger als noch vor zwei Generationen.[4] Das Ergebnis ist ein chronischer Schlafmangel, der uns anfälliger werden lässt...

- ...von unseren Emotionen mitgerissen zu werden.
- ...für Stress.
- ...für Heißhungerattacken.

Dies liegt daran, dass durch Schlafmangel unser Gehirn nicht richtig in der Lage ist, die ihm zur Verfügung gestellte Glucose vernünftig aufzunehmen. Dies führt zu einem Energiemangel, der vor allem dem präfrontalen Cortex schadet, der in diesem Zustand nicht mehr richtig funktioniert.[5]

Schlafforscher nennen diesen Zustand „leicht präfrontale Dysfunktion". Schlafmangel wirkt also im Grunde so wie eine zeitlich begrenzte Hirnschädigung.

Die Auswirkungen von fehlendem Schlaf sind dieselben wie die einer leichten Trunkenheit.[6] Vielleicht weißt du aus eigener Erfahrung, dass dieser Zustand die Selbstdisziplin nicht unbedingt fördert…

Eine einzige Nacht mit zu wenig Schlaf reicht aus, damit dieser Zustand eintritt. Die gute Nachricht ist jedoch, dass ebenfalls eine einzige Nacht mit genügend qualitativ hochwertigem Schlaf ausreicht, um diese Vorgänge umzukehren. Gehirn-Scans zeigen nach einer Nacht mit ausreichendem Schlaf keine Beeinträchtigungen des präfrontalen Cortex mehr.[7]

Im Allgemeinen ist es eine schlechte Idee, am Schlaf zu sparen, denn Schlafmangel hat, wie folgt, noch weitere negative Auswirkungen:

- Kopfschmerzen und Übelkeit
- Konzentrationsmangel
- Halluzinationen
- Entstehung oder Verstärkung von Bluthochdruck
- Schwindel und Gewichtsprobleme
- Irritationen der Haut, vor allem im Gesicht

Weitere langfristige Folgen können Herzkrankheiten oder Depressionen sein.

Achte deshalb darauf, genügend zu schlafen. Sollte der Schlaf in der Nacht einmal zu kurz kommen, kann ein kleines Nickerchen am Nachmittag Wunder bewirken.

Wie Selbstdisziplin deine Entscheidungen beeinflusst

Je nach Quelle trifft der Mensch pro Tag 20.000 bis 100.000 Entscheidungen, wovon ein Großteil jedoch unbewusst getroffen wird (u. a. durch Gewohnheiten).

Die Entscheidungen werden im präfrontalen Cortex getroffen und diesem steht – wie bereits beschrieben – nur begrenzt Energie zu Verfügung.

Je länger du zwischen den einzelnen Optionen abwägst, je länger du dafür brauchst, um eine Entscheidung zu treffen, umso mehr Energie wird benötigt. Das bedeutet, dass dir nach jeder Entscheidung, die du bewusst triffst, anschließend weniger Willenskraft für andere Dinge zur Verfügung steht.

So kann ein Supermarkteinkauf an deiner Willenskraft zehren. Kein Wunder, wenn du die Auswahl hast aus u. a. 57 Cornflakes-Packungen und 83 verschiedenen Sorten Waschmittel.

Gehen wir ohne Plan in den Supermarkt, ist unsere Willenskraft durch die vielen Entscheidungen sehr schnell ermüdet und unser Gehirn verlangt nach Zucker, um seine Energiespeicher wieder aufzufüllen. Jetzt verstehst du vielleicht, warum an der Supermarktkasse immer Süßigkeiten stehen und du bei diesen bisher oft schwach geworden bist...

Treffen wir Entscheidungen, während unser präfrontaler Cortex nicht ausreichend mit Energie versorgt wird, neigen wir dazu, uns für den einfachsten Weg zu entscheiden – welcher oftmals der Status Quo ist.

In Israel gab es dazu eine sehr interessante Studie:[8]

In einem Zeitraum von zehn Monaten fällten die Bewährungsrichter über 1.000 Urteile, die anschließend ausgewertet wurden.

Gewährten die Richter eine Haftverkürzung, taten sie den Häftlingen natürlich einen Gefallen, gingen jedoch auch ein gewisses Risiko ein. Wurde der Häftling nach vorzeitiger Entlassung erneut straffällig, würde es im Zweifel auf den Richter zurückfallen – besonders, wenn es ein schweres Verbrechen war.

Durchschnittlich wurde jeder dritte Häftling auf Bewährung freigelassen. Doch dabei gab es ein interessantes Muster: In der ersten Verhandlung am frühen Vormittag wurden 70 % der Häftlinge begnadigt. In den Verhandlungen vor der Mittagspause waren es nur 15 %. Nach der Mittagspause wiederholte sich das Spiel: Der erste Häftling, der nach der Pause aufgerufen wurde, hatte wieder eine Wahrscheinlichkeit von 70 %, entlassen zu werden. Der letzte Häftling am späten Nachmittag hingegen nur 10 %.

Ob ein Straftäter auf Bewährung entlassen wird, kann eine sehr komplizierte Entscheidung sein und oftmals gibt es nicht nur richtig oder falsch. Stand den Richtern keine Energie mehr zur Verfügung, hatten sie weniger mentale Ressourcen, um Entscheidungen zu treffen. Aus diesem Grund tendierten sie zur Option, die für sie weniger riskant war und lehnten die Gnadengesuche ab.

Es ist natürlich schlecht für die Häftlinge, wenn ihr Bewährungsgesuch zu einem Großteil davon abhängt, ob der Richter vernünftig gegessen und gut geschlafen hat.

Doch daraus können wir lernen, dass wir vor wichtigen Entscheidungen dafür zu sorgen haben, ausreichend zu essen und zu schlafen.

Der immerwährende Kampf: Kurzfristiges Vergnügen vs. langfristigen Vorteil

Was deine Selbstdisziplin angeht, ist der präfrontaler Cortex dein bester Freund. Es gibt jedoch einen Gegenspieler: Das limbische System.

Das limbische System ist unter anderem für unsere Triebe, Emotionen und Bedürfnisse zuständig. Sexualtrieb, Hunger, Angst – aber auch Süchte – werden im limbischen System gesteuert.

Im Gegensatz zum präfrontalen Cortex – der kognitiv, reflektierend und langsam agiert – arbeitet das limbische System emotional, reflexgesteuert und unbewusst.

In gefährlichen Situationen ist dies lebensrettend. Allerdings steht es ständig in Konflikt mit unseren langfristigen Zielen, wie z. B. unserer Traumfigur oder die Arbeit an einer Beförderung.

Während der präfrontale Cortex an die Zukunft und die langfristigen Ziele denkt, ist das limbische System im Hier und Jetzt und will seine kurzfristigen Bedürfnisse befriedigt haben.

Der stärker ausgeprägte Gehirnteil wird sich in diesem immerwährenden Konflikt öfter durchsetzen. Dementsprechend bestimmt es maßgeblich die Qualität deines Lebens, welcher dieser beiden Hirnteile ausgeprägter ist.

Die Hirn-Scans der erwachsenen Marshmallow-Kinder zeigten dies deutlich:

Im Jahr 2009 lud Mischel einen Teil der ursprünglichen Teilnehmer des Marshmallow-Tests zurück nach Stanford ein. Die Teilnehmer waren zu diesem Zeitpunkt ungefähr Mitte 40.

Für diese Folgestudie tat sich Mischel mit Experten der Neurowissenschaft zusammen, um die Hirnaktivitäten der Testpersonen zu messen.

Dabei wies der präfrontale Cortex derer, die dem Marshmallow widerstehen konnten, deutlich stärkere Aktivitäten auf als bei der Vergleichsgruppe. Bei dieser war das ventrale Striatum – ein Teil des limbischen Systems – aktiver.

Egal, wie es bei einem Hirn-Scan von dir aktuell aussehen würde, dein Gehirn kann sich verändern.

Unser Gehirn befindet sich in einem ständigen Veränderungsprozess: Neue Synapsen werden gebildet und alte, nicht mehr benötigte Synapsen werden aufgelöst. Aus diesem Grund ist es möglich, den präfrontalen Cortex zu stärken und somit mehr Selbstdisziplin zu erhalten.

Der wichtigste Muskel für ein erfolgreiches Leben

Unser präfrontaler Cortex – und somit unsere Selbstdisziplin – ist mit einem Muskel vergleichbar.

Wie wächst ein Muskel und wird stärker?

Indem du ihn trainierst.

Das Training für unsere Selbstdisziplin ist Überwindung und Verzicht:

- Du gehst ins Fitnessstudio, obwohl du keine Lust hast.
- Du verzichtest auf ein Dessert.
- Du setzt dich hin und ziehst die Tätigkeit durch, die du dir vorgenommen hast.
- Du sprichst einen interessanten Menschen an, obwohl du Angst hast.

Jedes Mal, wenn du über deine Grenzen gehst, jedes Mal, wenn du Dinge tust, die dir schwerfallen, jedes Mal, wenn du dich gegen das kurzfristig Bequeme entscheidest, wird dein präfrontaler Cortex gefordert und stärker werden. Dadurch wird deine Selbstdisziplin wachsen.

Wahrscheinlich würdest du jetzt am liebsten deine Selbstdisziplin auf Knopfdruck verzehnfachen. Doch so läuft es leider nicht. Trainierst du deinen präfrontalen Cortex, brauchst du kurzfristig keine Wunder zu erwarten. Tust du jedoch regelmäßig die Dinge, auf die du kurzfristig keine Lust hast, wirst du nach ein paar Monaten einen großen Unterschied zu heute feststellen.

Es müssen keine großen Dinge sein. Es genügt z. B., regelmäßig...

- …die Treppen zu nehmen, wenn du sonst den Aufzug und die Rolltreppe bevorzugst.
- …wirklich aufzustehen, sobald der Wecker klingelt, anstatt mehrmals die Snooze-Taste zu betätigen.
- …den Impulsen deines Körpers nicht nachzugeben – z. B. nicht kratzen, obwohl es juckt.
- …kalt zu duschen, auch wenn es nur die letzten 30 Sekunden sind.
- …Aufgaben, die du in weniger als zwei Minuten erledigen kannst (den Müll runterbringen, eine E-Mail beantworten, eine Rechnung abheften), sofort zu erledigen, anstatt diese aufzuschieben.

Regelmäßiger kleiner Verzicht und Überwindung sind ein gutes Training für größere Willenskraftanstrengungen, wie mit dem Rauchen aufzuhören oder regelmäßig Geld zu sparen. Was wäre also besser als ein tägliches Training? Es wird sich für dich lohnen.

Das ist das Schöne an der Selbstdisziplin: Trainierst du die Willenskraft deines präfrontalen Cortex in einem bestimmten Lebensbereich (z. B. indem du regelmäßig ins Fitnessstudio gehst), steht dir die erhöhte Willenskraft in allen anderen Lebensbereichen ebenfalls zur Verfügung.

In einem Experiment[9] wurde Studenten aufgetragen, den Tag über immer wieder auf eine gerade Körperhaltung zu achten. Zum Ende hin hatten die Teilnehmer nicht nur eine bessere Körperhaltung, sie ernährten sich auch gesünder, trieben häufiger Sport, schliefen regelmäßiger und hatten in ihren Klausuren bessere Noten.

Jedoch kannst du diesen Muskel auch übertrainieren, wie es mir schon öfter passiert ist. Auf dieses Thema werde ich in Kapitel 9 – „Die Schattenseiten der Selbstdisziplin" – genauer eingehen.

Warum werden wir hin und wieder schwach?

Du hast in diesem Kapitel erfahren, wie Selbstdisziplin funktioniert, was du für eine optimale Funktion der Willenskraft zu beachten hast und wie du diese verbessern kannst. **Sofern du dieses Wissen anwendest, verspreche ich dir, dass sich in deinem Leben sehr viel zum Positiven verändern wird.**

Wirst du dich deshalb trotzdem in 100 % der Fälle überwinden können, die Dinge zu tun, die dir langfristig guttun bzw. auf Dinge zu verzichten, die dir langfristig schaden?

Nein. Doch das ist okay.

An dieser Stelle möchte ich noch einmal auf das Beispiel von Bill Clinton vom Anfang dieses Kapitels eingehen:

Bill Clinton war damals der mächtigste Mann der Welt. Wir können uns sicher sein, dass er eine Menge an Willenskraft besaß, um in diese Position zu kommen. Warum gelingt es einem solchen Mann nicht, die Finger bei sich zu lassen und begeht stattdessen eine solche Dummheit, die ihn beinahe seine Karriere gekostet hätte?

Natürlich weiß ich es nicht genau, aber ich kann dazu eine Vermutung anstellen, die nach dem heutigen Wissensstand der Forschung sehr plausibel klingt:

Der amerikanische Präsident ist nicht der Bürgermeister eines kleinen Dorfs. Er muss den ganzen Tag über Entscheidungen treffen, die Millionen – ja, vielleicht sogar Milliarden Menschen beeinflussen. Hinzu kommt, dass es bei solchen Entscheidungen oft nicht nur „richtig" und „falsch" gibt. Dementsprechend kannst du dir bestimmt vorstellen, dass es sehr viel Willenskraft kostet, solche Entscheidungen zu treffen.

Außerdem ist es bei einem Politiker in einer solchen Funktion wahrscheinlich, dass hin und wieder die Energieaufnahme über die Ernährung zu kurz kommt. Vom Schlafmangel brauche ich erst gar nicht anzufangen, da dieser sowieso an der Tagesordnung ist.

Wahrscheinlich steht der amerikanische Präsident häufig unter Stress, was für die Willenskraft auch nicht förderlich ist, da der Stress das limbische System aktiviert (mehr dazu in einem späteren Kapitel).

Kommen all diese Dinge zusammen und steht gleichzeitig die richtige Versuchung parat, wird selbst der stärkste Wille schwach werden.

Genau wie du und ich ist Bill Clinton eben kein bedürfnisloser Disziplinroboter. Er ist nur ein Mensch und hat seine Bedürfnisse. Es ist normal, ab und zu schwach zu werden und seinen Bedürfnissen nachzugeben.

Es ist jedoch wichtig zu verstehen, dass du dich immer freiwillig dazu entscheidest, der Versuchung nachzugeben. Dies schauen wir uns im nächsten Kapitel genauer an.

Resümee:

- Unsere Selbstdisziplin ist mit einem großen Gefäß voll Wasser zu vergleichen. Jedes Mal, wenn du dich überwindest, verzichtest oder eine Entscheidung triffst, wird aus diesem Gefäß Wasser abgeschöpft. Je weniger Wasser in diesem Gefäß vorhanden ist, umso höher ist die Wahrscheinlichkeit, dass du dich für den kurzfristigen Kick entscheidest.

- Deine Willenskraft wird im präfrontalen Cortex gesteuert. Dieser funktioniert am effektivsten, wenn du dich regelmäßig und ausgewogen ernährst sowie auf genügend Schlaf achtest.

- In uns tobt ein ständiger Konflikt zwischen dem präfrontalen Cortex und dem limbischen System. Während der präfrontale Cortex auf deinen langfristigen Vorteil aus ist, will das limbische System ständig deine kurzfristigen Bedürfnisse befriedigt haben. Der Gehirnteil, der ausgeprägter ist, wird sich häufiger durchsetzen.

- Willst du disziplinierter werden? Dann handle diszipliniert! Immer wenn du dich überwindest, eine Sache zu tun oder einer Versuchung zu widerstehen, stärkst du deinen präfrontalen Cortex. Dadurch wird deine Selbstdisziplin mit der Zeit immer stärker.

Kapitel 5

Glaubst du die Ausreden, die du dir selbst erzählst?

„Wer wirklich etwas will, findet einen Weg. Wer nicht will, findet Ausreden."

Deutsches Sprichwort

Als Mensch bist du mit einem freien Willen gesegnet. Egal, wie müde du bist, egal, wie hungrig du bist, du hast trotzdem immer die freie Wahl, was du als Nächstes tust. Dies zu verstehen, ist mit das Wichtigste, was ich dir mitgeben möchte.

Keiner zwingt dich dazu, …

- …im Restaurant den fettigen Burger mit Pommes zu bestellen, anstatt des gesunden Salats.
- …auf der bequemen Couch liegen zu bleiben, anstatt ins Fitnessstudio zu gehen.
- …die beruhigende Zigarette anzuzünden, obwohl deine Lebenserwartung dadurch im Schnitt um 9,4 Jahre sinkt[10].
- …die Aufgabe, die dich näher an deine Ziele bringt, auf „morgen" zu verschieben.
- …das unmoralische Angebot deiner Praktikantin anzunehmen.

Es ist immer deine Entscheidung! Gibst du der Versuchung des kurzfristigen Vergnügens nach, entscheidest du dich aus freien Stücken dafür. Das kurzfristige Vergnügen ist dir in diesem Moment einfach wichtiger…

Es ist gut und sinnvoll, sich hin und wieder etwas zu gönnen. Solange es Kleinigkeiten sind und es wirklich Ausnahmen bleiben, ist dies auch nicht weiter schlimm, da diese keine großen Auswirkungen auf dein Leben haben:

- Von einem Dessert platzt dir nicht gleich die Hose.
- Wenn du wirklich einen Tag später zu lernen anfängst und du noch gut im Zeitplan liegst, wird es sich in deinem Prüfungsergebnis kaum bemerkbar machen.
- Von einer Zigarette wirst du vermutlich keinen Lungenkrebs bekommen.
- Schwänzt du einmal das Training, baut dein Körper nicht sofort alle Muskeln ab.

Im Leben geht es immer um die Summe deiner Handlungen. Aus diesem Grund brauchst du dich nicht runterzumachen, wenn du einmal schwach wirst und das Training ausfallen lässt oder bloß eine ungesunde Mahlzeit zu dir nimmst.

Solange du ehrlich zu dir selbst bist und zwischen Ausnahmen und Ausreden unterscheiden kannst, ist alles okay. Dies ist jedoch manchmal sehr schwierig, da der Mensch zur Selbsttäuschung neigt. In der Psychologie nennt sich dies kognitive Dissonanz.

Ein höchst effizientes Mittel zur Selbsttäuschung sind Ausreden.

Wie Ausreden unser Leben beeinflussen

Die meisten Menschen haben Ziele in ihrem Leben:

- Schlank sein
- Berufliche Selbstverwirklichung
- Den Traumpartner an seiner Seite haben
- Eine lange Weltreise unternehmen

Wie auch immer deine Ziele aussehen mögen, in der Regel wissen wir genau, welche Dinge wir zu tun haben, um unseren Zielen näher zu kommen.

Woran liegt es, dass wir diese Dinge oft trotzdem nicht tun?

Wir erfinden Ausreden, die wir uns immer wieder einreden, bis wir sie schließlich glauben:

- *„Das schaffe ich sowieso nicht…"*
- *„Jetzt ist eh schon alles egal. Den einen Schokoriegel kann ich auch noch essen…"*
- *„Das kann ich morgen auch noch erledigen…"*
- *„Dazu fehlt mir die Selbstdisziplin…"*
- *„Das geht bestimmt schief…"*
- *„Was sollen die anderen Leute von mir denken?"*
- *„Er/Sie hat bestimmt eine/n Freundin/Freund…"*

Solche Ausreden erfinden wir, um unser „Versagen" vor uns selbst zu rechtfertigen – nach dem Motto: *„Ich konnte ja nicht, weil …"*. Dadurch bieten Ausreden den kurzfristigen Vorteil, dass du es bequem haben wirst, weil du nichts riskieren musst.

Doch indem du deine Ausreden glaubst, täuschst du dich selbst, denn du wirst nicht die Dinge unternehmen, die notwendig sind, um deine Ziele zu erreichen.

Das bringt dich deinen Zielen natürlich keinen Schritt näher. Aus Erfahrung kann ich sagen, dass es mittelfristig höchstens für eine extreme Frustration sorgen wird.

Die Lösung ist, nicht auf diese Ausreden zu hören und es – frei nach dem amerikanischen Sportartikel Hersteller *Nike* – einfach zu tun. Niemand hält dich auf – nur du dich selbst!

Es gibt zwei Arten von Menschen:

1. Menschen, die nach Ausreden suchen, um es bequem zu haben.
2. Menschen, die dafür arbeiten, dass das, was sie sich vorgenommen haben, auch erreicht wird.

Du kannst dich jederzeit entscheiden, zu welcher Gruppe du gehören möchtest. Frag dich, zu welcher Gruppe du gehören möchtest und zu welcher Gruppe du aktuell gehörst.

Eine Entscheidung allein reicht jedoch noch nicht aus. Ob du es in die Tat umsetzt, ist entscheidend. Hier kommen wir wieder zurück zur Selbstdisziplin. Und glaub mir: Selbstdisziplin kann Spaß machen!

Selbstdisziplin macht Spaß!

Du kennst es vielleicht: Du hast dich überwunden und eine für dich unangenehme Aufgabe erledigt wie:

- den Keller aufgeräumt,
- im Fitnessstudio trainiert,
- für eine Prüfung gelernt,
- einen Vortrag gehalten oder
- einen attraktiven Menschen angesprochen.

Wie hast du dich direkt nach dem Erledigen dieser Aufgabe gefühlt?

Lass mich raten: Gut!

Dies liegt daran, dass dein Körper nach Anstrengungen das Belohnungs- und Glückshormon Dopamin ausschüttet.

Dopamin ist u.a. zuständig für unsere Motivation und unseren Antrieb. So bewirkt ein Dopamin-Mangel das Nachlassen der Motivation und der Leistung. In schweren Fällen kann es zu Depressionen und sogar zur Parkinson-Erkrankung führen.

Immer wenn du dich dazu überwindest, eine unangenehme Tätigkeit zu tun, wirst du dich danach in 99,9 % der Fälle gut fühlen – egal wie es ausgeht.

Achte die nächsten Male ganz bewusst darauf, nachdem du dich für eine unangenehme Tätigkeit überwunden und diese erledigt hast. Merke dir genau, wie sich dieses Gefühl anfühlt und werde süchtig nach diesem Gefühl, sodass du es immer wieder haben möchtest.

Resümee:

- Selbstdisziplin ist eine Entscheidung. Du hast jederzeit die Wahl, was du als Nächstes tun willst. Keiner kann dich dazu zwingen, Dinge zu tun, die du nicht willst. Gibst du der Versuchung des kurzfristigen Vergnügens nach, hast du dich aus freien Stücken dafür entschieden.

- Ausreden wie *„das mache ich morgen…"* sind eine beliebte Form der Selbsttäuschung. Diese erfinden wir, um unsere Handlungen vor uns selbst zu rechtfertigen. Glaubst du deine Ausreden, belügst du dich jedoch selbst. Des Weiteren wird es dazu führen, dass du deine Ziele mit hoher Wahrscheinlichkeit nicht erreichen wirst.

- Jedes Mal, wenn du dich überwindest und eine unangenehme Tätigkeit erledigst, wirst du dich danach gut fühlen – unabhängig vom Ergebnis. Dies liegt daran, dass der Körper nach Anstrengung das Belohnungs- und Glückshormon Dopamin ausschüttet.

Kapitel 6

Das Geheimnis der dauerhaften Motivation

„Das Geheimnis von Disziplin ist Motivation. Ist ein Mensch ausreichend motiviert, kommt die Disziplin von ganz allein."

Sir Alexander Paterson
(britischer Strafrechtler und Strafanstaltenoberbeamter)

Nimm dir einen kurzen Moment Zeit und erinnere dich zurück: Gab es in deinem Leben mal ein Ziel, für das du richtig gebrannt hast und das du von ganzem Herzen erreichen wolltest?

Falls ja, musstest du dich überwinden, dafür etwas zu tun?

Höchstwahrscheinlich nicht. Ist die entsprechende Motivation vorhanden, bist du höchstwahrscheinlich auch diszipliniert und es fällt dir leichter, dich zu überwinden, die unangenehmen Dinge zu tun.

Fehlt die Motivation, ist dies oft die Ausrede dafür, dass nichts unternommen wird. Doch das ist nur die halbe Wahrheit.

Wie funktioniert Motivation?

Ist es möglich, sich selbst zu motivieren?

Inwieweit gehören Motivation und Selbstdisziplin zusammen?

In diesem Kapitel gehen wir diesen Fragen auf den Grund.

Der Wortursprung von „Motivation"

Wie du dir vielleicht denken kannst, bin ich ein großer Freund der Sprache.

So verrät beispielsweise die Sprache eines Menschen sehr viel über ihn. Doch auch einzelne Wörter haben oft eine tiefere Bedeutung als den meisten bewusst ist. Schauen wir uns das Wort „Motivation" genauer an:

Das Wort „Motivation" stammt vom lateinischen Verb „movere" ab, was so viel bedeutet wie **bewegen** oder **antreiben**.

Im deutschen Wort „Motivation" sind folgende zwei Wörter enthalten:

1. Motiv
2. Motion

Das Wort „Motiv" hat dabei mehrere Bedeutungen: In der Fotografie beschreibt es den Gegenstand des Bildes **(= ein Ziel)**. Außerdem bezeichnet es den Anreiz oder den Beweggrund für eine bestimmte Handlung **(= Warum willst du dein Ziel erreichen?)**. Speziell vor Gerichten ist dieses Wort gang und gäbe („*Was war das Motiv für die Tat?*").

Das Wort „Motion" bedeutet auf lateinisch *Bewegung* **(= du bewegst dich auf dein Ziel zu)**.

Wie entsteht Motivation?

Setzen wir die Wörter in den Kontext, erklärt sich von selbst, wie Motivation entsteht:

1. Du brauchst ein Ziel, das du erreichen möchtest.
2. Du benötigst einen starken Grund, warum du dein Ziel erreichen möchtest.
3. Du musst dich auf dein Ziel zubewegen.

Es ist zwingend notwendig, dass all diese drei Punkte erfüllt sind.

Hast du ein Ziel, siehst darin für dich jedoch keinen Sinn, wirst du es höchstens durch pure Willenskraftanstrengung (= Bewegung) erreichen – was bei kleinen Zielen durchaus möglich ist. Motivation wird dabei vermutlich jedoch nicht aufkommen.

Genauso verhält es sich, wenn du ein Ziel und ein starkes Warum hast, jedoch nicht anfängst, etwas dafür zu tun. Die anfängliche Motivation wird nach und nach abnehmen – bis das Projekt schließlich auf Eis gelegt wird. In diesen Fällen reicht die Motivation höchstens noch dafür, eine Ausrede zu finden, warum es wieder mal nicht geklappt hat.

Sitzt du zu Hause auf der bequemen Couch und wartest darauf, dass die Motivation vorbeikommt, muss ich dich enttäuschen: Die Motivation wird kommen bzw. wieder stärker, sobald du Schritte in Richtung deines Ziels unternimmst.

Habe ein Ziel, das dich begeistert!

Ein Ziel zu haben, für das du brennst, ist eine gute Grundvoraussetzung für Motivation. Doch oft ist es so, dass wir von außen beeinflussten Zielen hinterherrennen, die uns gar nichts bzw. nur sehr wenig bedeuten:

- Karriere zu machen
- Einen Porsche zu fahren
- Eine teure Uhr zu tragen

Wir rennen solchen (oft materiellen) Zielen hinterher, weil wir denken, dass wir glücklich sind, sobald wir diese erreicht haben. Sind wir am Ziel angekommen, erfolgt jedoch oft die Ernüchterung: Wir bemerken schnell, dass es uns doch nicht erfüllt, z. B. eine goldene Rolex am Arm zu tragen. Daraufhin wird das eine bedeutungslose Ziel sofort gegen das nächste ausgetauscht. Wenn uns die Rolex nicht glücklich macht, muss es wohl der Porsche sein…

Setzt du dir ständig solche Ziele, landest du höchstens in einem Teufelskreis.

Aus diesem Grund ist es so wichtig, Ziele zu haben, die dir wirklich etwas bedeuten. Hast du Spaß und siehst du einen Sinn in einer Sache, wirst du außerdem weniger Willenskraft aufwenden müssen, um dich für unangenehme Tätigkeiten zu überwinden.

Dieses Buch und meine Website sind ein gutes Beispiel: Ich sehe einen großen Sinn darin und die Arbeit macht mir zum Großteil Spaß.

Läuft es deshalb immer wie von selbst?

Nein, auch ich musste mich immer wieder dazu überwinden, an diesem Buch zu schreiben. Habe ich mich jedoch überwunden, machte es mir in der Regel Spaß, und ich war anschließend glücklich darüber, dass ich mich zum Schreiben überwunden habe.

Kenne dein Warum

Das Warum ist der Grund, weshalb du dein Ziel erreichen willst. Es ist sozusagen der Treibstoff, der den Motor mit Energie versorgt. Je mehr Treibstoff du hast (= je stärker dein Warum ist), desto weiter wirst du kommen.

Hast du kein starkes Warum, wirst du spätestens beim ersten großen Widerstand – der definitiv kommen wird – aufgeben.

Mein starkes Warum ist der Grund, wieso ich es in den meisten Fällen schaffe, mich zu überwinden.

Ein Teil dieses Warums sind die Tätigkeiten für meine Website. Es macht mir unglaublichen Spaß, coolen und nützlichen Content zu erstellen und dabei mein Unternehmen wachsen zu sehen.

Ein weiterer Teil dieses Warums ist der Sinn, den ich in meiner Website und diesem Buch sehe.

Wie bereits beschrieben, ist es kurzfristig möglich, in den sauren Apfel zu beißen und Dinge zu erledigen, in denen du keinen Sinn siehst (z. B. für eine Prüfung zu lernen).

Gehst du jedoch dauerhaft Tätigkeiten nach, für die du dich zwingen musst und in denen du keinen Sinn siehst, wird es dich höchstens in ein Burnout führen. Spare dir deine Energie lieber und investiere diese in Dinge, in denen du einen tieferen Sinn siehst.

Genauso verhält es sich auch mit Zielen, für die deine Beweggründe ausschließlich finanzieller Natur sind.

Ich würde lügen, würde ich behaupten, dass ich mit meiner Website und diesem Buch keine finanziellen Beweggründe hätte. Jedoch ist dies nicht meine Hauptmotivation.

Viel wichtiger ist es mir unter anderem, meinen Teil dazu beizutragen, dass diese Welt zu einem etwas besseren Ort wird. Das Geld, das ich mit meinen Produkten und Coachings verdiene, ist ein Nebenprodukt.

Bevor du dir ein Ziel setzt, frag dich also, warum du dieses Ziel erreichen möchtest und ob du in diesem Ziel wirklich einen tieferen Sinn siehst. Hast du ein solches Ziel, hast du schon halb gewonnen.

(In Kapitel 2 des 2. Teils dieses Buchs gehen wir genauer auf das Thema Ziele und das Warum ein.)

Komm in Bewegung!

Das tollste Ziel und das stärkste Warum werden dir jedoch nichts nützen, sofern du nicht in Aktion kommst und die Dinge tust, die dich deinem Ziel näherbringen.

Wirklich starke Motivation entsteht, wenn du ein Ziel hast, dieses dir wichtig ist und du dich darauf zubewegst. Dies liegt unter anderem an der Dopamin-Ausschüttung deines Körpers.

Doch egal, was du erreichen möchtest und egal, wie motiviert du bist, es werden Tiefphasen kommen, in denen es nicht so läuft. Dies ist der Punkt, an dem die meisten Menschen scheitern.

Hier trennt sich die Spreu vom Weizen: Entscheidest du dich für das kurzfristig Bequeme und gibst auf oder machst du weiter?

Spätestens hier kommt die Selbstdisziplin ins Spiel. Selbstdisziplin brauchst du nicht, wenn du motiviert bist und alles glatt läuft. Selbstdisziplin benötigst du erst, wenn du keine Lust hast und es schleppend vorwärtsgeht:

- Du gehst ins Fitnessstudio, obwohl du heute gar keine Lust darauf hast.
- Du setzt dich hin und lernst, obwohl all deine Freunde das gute Wetter im Park genießen.
- Du ziehst die Aufgabe einfach durch, obwohl du sehr schwer vorwärtskommst und sich in dir alles dagegen sträubt.

Ironischerweise bin ich genau beim Schreiben dieses Unterkapitels an einem solchen Punkt angelangt: Obwohl ich bereits seit mehreren Tagen an diesem Unterkapitel sitze, gelingt es mir nicht wirklich, meine Gedanken vernünftig niederzuschreiben.

In meinem Fall wäre der einfache Weg, eine „kreative Pause" einzulegen. Dies hat durchaus seine Berechtigung. Da der Mensch jedoch zur Selbsttäuschung neigt, wird aus solch einer „kreativen Pause" oft ein längerer Zeitraum, bis das Projekt anschließend endgültig auf Eis gelegt wird. Nach dem Motto: *„Ein Buch schreiben ist ja doch nichts für mich…"*

Dementsprechend setze ich mich hin und schreibe einfach weiter, bis ich mit dem Endresultat zufrieden bin, das du gerade liest.

Sobald die ersten Schwierigkeiten auftreten, gilt es, die Zähne zusammenzubeißen und weiterzumachen. Dies entscheidet über Sieg oder Niederlage. **Es gibt viel mehr Menschen, die aufgeben als Menschen, die scheitern.**

Resümee:

- Motivation entsteht, wenn du ein Ziel hast, das dich begeistert, du einen starken Grund hast, warum du dein Ziel erreichen willst und du die Dinge tust, die notwendig sind, um deinem Ziel näher zu kommen. Für eine starke Motivation ist es notwendig, dass all diese drei Dinge erfüllt sind.

- Viele Menschen jagen Zielen hinterher, die ihnen nichts bedeuten und in denen sie keinen wirklichen Sinn sehen. Es ist möglich, solche Ziele zu erreichen – meist jedoch nur durch pure Willenskraftanstrengung. Jagst du dein gesamtes Leben solchen Zielen hinterher, ist die Chance hoch, dass du ein Burnout bekommen wirst. Spare dir lieber deine Energie und investiere diese in Ziele, in denen du einen Sinn siehst.

- Motivation und Selbstdisziplin gehören zusammen: Ist dir eine Sache wirklich wichtig, tust du automatisch die Dinge, die notwendig sind, um diese Sache zu erreichen. Außerdem wird es dir deutlich leichter fallen, dich für unangenehme Tätigkeiten zu überwinden, in denen du einen Sinn siehst.

- Es wird jedoch immer Phasen geben, in denen du vollkommen unmotiviert bist und du keine Lust hast. Spätestens in diesen Phasen kommt die Selbstdisziplin ins Spiel und es gilt, die Zähne zusammenzubeißen und es einfach durchzuziehen.

Kapitel 7

Die 21 besten Strategien für mehr Selbstdisziplin

„Wir alle müssen eines der zwei Dinge erdulden: Die Mühe der Disziplin oder die Leiden der Reue und Enttäuschung."

Jim Rohn
(amerikanischer Erfolgstrainer)

Es spielt keine Rolle, wie diszipliniert du aktuell bist, mit den richtigen Strategien kannst du deine Selbstdisziplin bereits heute vervielfachen.

Mit der richtigen Strategie schaffte es ein Kind, das nicht einmal eine Minute auf das Marshmallow warten konnte, über 20 Minuten lang zu warten.

In diesem Kapitel erfährst du meine 21 besten Strategien für mehr Selbstdisziplin.

1. Denke mehr an dein zukünftiges Selbst

Die Evolution hat unser Gehirn noch nicht darauf eingestellt, sich konkret mit der fernen Zukunft zu befassen. Zwar machen wir uns schnell Sorgen über Ereignisse, die unmittelbar bevorstehen, aber die etwas weiter entferntere Zukunft stellen wir uns nur selten in anschaulicher Weise genauer vor.

Dadurch werden mögliche Gefahren in der Zukunft weitgehend ausgeblendet:

- Altersarmut
- Vereinsamung im Alter
- Krankheit

Aus diesem Grund gehen Menschen alle möglichen Risiken ein (zu viel Essen, zu wenig Bewegung, exzessives Rauchen, Trinken oder Geldausgeben), wobei sie die langfristigen Folgen ignorieren, obwohl diese leicht verhindert werden könnten.

Das Problem ist, dass sich viele Menschen nicht emotional mit ihrem zukünftigen Selbst identifizieren können.

Ein Experiment, das diese Vermutung bestätigt, wurde 2009 an der Stanford University durchgeführt.[11] Dabei wurden die Hirnaktivitäten der Versuchsteilnehmer untersucht, während sie an ihr jetziges und ihr zukünftiges Selbst denken sollten.

Unsere Hirnaktivität weist Unterschiede dabei auf, ob wir an uns selbst oder an eine fremde Person denken. Es gibt ein „Selbst-Muster" und ein „Fremde-Person-Muster".

Beim Gedanken an das zukünftige Selbst wiesen einige Versuchsteilnehmer das „Selbst-Muster" auf, während andere Teilnehmer das „Fremde-Person-Muster" aufwiesen. Die Teilnehmer mit dem „Fremde-Person-Muster" konnten sich also nicht bzw. schlechter mit ihrem zukünftigen Selbst identifizieren.

Dies machte sich in ihren Entscheidungen bemerkbar: Die Vergleichsgruppe mit dem „Fremde-Person-Muster" entschied sich deutlich häufiger für die sofortige Belohnung als die Teilnehmer mit dem „Selbst-Muster".

Wie stark bist du emotional mit deinem zukünftigen Selbst verbunden?

Diesbezüglich empfehle ich dir, in deiner Fantasie öfter eine Zeitreise in die Zukunft zu machen. Stell dir dabei bildlich vor, welche Person du sein und wie du leben möchtest.

Nur wenn du eine Vorstellung von der Person hast, zu der du in Zukunft werden willst, kannst du auf Basis dieser Vorstellung deine Entscheidungen treffen. Dabei ist selbst eine grobe Vorstellung besser als gar keine Vorstellung.

Du kannst dich somit vor jeder Entscheidung fragen, ob dich diese Handlung näher an dein angestrebtes zukünftiges Selbst bringt oder ob dich diese Handlung davon entfernt.

Soll dein zukünftiges Selbst beispielsweise schlank sein, wird dich der Verzicht auf ein Dessert etwas mehr zu der Person machen, die du werden willst.

Bedenke: Deine Zukunft wird erschaffen durch die Handlungen in deiner Gegenwart.

2. Überfordere dich nicht und fang klein an!

Du kennst das bestimmt: Jedes Jahr zum 01. Januar starten viele Leute mit großen Vorsätzen in das neue Jahr. Sie wollen...

- ...mehr Sport treiben.
- ...sich gesünder ernähren.
- ...produktiver arbeiten.
- ...mit dem Rauchen aufhören.

Und am besten alles gleichzeitig.

Warum gelingt es den wenigsten Leuten, ihre Vorsätze wirklich in die Tat umzusetzen?

Die Leute wollen zu viel auf einmal. Doch es steht ihnen immer nur begrenzt Willenskraft zur Verfügung.

Erinnere dich an das mit Wasser gefüllte Gefäß aus Kapitel 4: Jedes Mal, wenn du Willenskraft benötigst, wird aus diesem Gefäß Wasser abgeschöpft. Je weniger Wasser in diesem Gefäß vorhanden ist, umso höher ist die Chance, dass du das kurzfristig Bequeme tust.

Falls du dir von heute auf morgen vornimmst, jeden Tag zwei Stunden früher aufzustehen, in dieser Zeit Sport zu treiben und dich den ganzen Tag über gesund zu ernähren, werden deine Anfangsmotivation und Selbstdisziplin nach ein paar Tagen verbraucht sein und du wirst zurück in den alten Trott fallen. Das Einzige, was bleibt, ist die Frustration, mal wieder gescheitert zu sein...

Meine Empfehlung für dich ist, dich nur auf eine Sache zu konzentrieren und klein anzufangen:

- Willst du mehr Sport treiben, fange beispielsweise mit einem Liegestütz pro Tag an.
- Willst du täglich meditieren, starte mit einer Minute pro Tag.
- Willst du früher aufstehen, stelle dir den Wecker pro Tag eine Minute früher, bis du bei deiner Wunschzeit angekommen bist (und geh vor allem auch früher ins Bett, denn wie du in einem vorherigen Kapitel erfahren hast, ist am Schlaf zu sparen eine schlechte Idee...)

Was auch immer du vorhast: Fang so klein wie möglich an! So kannst du dich auf jeden Fall dazu überwinden, diese Sache zu tun. Egal, wie stressig dein Tag ist, eine freie Minute wirst du immer finden.

Mit der Zeit werden sich dich unterstützende positive Gewohnheiten bilden (siehe Kapitel 8). Dann kannst du auch nach und nach das Volumen erhöhen.

3. Mach es dir so einfach wie möglich

Beim Erreichen unserer Ziele machen wir es uns leider oft unnötig schwer. Dies ist keine gute Idee, da unsere Willenskraft begrenzt ist. Aus diesem Grund empfehle ich dir, diese wohldosiert einzusetzen und nicht für Dinge zu verschwenden, die gar nicht notwendig gewesen wären.

Es ist z. B. der einfachste und willenskraftschonendste Weg, einer Versuchung zu widerstehen, gar nicht erst mit dieser in Kontakt zu kommen. Verbanne die entsprechenden Reizobjekte aus deiner Reichweite.

Willst du also keine Süßigkeiten mehr essen, habe keine Süßigkeiten zu Hause bzw. in deiner Nähe.

Willst du ins Fitnessstudio gehen, nimm deine Sportsachen mit zur Arbeit/Uni und geh direkt nach der Arbeit/Uni trainieren. So musst du nicht erst noch nach Hause, um deine Sportsachen zu holen. Zu Hause wartet nämlich eine gefährliche Versuchung namens „Couch"…

Als Alternative dazu kannst du dich mit Freunden zum Sport verabreden oder Kurse besuchen. Das steigert die Verbindlichkeit enorm. Meist macht es zu zweit oder in einer Gruppe sowieso mehr Spaß.

Spaß ist außerdem ein gutes Stichwort: Hast du Spaß an einer Sache, machst du es gerne. Probiere am besten verschiedene Sportarten aus und wähle für dich die Sportart, die dir am meisten Spaß macht. Sportarten gibt es wie Sand am Meer. Hier ein paar Beispiele:

- Joggen
- Turnen
- Diverse Kampfsportarten (Boxen, Taekwondo, …)
- Yoga (allein davon gibt es wieder unzählig verschiede Varianten)
- Diverse Ballsportarten (Fußball, Basketball, …)
- CrossFit
- Laser Tag

Hast du eine Sportart gefunden, die dir Spaß macht, kann es dir sogar passieren, dass es dir schwererfällt, **nicht** trainieren zu gehen – so ist es z. B. bei mir.

Um meinem Körper vollständige Regeneration zu ermöglichen, lege ich regelmäßig Trainingspausen ein. Du kannst dir nicht vorstellen, wie viel Disziplin es mich kostet, diese einzuhalten…

Überlege dir für jeden Lebensbereich, in dem du aktuell Probleme mit deiner Selbstdisziplin hast, wie du es dir einfacher machen kannst. Hier noch ein paar weitere Beispiele:

Verschwendest du zu viel Zeit bei Facebook? Lösche die App von deinem Handy.

Willst du produktiver arbeiten? Schließe den Internetbrowser, stelle dein Handy auf lautlos und lege es an einen Ort, der außerhalb deiner Griffweite ist.

Willst du wirklich aufstehen, sobald der Wecker klingelt? Stelle den Wecker an das andere Ende des Zimmers. So musst du aufstehen, um den Wecker auszuschalten.

Willst du abnehmen? Geh niemals hungrig einkaufen. Die Chance ist ansonsten hoch, dass du Dinge einkaufst, die du eigentlich gar nicht haben möchtest. Schreibe dir außerdem einen Einkaufszettel und halte dich daran.

Macht dir deine Praktikantin schöne Augen? Tausche sie aus! Sollte dies nicht möglich sein, sorge dafür, dass ihr nicht mehr Kontakt habt als nötig und du nie mit ihr allein bist.

4. Fang einfach an!

Der wohl gleichzeitig beste und schlechteste Tipp für mehr Selbstdisziplin…

Das Schwierigste ist nicht die Tätigkeit an sich, sondern die Überwindung, um die Tätigkeit auszuführen. Hast du dich überwunden und mit der Tätigkeit begonnen, läuft es meist wie von selbst und es macht oft sogar Spaß. Deshalb ist es der beste Tipp, den ich dir in Bezug auf die Selbstdisziplin geben kann, einfach anzufangen.

Bedenke, dass du es in vielen Fällen sowieso nicht vermeiden kannst, irgendwann anzufangen. **Der Wendepunkt stellt sich ein, sobald die negativen Konsequenzen des weiteren Aufschiebens schmerzhafter sind als die Tätigkeit an sich.** Leider kommen die meisten Menschen erst zu diesem Zeitpunkt in Aktion:

- Erst kurz vor der Prüfung wird mit dem Lernen angefangen.
- Erst wenn sich die Hose nicht mehr schließen lässt, wird damit begonnen, regelmäßig Sport zu treiben.
- Der Keller wird erst ausgemistet, wenn er komplett unbegehbar ist.

Und plötzlich läuft es wie von selbst und die ehemals so lange aufgeschobene Tätigkeit wird zügig und regelmäßig erledigt.

Kommt dir dieses Szenario bekannt vor?

Doch das muss dir nicht immer und immer wieder passieren! Dementsprechend meine Aufforderung an dich:

FANG EINFACH AN!

Zieh es einfach durch! Ich verspreche dir, du wirst dich danach richtig gut fühlen!

Um es dir einfacher zu machen, möchte ich dir noch einen kleinen Trick mit auf den Weg geben:

Stehst du vor einer Tätigkeit, für die du dich nicht überwinden kannst, mache einen Deal mit dir selbst: Stelle dir einen Wecker auf zehn Minuten und starte mit der gewünschten Tätigkeit. Sollte es dir nach diesen zehn Minuten keinen Spaß machen bzw. es wirklich unerträglich für dich sein, darfst du für heute mit dieser Tätigkeit aufhören.

5. Iss den Frosch!

Hast du ausreichend geschlafen, wurde die Nacht über dein Willenskraftgefäß wieder voll aufgefüllt. Das bedeutet, dass dir früh am Morgen die meiste Willenskraft zur Verfügung steht.

Nutze dies zu deinem Vorteil und beginne den Tag mit der für dich wichtigsten bzw. unangenehmsten Aufgabe, welche oftmals dieselbe ist. Erledigst du diese Tätigkeit direkt als Erstes, ist die Chance am höchsten, dass du deine Vorsätze wirklich in die Tat umsetzt.

Diese Technik nennt der US-amerikanische Erfolgstrainer Brian Tracy „Eat That Frog". Die Idee dahinter ist folgende: Isst du frühmorgens gleich einen Frosch (= du erledigst deine wichtigste/unangenehmste Aufgabe), hast du das Schlimmste an diesem Tag überstanden und kannst den restlichen Tag entspannter angehen.

Überlege dir am besten bereits am Abend davor, was dein Frosch für den nächsten Tag ist. So kannst du ihn frühmorgens direkt verspeisen und musst nicht erst überlegen, was du als Nächstes tun sollst.

PS: Drei Mal darfst du raten, zu welchem Zeitpunkt dieses Buch hauptsächlich entstanden ist.

Richtig, früh am Morgen – teils noch vor meinen Hauptjobs.

6. Kontrolliere dich

Wie bereits ein paar Mal beschrieben, neigt der Mensch zur Selbsttäuschung:

- Wir erfinden Ausreden, um unsere Handlungen vor uns selbst zu rechtfertigen.
- Wir denken, dass die Anzahl unserer „Ausnahmen" deutlich geringer ist als in Wirklichkeit.
- Wir reden uns Dinge schön, wie eine uns nichterfüllende Arbeit oder eine Beziehung.

Eine gute Möglichkeit, diese Täuschung zu enttarnen ist, sich selbst möglichst objektiv zu kontrollieren bzw. kontrollieren zu lassen.

Willst du beispielsweise abnehmen, schreibe dir eine Woche lang alles auf, was du den Tag über an Nahrungsmitteln zu dir nimmst. Schreibe dir jede einzelne Mahlzeit, Süßigkeit und jedes Getränk (außer Wasser, ungesüßten Tee usw.) auf, auch wenn du nur ein kleines Bonbon isst. Am Ende der Woche kontrollierst du, ob dich deine Handlungen deinem Ziel nähergebracht haben.

Dies mag sich vielleicht erst einmal umständlich lesen, doch das Resultat wird dich möglicherweise erstaunen. Dies weiß ich aus eigener Erfahrung:

Seit meinem 20. Lebensjahr achte ich darauf, regelmäßig Sport zu treiben und mich gesund zu ernähren. Mitte/Ende 2016 blickte ich in den Spiegel und konnte nicht fassen, was ich dort sah: Dort hatte sich über die letzten Monate tatsächlich ein kleines 30-Jährigen-Bäuchlein gebildet.

Wie konnte dies sein? Klar, ich hatte mir hin und wieder etwas gegönnt, doch meinem Gefühl nach hatte ich mich gesund ernährt...

Ich beschloss, der Sache auf den Grund zu gehen und nahm mir vor, meine Essgewohnheiten in den nächsten Wochen genauer zu beobachten. Dazu legte ich Kriterien fest, mit denen ich kontrollierten wollte, wie ich mich ernährte. Zur Kontrolle nutzte ich eine App, in die ich am Ende des Tages einen grünen („gut" ernährt) oder einen roten Punkt („nicht gut" ernährt) eintrug.

Dies zog ich sechs Wochen lang durch, ohne dass sich mein Bauch großartig veränderte.

In dieser Zeit hatte ich mich gefühlt mehr oder weniger gut ernährt. Meine Schätzung lag bei 67 % gesunden zu 33 % ungesunden Tagen. Als ich mir am Ende der sechsten Woche einen Überblick verschaffte, traf mich fast der Schlag und mir war klar, woher das 30-Jährigen-Bäuchlein stammt: In Wahrheit war das Verhältnis genau umgekehrt – nämlich ca. 33 % gesunde zu 67 % ungesunden Tagen.

Diese Erkenntnis veranlasste mich, wieder bewusster auf meine Ernährung zu achten und siehe da: Das Bäuchlein war innerhalb von einigen Wochen wieder verschwunden.

Dieses banale Beispiel zeigt deutlich, wie wir uns selbst täuschen.

Solche Dinge sind in deinem und meinem Leben schon unzählige Male passiert und werden immer wieder vorkommen – *„Das kann ich morgen auch noch erledigen..."* lässt grüßen. Komplett verhindern lässt sich dies leider nicht, jedoch können wir aufmerksam sein und uns durch objektive Kontrolle diese Dinge bewusstmachen.

Der Griff zum Handy oder in die Süßigkeitenschachtel passiert oft automatisch, sodass wir es bewusst gar nicht mehr wahrnehmen. Aus diesem Grund schätzen wir am Ende des Tages die Griffe zum Handy/zu den Süßigkeiten deutlich geringer ein als sie es in Wirklichkeit waren.

In der Regel können wir eine Sache erst verändern, wenn wir Bewusstheit über diese erlangen. Deshalb noch einmal:

- Willst du weniger Süßigkeiten essen, schreibe dir jede Süßigkeit auf, die du gegessen hast.
- Willst du weniger rauchen, schreibe dir jede Zigarette auf, die du geraucht hast.
- Willst du mehr Sport treiben, schreibe dir auf, wann und welchen Sport du wie lange gemacht hast.
- Willst du weniger zum Handy greifen, führe eine Strichliste, wie oft du tagsüber zum Handy gegriffen hast.

Wichtig ist, die Kontrolle schriftlich durchzuführen. Nur so ist diese objektiv und du weißt, wo du aktuell stehst. Außerdem kannst du so deine Fortschritte messen.

Um die Verbindlichkeit zu steigern, kannst du dich von deinen Freunden kontrollieren lassen:

7. Sorge für sozialen Druck

Ausreden zu erfinden ist einfach, geht schnell und ist bequem. Haben wir es nicht geschafft, ...

- ...in der letzten Woche drei Mal zum Sport zu gehen,
- ...heute mit dem Lernen anzufangen oder
- ...in der letzten Woche unsere Diät durchzuziehen,

...suchen wir automatisch nach Ausreden, um unser „Versagen" vor uns selbst zu rechtfertigen. Meist läuft es dabei darauf hinaus, dass wir uns einreden, wir könnten diese Tätigkeit auch *'hier einen beliebigen Zeitpunkt einsetzen'* noch erledigen...

Wir wollen es das nächste Mal wirklich besser machen. Doch das Schlimme daran ist, dass es nächstes Mal höchstwahrscheinlich ähnlich ablaufen wird.

Um dem vorzubeugen, bitte einen Freund zu kontrollieren, ob du die dir vorgenommenen Dinge wirklich erledigt hast. Sobald eine andere Person im Spiel ist, steigert dies die Verbindlichkeit. Dadurch ist es viel schwieriger, sich selbst zu belügen.

Willst du pro Woche beispielsweise drei Mal zum Sport, erzähle einem Freund davon und bitte ihn, nach der Woche zu kontrollieren, ob du auch wirklich diese drei Mal beim Sport warst.

Dadurch erhöht sich die Chance, dass es dir gelingt, deine Vorsätze in die Tat umzusetzen. In einem solchen Fall weißt du genau, dass du dich in einer Woche vor deinem Freund rechtfertigen darfst, sofern du deine Aufgabe nicht erledigt hast.

Aus eigener Erfahrung weiß ich, dass es sehr unangenehm ist, mich vor einem Freund zu rechtfertigen, sobald am Stichtag die Frage kommt, warum ich meine Vorhaben nicht in die Tat umgesetzt habe.

Natürlich ist es möglich, auch dort Ausreden zu erfinden. Doch bereits als mir die Ausreden durch den Kopf gingen, wusste ich, dass diese nicht der Wahrheit entsprachen und es ausschließlich an mir lag, dass ich meine Vorhaben nicht umgesetzt hatte.

Sozialer Druck ist eine äußerst effiziente Methode, um Vorhaben in die Tat umzusetzen. So ging der amerikanische Schriftsteller Drew Magary sogar noch einen Schritt weiter, als er sein Gewicht reduzieren wollte:

Um für sein Vorhaben sozialen Druck aufzubauen, versprach er, sich jeden Tag zu wiegen und ein Foto davon auf Twitter zu veröffentlichen. Es wirkte: Innerhalb von fünf Monaten nahm er über 25 Kilo ab.

8. Leg eine Strafe fest

Hilft auch sozialer Druck nichts, kannst du die Verbindlichkeit noch weiter steigern, indem du mit einem Freund eine Strafe festlegst. Die-

se musst du erfüllen, wenn du deine dir vorgenommene Aufgabe nicht bis zu diesem Stichtag erledigt hast.

Die Strafe könnte sein, dass du das Auto deines Freundes waschen musst oder eine Geldstrafe zahlst, z. B. an eine Organisation, die du auf keinen Fall unterstützen möchtest (wie z. B. eine politische Partei).

Dies kann eine starke zusätzliche Motivation sein, was ein Experiment mit 2.000 philippinischen Rauchern, die aufhören wollten, aufzeigt.[12]

Die Hälfte der Teilnehmer überwies dabei jede Woche einen bestimmten Betrag auf ein Konto. Als Empfehlung wurde die Summe vorgeschlagen, die die Raucher bisher in der Woche für Zigaretten ausgegeben hatten. Jedoch war alles freiwillig.

Die Teilnehmer willigten ein, sich nach sechs Monaten einem Urintest zu unterziehen. Sollte beim Test Nikotin im Körper nachgewiesen werden, würden die Teilnehmer das eingezahlte Geld verlieren und die Bank den gesamten Betrag an eine gemeinnützige Organisation überweisen.

Dabei war die Erfolgsquote der Teilnehmer, die regelmäßig Geld auf das Konto eingezahlt hatten, um 40 % höher als die der Vergleichsgruppe.

Die Wirksamkeit einer solchen Methode kann ich ebenfalls bestätigen:

Vor ein paar Jahren war es eine meiner größten Ängste, Frauen anzusprechen. Um diese Angst zu überwinden, probierte ich viele Techniken aus. Unter anderem gab ich in einer Diskothek einem guten Freund 50 €.

An diesem Abend wollte ich drei Frauen ansprechen. Dazu gab es ein Zeitlimit. Sprach ich innerhalb dieses Zeitlimits keine Frau an, war das Geld für mich verloren.

Bei der dritten Frau hatte ich damals nur noch 20 Sekunden, bis das Zeitlimit ablief. Du kannst dir nicht vorstellen, wie schnell ich zu einer Frau gerannt bin und *„Hallo"* gesagt habe...

Sollten die anderen hier vorgestellten Techniken nicht wirken, probiere es doch einmal aus, dich zu bestrafen, wenn du deine dir vorgenommene Tätigkeit nicht erledigst hast. Je größer dabei die Strafe ist, umso wahrscheinlicher wird es, dass du deine Vorhaben in die Tat umsetzt.

9. Bleib in Bewegung

„Erst die Arbeit, dann das Vergnügen." – Wer kennt dieses Sprichwort nicht?

In diesem Sprichwort ist viel Wahres enthalten. Denn sobald wir zur Ruhe kommen, fällt es uns oft schwer, uns wieder aufzuraffen und weiterzumachen.

Es wird dir beispielsweise einfacher fallen, nach der anstrengenden Arbeit direkt ins Fitnessstudio zu gehen, anstatt dich zu Hause „nur kurz zehn Minuten hinzulegen"... Oft bleibt es nämlich nicht bei diesen zehn Minuten, und der Fitnessstudiobesuch wird auf „morgen" verschoben...

Ziehe deine Aufgaben im Idealfall also durch, bevor du zur Ruhe kommst und dich belohnst.

Das bedeutet jedoch nicht, dass du während der Arbeit keine Pause mehr machen sollst – ganz im Gegenteil: Wohldosierte Pausen erhöhen die Arbeitsleistung und kommen der Gesundheit zugute, weil beispielsweise der Stresspegel sinkt.

Aus diesem Grund schreibe ich in 50-Minuten-Blocks. Ich stelle mir immer einen Timer und lege nach Ablauf der Zeit eine kurze Pause von 10 bis 15 Minuten ein. Anschließend schreibe ich weiter, wenn ich nicht noch andere Dinge zu tun habe.

Trotzdem empfehle ich dir, die Pause nicht ausarten zu lassen und dir währenddessen z. B. eine längere Serie anzusehen. Dadurch kommst du nur aus deinem Arbeitsfluss, und es wird dir später schwererfallen, dich wieder zu überwinden und anzufangen.

10. Entwickle Wenn-Dann-Strategien

Wir können die besten Pläne schmieden, um unsere Vorhaben so einfach wie möglich in die Tat umzusetzen. Doch oftmals läuft es nicht so, wie wir wollen und Hindernisse stellen sich uns in den Weg:

- Du willst regelmäßig joggen gehen, doch die Woche über regnet es durchgehend in Strömen.
- Während du Diät hältst, bist du zu einer Geburtstagsparty eingeladen, bei der es an Leckereien nur so strotzt.
- Du machst gerade eine Lernpause, da ruft dein bester Freund an und fragt dich, ob du mit ins Freibad kommst.
- Die sexy Praktikantin, die dir schöne Augen macht, bekommt einen neuen Arbeitsvertrag.
- Du hast vor zwei Wochen mit dem Rauchen aufgehört und gewinnst bei einem Gewinnspiel einen Jahresvorrat an Zigaretten.

Was nun?

Bis auf das letzte Beispiel sind diese Situationen alles andere als an den Haaren herbeigezogen, doch auch für Leute, die mit dem Rauchen aufhören wollen, wird es genügend andere Hindernisse geben.

Aus diesem Grund empfehle ich dir, im Voraus zu überlegen, was deinem Vorhaben alles in die Quere kommen könnte. So kannst du dir vorab für die wahrscheinlichsten Hindernisse Strategien ausdenken, die du in diesen Fällen anwenden kannst.

Somit können dich solche Situationen nicht mehr unvorbereitet treffen. Ist die Verlockung zu groß, ...

- ...den Sport ausfallen zu lassen,

- ...ein bzw. fünf Stücke Kuchen zu essen,
- ...ins Freibad zu gehen oder
- ...eine Zigarette zu rauchen

und wir haben keine passende Strategie zur Hand, steigt die Wahrscheinlichkeit, dass wir schwach werden und der Versuchung nachgeben. Dies liegt daran, dass unser Belohnungssystem durchdreht und wir dadurch kaum noch in der Lage sind, klar zu denken. In solchen Fällen haben die Ausreden ein sehr einfaches Spiel mit uns...

Für den Fall, dass du regelmäßig joggen gehen willst, das Wetter jedoch nicht mitspielt, könntest du beispielsweise...

- ...dir eine 10er-Karte fürs Fitnessstudio kaufen, um dort aufs Laufband zu gehen.
- ...anstatt zu joggen zu Hause Eigenkörpergewichtsübungen machen.
- ...dir mittelfristig für zu Hause ein eigenes Laufband kaufen.
- ...trotzdem joggen gehen. Nass wirst du beim Duschen danach sowieso...

Je mehr Wenn-Dann-Strategien du hast, desto besser. Frag auch gerne einen guten Freund, ob er noch andere Ideen für deine Situation hat. Google kann dabei eventuell auch helfen.

Eine universell einsetzbare Wenn-Dann-Strategie ist es, sich die Versuchung schlechtzureden:

11. Rede dir die Versuchung emotional schlecht

Werden wir mit einer Versuchung konfrontiert, entsteht bei den meisten Menschen automatisch ein heißes, emotionales Verlangen danach. Dieses

Verlangen wird oft noch durch die eigene Vorstellung angestachelt, z. B. wie gut diese Süßigkeit schmecken würde.

Sofern du in deinem Kopf logisch gegen dieses Verlangen argumentierst, hast du bereits halb verloren, weil sich im Normalfall die Emotion gegen das Rationale durchsetzen wird. Ist die Entscheidung unbewusst gefallen, wird das nun folgende Verhalten noch rational mit einer Ausrede gerechtfertigt (z. B. *„ein Stück Kuchen kann man sich ja noch gönnen"*) und schon kann der Spaß beginnen...

Logisch gegen das Verlangen zu argumentieren, ist eine wenig erfolgversprechende und somit schlechte Idee. Besser ist es, durch innere Bilder starke negative Emotionen auszulösen, die das heiße Verlangen nach der Versuchung abkühlen.

Willst du mit dem Rauchen aufhören und es gelingt dir nicht, sind damit höchstwahrscheinlich noch starke positive Emotionen (Entspannung usw.) verknüpft. Beginne damit, die positiven Emotionen bewusst durch stärkere negative Emotionen (Krankheit usw.) zu ersetzen.

Schau dir dafür z. B. ganz bewusst die Bilder an, die auf den Zigarettenpackungen abgedruckt sind. Geh gedanklich zehn Jahre in die Zukunft und stell dir vor, dass **DU** auf diesen Fotos abgebildet wärst, wenn du nicht ab sofort mit dem Rauchen aufhören würdest.

Du kannst ebenfalls in einem Krankenhaus in deiner Nähe eine Onkologie-Station besuchen und dich dort mit ein paar Patienten unterhalten.

Beides hat zum Ziel, dass du mit den Zigaretten zukünftig eine stärkere negative Emotion verknüpfst als eine positive. Wichtig ist, dass du die negativen Auswirkungen des Rauchens nicht nur logisch verstehst, sondern auch wirklich emotional fühlst.

Sobald du mit dem Rauchen stärkere negative Emotionen verbindest als positive, wirst du keine Probleme haben, damit aufzuhören. Solange du dir zumindest die negativen Emotionen immer wieder bewusstmachst, sobald du das Verlangen nach einer Zigarette verspürst.

Ekel eignet sich ebenfalls sehr gut, um negative Emotionen auszulösen bzw. zu verstärken:

Geh zu einem vollen Aschenbecher und rieche daran, immer wenn du das Verlangen nach einer Zigarette verspürst (tue das jedoch nicht, sofern du diesen Geruch als angenehm und verlockend empfindest...).

Bezüglich einer Süßigkeit, einer ungesunden Mahlzeit oder eines Desserts könntest du dir vorstellen, dass das Nahrungsmittel vor einigen Minuten mit einer Kakerlake in Kontakt gekommen ist bzw. eine Kakerlake darin enthalten ist. Oder du stellst dir vor, wie du in fünf Jahren an Fettleibigkeit sterben wirst, wenn du jetzt dieses Nahrungsmittel isst.

Bei der sexy Praktikantin könntest du dir vorstellen, dass sie bis vor kurzem noch ein Mann war oder dass sie eine übertragbare Geschlechtskrankheit hat.

Es mag sein, dass du meine Gedankenwelt jetzt als wirr empfindest, doch das spielt keine Rolle: Es ist egal, was andere Leute im Zweifel von dir denken könnten (sie bekommen es ja eh nicht einmal mit...). Das Einzige, was zählt ist, dass dir diese Gedanken dabei helfen, die heiße Versuchung abzukühlen. Und das klappt nur, sofern die negativen Emotionen stärker sind als die positiven Emotionen, die durch das Verlangen hervorgerufen werden.

12. Wie wirst du dich in 60 bis 90 Minuten fühlen?

Eine weitere Strategie, mit der du u. a. dein Belohnungssystem abkühlen kannst, ist, gedanklich 60 bis 90 Minuten in die Zukunft zu gehen. Überlege dir dabei, wie du dich in 60 bis 90 Minuten fühlen könntest, wenn du über deine bevorstehende bzw. dann zurückliegende Handlung nachdenkst?

- Wirst du dich ärgern, weil die Kekse wieder einmal total unnötig waren?
- Wirst du dir Vorwürfe machen, weil du die attraktive Person, die du nicht angesprochen hast, wohl nie wiedersehen wirst?
- Liegt die eigentlich kurze, jedoch unangenehme Aufgabe immer noch vor dir, weil du dich bis jetzt nicht überwinden konntest, diese zu erledigen?

Oder…

- …möchtest du stolz auf dich sein, weil du der Versuchung in Form der Kekse widerstanden hast?
- …möchtest du dich freuen, dass du deine Ängste überwunden und die attraktive Person angesprochen hast? Sie hat zwar einen Partner, doch trotzdem hast du ihm/ihr mit deinem Interesse den Tag versüßt.
- …möchtest du dich freuen, weil du die unangenehme Aufgabe erledigt hast, diese im Endeffekt mal wieder nur halb so schlimm war und du jetzt den restlichen Tag ohne schlechtes Gewissen genießen kannst?

Bei diesem Tipp ist es ebenfalls wieder wichtig, starke Emotionen auszulösen, die du mit dem Erledigen bzw. Nichterledigen der vor dir liegenden Tätigkeit verknüpfen kannst. Bedenke dabei: Die Entscheidung, wie du dich in 60 bis 90 Minuten fühlen willst, liegt im Hier und Jetzt.

Also, wie willst du dich fühlen?

Willst du dir Vorwürfe machen und unzufrieden sein?

Oder willst du stolz auf dich sein, weil dich deine Handlung deinen Zielen nähergebracht hat?

Die Entscheidung liegt ganz bei dir.

Selbst falls du scheitern solltest und nicht so handelst, wie du es dir vorstellst, ist es nicht weiter schlimm. Merke dir jedoch genau, wie du dich anschließend fühlst und verstärke diese Emotion. Stehst du das nächste Mal vor derselben oder einer ähnlichen Situation, rufe diese Emotion wieder hervor und frag dich, ob du dich wirklich wieder so fühlen möchtest.

13. Überlege dir, welche Konsequenzen deine Handlungen haben und verknüpfe Emotionen damit

Jede deiner Handlungen hat Konsequenzen – auch die, die du nicht bewusst begehst.

Überlege dir, zu welchen zukünftigen Konsequenzen du Ja bzw. Nein sagst, wenn du dich für bzw. gegen eine bestimmte Handlung entscheidest.

Zu was sagst du Ja bzw. Nein, ...

- ...wenn du jetzt den fettigen Burger mit Pommes isst?
- ...wenn du das heutige Lernen mal wieder auf morgen verschiebst?
- ...wenn du dich dazu überwindest und heute ins Fitnessstudio gehst?
- ...wenn du wieder ewig lang wach bleibst, obwohl du am nächsten Tag früh aufstehen musst?

Durch solche Fragen machst du dir die Konsequenzen deines Handelns bewusst.

Schauen wir uns beispielsweise doch gemeinsam an, welche Konsequenzen es haben wird, wenn du das Lernen für eine Prüfung immer und immer wieder aufschiebst:

- Du wirst ein schlechtes Gewissen haben und kannst deine Freizeit weniger genießen.
- Irgendwann wird dieses schlechte Gewissen so stark werden, dass du anfangen wirst zu lernen. Da jedoch kaum noch Zeit dafür bleibt, wirst du die Tage (und die Nächte) vor der Prüfung durchlernen und in dieser Zeit nichts anderes mehr tun.
- Durch fehlende Sicherheit im Thema und die damit verbundene Nervosität ist die Chance hoch, dass dir während der Prüfung Dinge nicht mehr einfallen, die du eigentlich wusstest.
- Vor und nach der Prüfung wirst du dich verrückt machen, ob du bestehen wirst bzw. bestanden hast.

Wie fühlst du dich gerade, nachdem du dieses Beispiel gelesen hast?

Wahrscheinlich nicht so gut.

Wunderbar! Denn dies ist eine negative Emotion, die nun mit dem Aufschieben des Lernens verknüpft ist. Je stärker diese negative Emotion ist, umso höher ist die Wahrscheinlichkeit, dass du mit dem Lernen anfängst.

Wie in Kapitel 1 beschrieben, folgt der Mensch zwei Grundmotivationen:

1. Freude zu erlangen
2. Schmerzen zu vermeiden

Mit dem unangenehmen Lernen an sich verbindest du aktuell wahrscheinlich Schmerz. Sobald du mit dem ständigen Aufschieben des Lernens stärkere negative Emotionen verbindest als mit dem Lernen selbst, wirst du anfangen zu lernen.

Jedoch empfehle ich dir, dich nicht ausschließlich über Schmerz zu motivieren. Schreibe dir also zusätzlich die positiven Konsequenzen auf. Welche positiven Konsequenzen hat es für dich, wenn du direkt mit dem Lernen anfängst?

- Du kannst deine Freizeit genießen, ohne ein schlechtes Gewissen zu haben.
- Du hast in den Tagen vor der Prüfung noch ein Privatleben und vor allem genügend Schlaf.
- Durch die regelmäßige Wiederholung wirst du selbstsicherer im Thema. Dadurch bist du während der Prüfung nicht so nervös und begehst weniger Flüchtigkeitsfehler.
- Die Wahrscheinlichkeit eine gute Note zu bekommen steigt extrem. Dadurch bist du nach der Prüfung entspannter.

Was darf es sein?

Das Lernen aufschieben oder zeitig mit dem Lernen anfangen?

Welche Konsequenzen klingen für dich verlockender?

Worauf es hinausläuft, liegt in deiner Hand.

Deshalb der Tipp an dich: Nimm dir Stift und Zettel und mach dir die positiven und negativen Konsequenzen deines Handelns bewusst.

Ja, mach es schriftlich! Bei den 40.000 bis 60.000 Gedanken, die du täglich denkst, gehen solche Gedanken im Gedankenchaos sonst schnell unter.

Außerdem kannst du die Konsequenzen-Liste an einem Ort aufhängen, an dem du die Liste immer wieder siehst bzw. an einem Ort, der für dein Ziel eine bestimmte Bedeutung hat. So hängt eine Liste für mein Online-Unternehmen an der Wand, an der mein Schreibtisch steht. Du kannst dir nicht vorstellen, wie motivierend das für mich ist.

Ist es beispielsweise dein Ziel abzunehmen, kannst du diese Liste an den Kühlschrank hängen. Entsprechend kann dich der Anblick dieser Liste wieder motivieren, sobald du kurz davor bist, etwas zu tun, was dem Erreichen deines Ziels nicht unbedingt förderlich ist...

14. Was würde dein bester Freund sagen?

Stell dir vor, du hättest dir vorgenommen abzunehmen und auch endlich damit begonnen.

In den letzten zwei Wochen warst du pro Woche drei Mal im Fitnessstudio und hast dich mehr oder weniger gesund ernährt. Auf der Waage sind die ersten Erfolge schon sichtbar. Doch nun ist die Anfangsmotivation verbraucht und du hast auch eigentlich keine Lust mehr auf deine Diät...

Eigentlich hattest du heute noch vor, ins Fitnessstudio zu gehen, doch nach einem anstrengenden Arbeitstag liegst du zu Hause auf der Couch und überlegst, ob du noch gehen solltest. Gleichzeitig fängt es in diesem Moment auch noch an zu regnen.

Die Ausreden in deinem Kopf legen los:

- *„Ich gehe einfach morgen trainieren..."*
- *„Eigentlich wollte ich ja 8 kg abnehmen, aber 3 kg sind auch okay..."*
- *„Heute belohne ich mich und gönne mir einen Ruhetag..."*

In diesem Moment ruft dich dein bester Freund an und du erzählst ihm von deinen Zweifeln.

Was würde dein bester Freund zu dir sagen?

Würde er sagen: *„Ach, mein armer Freund, der Sport ist so anstrengend, lass es bleiben und leg dich auf die Couch. Gönne dir einen Ruhetag! Du hast so hart trainiert die letzten zwei Wochen. Du brauchst einen Ausgleich, also friss dich voll mein Freund!"*

Oder würde er stattdessen sagen: *„Ich kann dich gut verstehen, dass du keine Lust hast, doch du hast in der ganzen letzten Zeit nur davon geredet, dass du abnehmen möchtest. Du hast jetzt erst angefangen und jetzt willst* *du gleich wieder aufgeben? Ich weiß, dass es anstrengend ist, doch es sind genau die Tage wie heute, die über Erfolg oder Misserfolg entscheiden. Also schwing deinen A... jetzt gefälligst ins Fitnessstudio!"*

Höchstwahrscheinlich würde er dir eine Standpauke wie in Variante zwei halten.

Frag dich, was dein bester Freund zu dir sagen würde, sobald du kurz davor bist, schwach zu werden. Vielleicht ist dein bester Freund ja sogar erreichbar und du kannst mit ihm persönlich sprechen. Falls nicht, frag dich, was er zu dir sagen würde. Würde er es für gut befinden, dass du schwach wirst? Oder würde er dich dazu ermutigen, stark zu bleiben?

Falls es dein bester Freund bzw. dein Umfeld für gut befindet, dass du schwach wirst, solltest du dir einen neuen besten Freund bzw. ein neues Umfeld suchen. Siehe Tipp 20.

15. Erledige alles sofort, was du in unter zwei Minuten schaffst

Das ist der Nummer-1-Tipp der Produktivitätsexperten.

Kleine Aufgaben wie:

- eine E-Mail zu beantworten,
- den Müll runterzubringen,
- Sachen wegzuwerfen, die du nicht mehr brauchst,
- eine Rechnung abzuheften oder
- die getragene Kleidung direkt aufzuräumen,

kosten dich nicht viel Zeit.

Dennoch bleiben diese Dinge gerne liegen – was dazu führt, dass sie sich stapeln. Dadurch haben wir noch weniger Lust, diese teils nervigen Dinge zu erledigen und zudem kostet es uns mehr Zeit.

Wenn du diese Dinge sowieso schon in der Hand hast, dann erledige sie doch sofort.

Ich möchte dich an dieser Stelle noch einmal daran erinnern, dass dein Selbstdisziplin-Muskel wächst, indem du diszipliniert handelst. Durch diese kleinen Aufgaben, die dich Überwindung kosten, lässt sich wunderbar deine Willenskraft trainieren.

Erledigst du solche Aufgaben direkt, erhöht sich durch das Disziplin-Training nicht nur deine Willenskraft. Viele dieser kleinen Dinge verbessern auch die Ordnung in deiner Umgebung. Dadurch kommt das Erledigen dieser Aufgaben dir und deiner Disziplin doppelt zugute, da wir in einer aufgeräumten Umgebung dazu tendieren, disziplinierter zu handeln.

Dies war das Ergebnis mehrerer Versuche an der University of Minnesota.[13] Dabei sollten die Teilnehmer diverse Aufgaben erledigen, während sich die eine Hälfte der Teilnehmer in einer aufgeräumten Umgebung befand und die andere Hälfte in einer unordentlichen chaotischen Umgebung.

Also, überlege nicht lange und erledige diese kleinen Tätigkeiten sofort (siehe Tipp 4)!

16. Meditiere regelmäßig

- Du sitzt still und gerade da.
- Den Regungen deines Körpers gibst du nicht nach.
- Du kontrollierst deine Aufmerksamkeit.
- Du konzentrierst dich auf eine Sache (z. B. auf deine Atmung).

Wonach hört sich das für dich an?

Richtig, nach einem großartigen Training für deine Selbstdisziplin!

Beobachten Neurowissenschaftler die Hirnströme von meditierenden Menschen, erkennen sie dabei u. a. eine starke Aktivität in den Hirnregionen, die für die Selbstdisziplin eine Rolle spielen.[14]

Doch nicht nur deine Selbstdisziplin wird sich erhöhen, Meditation bietet viele weitere wissenschaftlich belegte Vorteile:

- Weniger Stress, was deine Disziplin ebenfalls verbessert; siehe Tipp 19.
- Du wirst besser schlafen.
- Das Gehirn altert langsamer.
- Du wirst achtsamer durch den Alltag gehen.
- Du wirst kreativer und fokussierter.
- Meditation hilft gegen Depressionen und verbessert die Stimmung.
- Du wirst empathischer.

Habe ich dich jetzt überzeugt, dass Meditation nicht nur etwas für Mönche und Hippies ist?

Ich meditiere jeden Tag direkt nach dem Aufstehen mindestens zehn Minuten lang. Viele berühmte Persönlichkeiten tun es mir gleich – z. B. Schauspieler wie Angelina Jolie, Hugh Jackman und Clint Eastwood oder Unternehmer wie Apple CEO Tim Cook, Oprah Winfrey und Medienunternehmer Rupert Murdoch.

Fängst du damit an zu meditieren, brauchst du kurzfristig keine Wunder zu erwarten. Die Auswirkungen sind sehr subtil. Doch nach einer Weile wirst du es nicht mehr missen wollen.

Wenn du noch nie meditiert hast, dann empfehle ich dir, mit der klassischen Zen-Meditation anzufangen. Diese praktiziere ich auch täglich. Dafür setzt du dich **gerade** auf einen Stuhl oder auf den Boden (Schneidersitz, halben oder vollen Lotussitz). Gerne kannst du ein Kissen unterlegen. Wichtig ist, dass du den Zeitraum über still und einigermaßen bequem sitzen kannst.

Bei allen mir bekannten Mediationen gibt es einen Anker (etwas, worauf du dich währenddessen konzentrieren kannst). Dies kann beispielsweise deine Atmung sein, ein bestimmtes Mantra (*„ommmm"*) oder wie sich der Kontakt zwischen deinen beiden Daumen anfühlt.

Sollten deine Gedanken abschweifen (was passieren wird), kannst du – nachdem es dir aufgefallen ist – dich wieder auf den Anker konzentrieren.

In der klassischen Zen-Meditation ist der Anker deine Atmung. Du zählst deine Atemzüge bis zehn und fängst danach wieder bei eins an. Wobei du sowohl beim Einatmen als auch beim Ausatmen zählst. Das Zählen läuft also folgendermaßen ab:

1 Einatmen

2 Ausatmen

3 Einatmen

4 Ausatmen

5 Einatmen

6 Ausatmen

7 Einatmen

8 Ausatmen

9 Einatmen

10 Ausatmen

1 Einatmen

2 Ausatmen

…

Vor allem zu Beginn werden deine Gedanken immer wieder abschweifen, du wirst beim Zählen den Faden verlieren oder über zehn hinauszählen – doch dies ist nicht weiter schlimm. Sobald dir auffällt, dass du mit den Gedanken abgeschweift oder nicht mehr im Rhythmus bist, kehre zu deinem Anker zurück und fange erneut (mit 1) an zu zählen.

Fang klein an und meditiere nicht länger als drei bis fünf Minuten pro Tag. Die Minutenanzahl kannst du nach und nach erhöhen. Die idealen Zeiträume für die Mediation sind früh nach dem Aufstehen oder abends vor dem Schlafengehen.

In unserem Alltag laufen wir oft auf Autopilot. Wir tun Dinge, weil wir sie schon immer so getan haben und teils fällt uns dies nicht mal auf.

Der größte Vorteil der Meditation, den ich bei mir selbst wahrnehme, ist der, dass ich in meinem Alltag schneller von Autopilot auf Bewusstsein umschalten kann. Dadurch fällt es mir leichter mitzubekommen, was ich eigentlich gerade denke und ich kann mein Verhalten schneller anpassen und ändern.

Deshalb der Tipp an dich: Beginne damit, regelmäßig zu meditieren! Dadurch stärkst du nicht nur deine Willenskraft. Ganz allgemein hat dies für dein Leben und deine Gesundheit extrem positive Auswirkungen.

17. Das Wundermittel für mehr Selbstdisziplin

In einer Studie zur Verbesserung der Selbstdisziplin stellten die Forscher bei den Teilnehmern nach zwei Monaten folgende Veränderungen fest:[15]

- Die Aufmerksamkeit verbesserte sich deutlich.
- Die Teilnehmer rauchten weniger, tranken weniger Alkohol und konsumierten weniger Koffein.
- Sie schauten weniger Fernsehen.
- Ihre Ernährungsgewohnheiten verbesserten sich.

- Sie sparten mehr Geld und hatten ihre Emotionen besser im Griff.
- Sie schoben weniger Dinge auf.
- Sie wurden pünktlicher.

Das Erstaunliche bei der Studie war, dass die Teilnehmer alles komplett freiwillig taten und sie dazu nicht aufgefordert wurden. Diese positiven Veränderungen stellten eher ein Nebenprodukt der eigentlichen Aufgabe dar.

Was denkst du, was die eigentliche Aufgabe war?

Was war das Wundermittel, welches diese massiven Auswirkungen verursachte?

Ich will dich nicht länger auf die Folter spannen: **Dieses Wundermittel ist körperliche Bewegung.**

Du hast doch jetzt nicht ernsthaft geglaubt, dass du selbst gar nichts dafür tun musst, oder?

Die Teilnehmer – von denen vorher keiner regelmäßig Sport getrieben hatte – erhielten in diesem Versuch gratis die Möglichkeit, ein Fitnessstudio zu besuchen sowie die Empfehlung, dies auch zu nutzen.

Ihre Aufgabe war ausschließlich der Besuch des Fitnessstudios und zwar nur 1 bis 3 Mal pro Woche. Sonst wurde von ihnen keine weitere Veränderung ihrer Lebensweise gefordert. Dennoch schien das Training ihnen zu mehr Selbstdisziplin in all ihren Lebensbereichen zu verhelfen.

Dies liegt daran, dass körperliche Bewegung – genau wie Meditation – das Gehirn verändert, wovon der präfrontale Cortex am meisten profitiert.[16]

Somit der Tipp an dich: Sorge für regelmäßige körperliche Bewegung! Es ist egal, um welche Art der Bewegung es sich dabei handelt. Selbst ein entspannter Spaziergang im Wald hat massive positive Auswirkungen auf deine Lebensqualität und deine Selbstdisziplin. Bewegung wird dir außerdem dabei helfen, Stress abzubauen, was deiner Selbstdisziplin ebenfalls zugutekommt (siehe Tipp 19).

18. Verschwende keine Willenskraft mit unnützen Entscheidungen

Warum tragen/trugen erfolgreiche Leute wie Facebook-Gründer Mark Zuckerberg, Apple-Gründer Steve Jobs oder der ehemalige amerikanische Präsident Barack Obama immer dieselbe Art von Kleidung?

Mark Zuckerberg antwortete auf diese Frage wie folgt:

„Ich streiche Unwichtiges aus meinem Leben, damit ich mich auf alle nötigen Entscheidungen konzentrieren kann, die dem sozialen Netzwerk dienen. Ich habe das Privileg, jeden Morgen aufzuwachen und Milliarden Menschen zu dienen. Und es fühlt sich so an, als würde ich meinen Job nicht machen, wenn ich meine Energie auf lächerliche Entscheidungen richte."

Selbst falls dies nur die halbe Wahrheit sein sollte, ist an dieser Sache trotzdem etwas dran. Wie du dich vielleicht noch erinnern kannst, kostet dich jede Entscheidung Willenskraft.

Viele Menschen verschwenden zu viel Energie mit Entscheidungen, die keine große Rolle für ihr zukünftiges Leben spielen:

- Isst du einen Erdbeer- oder einen Himbeerjoghurt?
- Trinkst du stilles oder sprudelndes Wasser?
- Ziehst du eine schwarze oder eine blaue Unterhose an?
- Setzt du dich auf den linken oder auf den rechten Stuhl?
- Schmierst du dir Butter oder Frischkäse aufs Brot?
- Willst du dein Steak medium oder well done?

Sie überlegen ein paar Mal hin und her, können sich nicht entscheiden und nachdem sie eine Entscheidung getroffen haben, bereuen sie diese oft.

Spare dir deine Willenskraft für wichtigere Dinge bzw. Entscheidungen auf und triff kleine Entscheidungen sofort – ohne großartig zu überlegen. Es spielt keine Rolle!

So sind große Teile meines Tagesablaufs klar durchstrukturiert. Obwohl ich selbstständig und somit recht frei bin, möchte ich nicht viel Willenskraft mit der Frage verschwenden, was ich als Nächstes tue. Stattdessen weiß ich meist genau, was als Nächstes folgt und ich kann mich so auf die Dinge in meinem Leben konzentrieren, die mich wirklich voranbringen.

Diese produktiven Gewohnheiten habe ich mir nach und nach angeeignet. Auf das Thema Gewohnheiten werde ich im nächsten Kapitel zurückkommen.

19. Vermeide zu viel Stress

Stress ist der Feind der Willenskraft, da Stress den „Gegenspieler" der Selbstdisziplin aktiviert – das limbische System.

Stress versetzt den Körper in eine Art Alarmzustand. Dadurch wird die zur Verfügung stehende Energie aus den für kluge Entscheidungen zuständigen Hirnbereichen wie dem präfrontalen Cortex abgezogen, da die Energie in den Hirnbereichen benötigt wird, die für das instinktive Handeln zuständig sind.

Nichts ist für die Willenskraft schädlicher als zu viel Stress.

Stehen wir unter Stress, sind wir schneller gereizt, reagieren impulsiver, sind anfälliger für Versuchungen und es fällt uns schwerer unsere Emotionen zu zügeln. Außerdem lässt uns Stress schlechter schlafen, was zu noch mehr Stress führt: Ein Teufelskreis.

Dementsprechend ist ein besserer Umgang mit Stress eine der wichtigsten Maßnahmen, um deine Selbstdisziplin zu verbessern.

Dies bedeutet jedoch nicht, Stress komplett aus deinem Leben zu verbannen, weil…

1. …dies nicht möglich ist.
2. …Stress nicht nur negative Auswirkungen auf dich und das Leben hat.

Es gibt zwei Arten von Stress: Eustress und Disstress.

Eustress ist als „positiver" Stress bekannt. Dieser erhöht die Aufmerksamkeit und fördert die Leistungsfähigkeit des Körpers, ohne diesem zu schaden. Eustress tritt beispielsweise auf, wenn du motiviert bist, eine bestimmte Leistung zu erbringen. Dieser kurzfristige Stress wird dir dabei helfen, eine Herausforderung zu meistern.

Tritt Stress dauerhaft auf und kann nicht kompensiert werden, wird dieser als unangenehm bzw. überfordernd gewertet. Diese Art von Stress nennt sich Disstress – der „negative" Stress. Diese Art von Stress kann auftreten, wenn du vor Herausforderungen stehst, bei denen du nicht davon ausgehst, sie meistern zu können. Disstress hat negative Auswirkungen auf deine Psyche und deinen Körper. So spielt u. a. dein Immunsystem verrückt, dein Herz-Kreislauf-System steht unter Dauerbelastung und dein präfrontaler Cortex wird nicht mehr mit genügend Energie versorgt.

Über das Thema Stress wurden bereits unzählige Bücher geschrieben und es würde den Rahmen dieses Buchs sprengen, genauer darauf einzugehen. Aus diesem Grund habe ich nur zwei Tipps für dich, wie du zukünftig den negativen Stress besser vermeiden kannst:

1) Sieh einen Sinn in deinen Tätigkeiten!
2) Sorge für ausreichend Balance in deinem Leben!

Aktuell arbeite ich bestimmt 70 Stunden pro Woche und treibe vier Mal intensiven Sport. Disstress gibt es aber nur wenig. Es gab jedoch Phasen in meinem Leben, in denen ich so sehr unter Strom stand, dass ich nachts kaum noch schlafen konnte.

Was hat sich seitdem verändert?

Früher rannte ich irgendwelchen für mich bedeutungslosen Zielen hinterher, wie Karriere zu machen und viel Geld zu verdienen. Zur Arbeit musste ich mich immer wieder zwingen und habe mir eingebildet, geschäftlich 24/7 erreichbar sein zu müssen. Aus diesen Gründen konnte ich nie ganz abschalten. Außerdem kannte ich damals meine Grenzen nicht, sodass ich immer wieder über diese hinausgeschossen bin.

Inzwischen sehe ich einen Sinn in meinen beruflichen Tätigkeiten. Des Weiteren macht mir meine Arbeit Spaß, sodass sie mich kaum noch Energie kostet. Außerdem kenne ich mich inzwischen so gut, dass ich weiß, wann ich eine Pause benötige und mir diese auch nehme. Womit wir direkt beim zweiten Tipp sind.

Das Leben ist weder reine Anspannung noch pure Entspannung. Idealerweise sollte es ein ausgewogener Mix sein. Jedoch ist es oft schwer zu managen, dass alle Lebensbereiche in einem ausgewogenen Verhältnis zueinander stehen, da häufig ein Lebensbereich überhandnimmt – wie bei mir aktuell die Arbeit.

Trotzdem achte ich darauf, dass mein Leben nicht ausschließlich aus Arbeit und Leistung besteht und gönne mir regelmäßig Zeit zum bewussten Entspannen, in der ich wieder Energie tanken kann.

Da jeder Mensch unterschiedlich ist, darfst du für dich selbst herausfinden, was dir am besten hilft, Stress abzubauen. Generell sind folgende Dinge jedoch empfehlenswert:

- Atemübungen (achte dabei auf eine tiefe entspannte Atmung in den Bauch)
- Progressive Muskelentspannung
- Saunabesuche oder Massagen
- Sex
- In der Natur spazieren gehen. Bereits fünf Minuten reichen schon aus, um Stress abzubauen.[17]

20. Wie sieht dein Umfeld aus?

Willst du dich verändern?

Sofern ich dir nur einen Tipp zur Veränderung geben dürfte, wäre es dieser: Veränder dein Umfeld!

Warum?

Unser Umfeld färbt auf uns ab. Das bedeutet: Wir passen uns unserem Umfeld an – was nicht immer gut für uns ist.

Der amerikanische Motivationstrainer Jim Rohn sagte nicht umsonst: *„Du bist der Durchschnitt der fünf Leute, mit denen du am meisten Zeit verbringst."*

Wie sieht dein Umfeld aktuell aus?

Lass mich raten:

- Bist du Raucher, sind deine besten Freunde zum Großteil ebenfalls Raucher.
- Bist du übergewichtig, sind deine besten Freunde ebenfalls übergewichtig.
- Verdienst du pro Jahr 40.000 Euro, verdienen deine besten Freunde im Schnitt ebenfalls 40.000 Euro.
- Treibst du viel Sport, werden deine besten Freunde wohl ebenfalls leidenschaftliche Sportler sein.

Dies muss nicht zu 100 % zutreffen, jedoch tendieren wir dazu, Menschen mit ähnlichen Werten und Interessen anzuziehen.[18]

Im März 2017 bin ich nach Berlin gezogen. Dieser Umzug war stark durch das in Berlin ansässige Umfeld motiviert. Ich kannte hier einige Leute, die bereits so lebten wie ich zukünftig leben wollte. Diese Leute wollte ich jederzeit greifbar haben, um von ihnen zu lernen. Sicherlich hätte ich meine Ziele auch in Erlangen erreichen können. Jedoch hätte es mich deutlich mehr Anstrengung gekostet und es hätte wohl zwei bis drei Jahre länger gedauert.

Dies war das erste Mal, dass ich mein Umfeld bewusst verändert habe. Vorher habe ich in den letzten zehn Jahren mein Umfeld bereits zwei Mal unbewusst verändert. Es war jedoch nicht so, dass ich diese Leute nicht mehr mochte – ganz im Gegenteil: In regelmäßigen Abständen sehe ich diese Leute immer noch und verbringe weiterhin gerne Zeit mit Ihnen. Ich hatte jedoch andere Ziele als sie, sodass sich unsere Leben in eine unterschiedliche Richtung entwickelt haben.

Oft ist es so, dass unser Umfeld es nicht gerne sieht, wenn wir uns verändern möchten. Dies könnte damit zusammenhängen, dass sich diese Personen selbst nicht trauen, etwas in ihrem Leben zu verändern. Um deine Veränderung zu verhindern, wird in solchen Fällen sogar (unbewusst) zu manipulativen Mittel gegriffen:

- *„Wenn ich an deiner Stelle wäre, würde ich es nicht machen…"*
- *„Bist du dir sicher, dass du die ganze Mühe auf dich nehmen willst?"*
- *„Willst du nicht doch deinen sicheren Arbeitsplatz behalten?"*

Dein Umfeld meint es jedoch gut mit dir, es möchte dich vor möglichen negativen Konsequenzen schützen. Sei also nicht böse auf sie. Falls du jedoch merkst, dass dich dein Umfeld nicht unterstützt und es dir nicht mehr guttut, löse dich davon bzw. verlasse es.

Ich schreibe nicht, dass du etwas Unüberlegtes tun und dein Umfeld komplett austauschen sollst. Jedoch empfehle ich dir, die Personen bewusst auszuwählen, mit denen du Zeit verbringen möchtest, da du viele ihrer Eigenschaften annehmen wirst.

Eine Sache empfehle ich dir jedoch: Meide negative Menschen!

Vielleicht gibt es bestimmte Personen, die du nicht komplett aus deinem Umfeld werfen kannst – wie z. B. Familienangehörige. Du kannst jedoch den Kontakt zu ihnen auf ein Minimum reduzieren. Oft ist es ein Versuch wert, das offene Gespräch mit Ihnen zu suchen. Erkläre ihnen, was du planst und dass es schön wäre, wenn sie dich dabei unterstützen würden.

Wie unser Umfeld unsere Entwicklung beeinflusst, wurde bereits in diversen Studien untersucht: Es gibt zwar auch Raucher, die allein wieder rauchen, doch hören Raucher, die vor allem von Nichtrauchern umgeben sind, mit höherer Wahrscheinlichkeit auf.[19] Untersuchungen zum Thema Fettleibigkeit kamen zu ähnlichen Erkenntnissen.[20]

Aus diesem Grund der Tipp an dich: Willst du dich verändern, besteht der einfachste Weg darin, dein Umfeld zu verändern. Umgib dich mit Personen die bereits so sind wie du werden willst.

21. Überprüfe deine Ziele!

Helfen alle hier vorgestellten Tipps nichts und es gelingt dir weiterhin nicht, disziplinierter zu sein, empfehle ich dir, deine Ziele zu überprüfen.

Wie bereits beschrieben, gehen Motivation und Selbstdisziplin Hand in Hand. Es ist möglich, kurzfristige Ziele durch reine Willenskraft zu erzwingen. Jagst du jedoch dauerhaft Zielen hinterher, in denen du keinen Sinn siehst und du dich immer wieder dazu zwingen musst, Dinge dafür zu erledigen, wird dich das mittel- bis langfristig höchstens in ein Burnout führen.

Vielleicht fühlst du dich ganz wohl in deiner Haut und willst gar nicht abnehmen – auch wenn dein Umfeld es dir einreden will.

Vielleicht willst du gar nicht Karriere in deinem Unternehmen machen und machst es nur für das Geld und den Status.

Beschäftigst du dich zum ersten Mal bewusst mit dem, was du in deinem Leben willst, ist die Chance hoch, dass du die von außen an dich gestellten Erwartungen mit deinen eigenen Zielen gleichsetzt. Bei mir war dies früher häufig der Fall. Dadurch glich das Erreichen meiner Ziele eher einem Kampf als einer Freude.

Konnte ich meine Ziele erreichen? Ja, weil ich ein sehr disziplinierter Mensch bin. War ich glücklich? Nein, ich fühlte mich ausgebrannt und konnte meine Erfolge nicht wirklich genießen.

Heute ist das anders: Die Tätigkeiten, denen ich nachgehe, erfüllen mich. Dies bedeutet jedoch nicht, dass alles wie von selbst läuft und ich mich dafür nicht mehr überwinden muss. Es fällt mir nur leichter.

Und hier der letzte Tipp: Investiere deine Willenskraft in Dinge, die du wirklich möchtest und die dir wirklich etwas bedeuten. Siehst du einen Sinn in deiner Tätigkeit, wird es dir deutlich leichter fallen, dich zu überwinden.

Kapitel 8

Der einfachste Weg zur positiven Veränderung

Ich bin dein ständiger Begleiter.

Ich bin dein größtes Kapital oder deine schwerste Last.

Ich werde dich zum Erfolg hochheben oder zur Enttäuschung niederdrücken.

Ich bin dir zu Befehl.

Die Hälfte der Dinge, die du tust, könntest du genauso gut mir überlassen, denn ich kann sie schnell, richtig und gewinnbringend erledigen.

Ich bin leicht zu handhaben, solange du streng zu mir bist.

Die Großen habe ich groß gemacht.

Die Versager habe ich zu Versagern gemacht.

Ich bin keine Maschine, wenngleich ich mit der Präzision einer Maschine und der Intelligenz eines Menschen arbeite.

Durch mich kannst du Erfolg haben oder untergehen.

Zeige mir, wie du es gerne hättest. Lehre mich. Trainiere mich.

Führe mich. Belohne mich.

Und dann werde ich es ... automatisch tun.

Ich bin dein Diener.

Wer bin ich?

Ich bin eine Gewohnheit.

Der Verfasser dieser Zeilen ist unbekannt. **Da jedoch bis zu 50 % unseres Tages aus Gewohnheiten bestehen**[21]**, treffen seine Worte genau ins Schwarze. Somit bestimmen deine Gewohnheiten deine Lebensqualität.**

Es ist nichts anderes als eine Gewohnheit:

- Ob du regelmäßig Sport treibst.
- Wie du dich ernährst.
- Ob du dich deinen Ängsten stellst.
- Wann du früh morgens aufstehst.
- Ob du deine wichtigsten Tätigkeiten bevorzugt erledigst.
- Wie du mit Stress umgehst.

Unsere Gewohnheiten sind nicht in Stein gemeißelt: Es ist möglich, neue Gewohnheiten zu entwickeln sowie alte Gewohnheiten zu ändern.

Gewohnheiten sind nicht pauschal gut oder schlecht. Hast du jedoch die richtigen Gewohnheiten in dein Leben integriert, kannst du gar nicht anders als deine Ziele zu erreichen. Leider verhält es sich mit negativen Gewohnheiten ähnlich und du wirst dich dadurch immer wieder selbst sabotieren.

Da unsere Willenskraft begrenzt ist, empfehle ich dir, diese sinnvoll einzusetzen und damit positive Gewohnheiten zu entwickeln, die dich zu deinen Zielen tragen.

Wie das funktioniert, erfährst du in diesem Kapitel.

Was sind Gewohnheiten und wie entstehen sie?

Gewohnheiten sind Reaktionsweisen auf einen bestimmten Auslösereiz, die durch Wiederholung gefestigt werden und nach einem gewissen Zeitraum quasi automatisch ablaufen. Es gibt Gewohnheiten des Denkens, des Fühlens und des Verhaltens.

Machen wir eine Sache zum ersten Mal, läuft unser Gehirn auf Hochtouren. Doch je öfter wir diese Sache in Zukunft wiederholen, umso besser kann unser Gehirn abschätzen, was uns erwartet und wie die Sache abläuft. Da unsere Ressourcen begrenzt sind, nimmt die Hirnaktivität immer weiter ab, je öfter wir diese Sache wiederholen. Ein Bereich tief im Inneren des Gehirns bleibt jedoch aktiv: Die Basalganglien.

Über die genauen Funktionen dieses Hirnbereichs streitet sich die Wissenschaft noch heute. Es herrscht jedoch die Meinung, dass diese unter anderem eine Art Handlungsgedächtnis darstellen. Durch Wiederholung bildet sich nach und nach eine neue Gewohnheit, welche die Tätigkeit übernimmt, sobald diese anfällt. Bei der Tätigkeit an sich laufen wir selbst oft auf Autopilot.

Das Autofahren ist ein gutes Beispiel: Während du dich in deinen ersten Fahrstunden wahrscheinlich extrem konzentrieren musstest, klappt es inzwischen mühelos und du kannst währenddessen sogar noch Musik hören, dich mit deinem Beifahrer unterhalten und/oder dich über die anderen Verkehrsteilnehmer aufregen.

Woher hast du deine Gewohnheiten?

Kinder lernen, indem sie das Verhalten der ihnen nahestehenden Personen kopieren. Das bedeutet, du hast ein bestimmtes Verhalten irgendwann aufgeschnappt und kopiert. Kommst du in eine ähnliche Situation, wird dieses Verhalten wieder abgerufen.

Deine tiefsten Gewohnheiten hast du unbewusst von deinen Erziehungsberechtigten übernommen – vieles von deiner Mutter: In der Regel ist unsere Mutter die stärkste Bezugsperson in der Kindheit, vor allem in den prägenden ersten Lebensjahren. In einem Buch las ich einmal die Aussage: „Du bist Mama!"

Mehrere Wochen lang hinterfragte ich diese Aussage immer wieder, und tatsächlich fielen mir einige Gemeinsamkeiten auf – aber nicht alle waren zu meinem Vorteil...

Vielleicht hattest du Glück und du hast von deinen Erziehungsberechtigten nur Dinge übernommen, die dich in deinem Leben unterstützen. Die Wahrscheinlichkeit ist jedoch hoch, dass ebenfalls Gewohnheiten dabei sind, die für dich und deine Ziele eher destruktiv sind.

Wurde dir beispielsweise als kleines Kind immer wieder eingeredet, dass du bestimmte Dinge nicht kannst, wird sich eine Denkgewohnheit gebildet haben, die immer wieder ausgelöst wird, sobald du vor einer neuen Sache stehst. Im schlimmsten Fall führt diese Gewohnheit dazu, dass du nichts Neues mehr ausprobierst, weil du es *„eh nicht kannst"*...

So haben sich im Laufe deines Lebens unbewusst eine Vielzahl von Gewohnheiten gebildet, die dazu geführt haben, dass du heute die Person bist, die du bist.

Wie lange dauert es, eine neue Gewohnheit zu entwickeln?

Bevor du damit anfängst, alte Gewohnheiten zu ändern, empfehle ich dir, bewusst zwei bis drei neue, dich unterstützende Gewohnheiten in dein Leben zu integrieren. Dadurch bekommst du Übung im Umgang mit Gewohnheiten und wirst besser verstehen, wie diese funktionieren.

Laut pauschalen Aussagen soll es 21 bis 30 Tage dauern, bis wir eine neue Gewohnheit verinnerlicht haben. Gemäß einer Studie[22] dauerte es bei den Testpersonen jedoch 18 bis 254 Tage, bis sie eine Gewohnheit verinnerlicht hatten.

Auf zwei Dinge kommt es dabei an:

1. **Welche Gewohnheit du entwickeln willst:** Kleine Gewohnheiten, wie täglich 10 Liegestütze auszuführen, werden schneller verinnerlicht als große Gewohnheiten, wie jeden Morgen um 5 Uhr aufzustehen.

2. **Welcher Typ Mensch du bist und welche Erfahrungen du mit Gewohnheiten hast:** Damit ist z. B. gemeint, wie diszipliniert du bist oder ob du bereits Gewohnheiten entwickelt bzw. geändert hast.

Wiegst du 150 kg, hast bisher keinen Sport getrieben und nie auf deine Ernährung geachtet, wird es länger als 21 Tage dauern, einen gesunden Lebensstil in dein Leben zu integrieren – sorry, falls dir etwas anderes versprochen wurde...

So entwickelst du Gewohnheiten

Wollen wir eine neue Gewohnheit entwickeln, brennen wir zu Beginn meist vor Motivation. Deshalb klappt es in den ersten Tagen meist mühelos, die Dinge zu tun, die für die neue Gewohnheit notwendig sind.

Doch nach fünf bis zehn Tagen ist die Anfangsmotivation verbraucht und der Alltag holt uns ein. Dies kann dazu führen, dass unsere guten Vorsätze schnell vergessen werden und wir nichts mehr dafür tun – die Neujahrsvorsätze lassen grüßen.

Lässt die Motivation nach, ist die Zeit der Selbstdisziplin gekommen und es gilt nach wie vor, regelmäßig die Dinge zu tun, die du als Gewohnheit in dein Leben integrieren möchtest.

Die kritische Zeit beginnt meist bei Tag 5 und endet bei Tag 25. Danach wird es dir wohl wieder leichter fallen, dich zu überwinden.

Der Aufwand, um eine Gewohnheit zu entwickeln kann mit dem Start einer Rakete verglichen werden: Eine Rakete verbraucht den Großteil ihres

Treibstoffs, bis sie die Umlaufbahn verlassen hat. Sobald die Rakete im Weltraum ist, fliegt sie fast von allein.

Der Treibstoff für unsere Gewohnheits-Rakete ist unsere Motivation und unsere Selbstdisziplin.

Welche Gewohnheit ich in letzter Zeit entwickelt habe

Als ich mit dem Schreiben anfing, war es für mich eine Art Hassliebe: Auf der einen Seite gab es mir unglaublich viel, auf der anderen kostete es mich oft sehr viel Kraft, mich dazu zu überwinden.

Aus diesem Grund beschloss ich im Oktober 2016, eine Gewohnheit zu entwickeln: Ich wollte jeden Tag mindestens 30 Minuten lang schreiben (siehe Kapitel 7, Tipp 2: „Fang klein an"). Da ich damals oft erst recht spät und ziemlich erschöpft von meinem Hauptjob nach Hause kam, beschloss ich, von nun an früher aufzustehen und in dieser Zeit zu schreiben (siehe Kapitel 7, Tipp 5: „Iss den Frosch!").

Obwohl ich es in 90 % der Fälle durchgezogen habe, hat es bestimmt sechs Monate gedauert, bis ich diese Gewohnheit wirklich verinnerlicht hatte. Das bedeutet jedoch nicht, dass ich mich jeden Morgen dazu zwingen musste.

Inzwischen schreibe ich in Schreibeinheiten von je 50 Minuten und achte darauf, jeden Tag mindestens eine solche Einheit zu schreiben. In meinem ersten halben Jahr in Berlin konnte ich jedoch nicht mehr als zwei Einheiten pro Tag schreiben, da ich zu dieser Zeit viele andere Baustellen hatte, die meine Aufmerksamkeit erforderten.

Nun sind die Baustellen langsam abgearbeitet, und inzwischen habe ich mehr Zeit fürs Schreiben. Aus diesem Grund habe ich in den letzten Wochen mein Schreibpensum erhöht.

Am Anfang bemerkte ich wieder, wie sich ab der dritten Schreibeinheit mein ganzer Körper dagegen sträubte und aufhören wollte. Da sich ein Buch jedoch nicht von selbst schreibt, überwand ich mich und zog es einfach durch. Inzwischen hat sich die Gewohnheit gefestigt, und es macht mir nicht mehr so viel aus, jeden Tag mehrere Stunden zu schreiben. Während ich diese Zeilen schreibe, befinde ich mich gerade in meiner fünften Schreibeinheit des Tages.

Wie kannst du schlechte Gewohnheiten ändern?

Der erste Schritt zur Veränderung ist immer, sich einer Sache bewusst zu sein. Wenn du dir einer Sache nicht bewusst bist, kannst du sie auch nicht ändern.

Bei Gewohnheiten ist es genauso. Dementsprechend empfehle ich dir, ehrlich mit dir selbst zu sein und dich immer wieder zu hinterfragen:

- Was hast du für Gewohnheiten?
- Willst du sie überhaupt haben?
- Unterstützen dich deine Gewohnheiten oder sabotieren sie dich?

Das Ganze ist ein laufender Prozess, da dir deine Gewohnheiten wohl erst nach und nach bewusst werden. Wie weiter oben beschrieben, ist ebenfalls ein Abgleich mit deinen Erziehungsberechtigten sinnvoll, um Gewohnheitsmuster aufzudecken.

Sprich außerdem mit guten Freunden, da diese uns oft besser kennen als wir uns selbst. Dies liegt daran, dass der Mensch dazu neigt, eigene negative Seiten auszublenden. In der Psychologie nennt sich das „blinder Fleck".

Damit dir deine tiefsten Gewohnheiten bewusst werden, wirst du tief graben müssen. Dies kann schmerzhaft sein, ist jedoch jede Anstrengung wert – versprochen!

Bist du dir einer Gewohnheit bewusst, kannst du sie ändern. Dies funktioniert in der Regel jedoch nicht von heute auf morgen. Hast du ein bestimmtes Verhalten 20 Jahre lang ausgeführt, brauchst du nicht zu erwarten, dass sich dein Verhalten über Nacht ändert.

Führen wir gerade eine Gewohnheit aus, laufen wir dabei oft auf Autopilot: Du fährst quasi auf einer Autobahn mit 250 km/h auf dein Ziel zu. Verändert sich plötzlich dein Ziel, ist die Chance hoch, dass du die entsprechende Ausfahrt verpassen wirst. Dies fällt dir oft erst auf, **nachdem** du die Ausfahrt verpasst hast.

Willst du eine Gewohnheit ändern, sei im Idealfall zu 100 % bei der Sache. Dann wird dir die Ausfahrt auffallen und du kannst dich bewusst für diese entscheiden. In der Praxis wirst du diese Ausfahrt anfangs höchstwahrscheinlich erst ein paar Mal verpassen. Dies ist nicht weiter schlimm. Wichtig ist nur, dass es dir anschließend auffällt. Irgendwann wird es dir vorher auffallen und du wirst die neue Ausfahrt nehmen können.

In einigen Fällen wirst du jedoch die Möglichkeit haben, zu der Ausfahrt „zurückzufahren" und dein Verhalten zu korrigieren. Sofern es dich nicht zu viel Aufwand kostet, nutze diese Möglichkeit. Was genau ich damit meine, erfährst du im nächsten Abschnitt.

Je öfter du die neue Ausfahrt nimmst, desto gefestigter wird die neue Gewohnheit werden – bis diese irgendwann automatisch ausgeführt wird. Die alte Gewohnheit wurde dann durch die Neue ersetzt.

Willst du Gewohnheiten ändern, passiert dies immer in vier Schritten:

1. **Unbewusste Inkompetenz**

    Weil dir nicht bewusst ist, dass du etwas falsch machst, kannst du die Sache auch nicht ändern. Aus diesem Grund ist der erste Schritt immer, Bewusstheit über eine Gewohnheit zu erlangen.

2. **Bewusste Inkompetenz**

Ist dir bewusst, dass du eine Gewohnheit ändern willst, wirst du sie zu Anfang trotzdem sehr häufig auf die alte Art und Weise ausüben. Es dauert seine Zeit, Gewohnheiten zu ändern. Wichtig ist dabei, dass es dir später auffällt, dass du die Ausfahrt verpasst hast.
Mit der Zeit wird es dir immer früher auffallen.

3. **Bewusste Kompetenz**

Irgendwann wird dir die Ausfahrt vorher auffallen und du kannst dein Verhalten ändern. Nachdem es das erste Mal geklappt hat, wirst du in Regel eine Zeit lang zwischen Punkt 2 und Punkt 3 pendeln.
Mal gelingt es dir, die neue Ausfahrt zu nehmen, mal wirst du daran vorbeifahren und es wird dir später auffallen.

4. **Unbewusste Kompetenz**

Mit der Zeit wird das neue Verhalten jedoch immer mehr die Oberhand gewinnen und irgendwann brauchst du nicht mehr über dein Verhalten nachzudenken. Es läuft auf Autopilot.

Welche Gewohnheit ich geändert habe

Die erste Gewohnheit, die ich in meinem Leben bewusst geändert habe, war, wie ich mein Fahrrad mit dem Schloss abschließe.

Früher ist mein Fahrradschloss beim Abschließen immer mit der öligen Fahrradkette in Kontakt gekommen. Beim Aufschließen des Schlosses hatte ich anschließend immer das Öl an den Händen. Mit der Zeit ging mir das auf die Nerven und ich beschloss, die Gewohnheit zu ändern, wie ich zukünftig mein Fahrrad abschließen würde.

Wie ich das Fahrrad ab sofort abschließen wollte – sodass das Schloss nicht mehr mit der Kette in Kontakt kam – fand ich schnell heraus. Jedoch gestaltete sich die Umstellung schwieriger als gedacht:

An den Tagen, an denen ich wirklich bei der Sache war, schloss ich das Fahrrad auf die neue Art ab. Meist war dies jedoch nicht der Fall und ich lief auf Autopilot, sodass ich das Rad wie früher abschloss und das Schloss wieder mit der öligen Kette in Kontakt kam.

Fiel mir dies im Nachhinein auf, und ich war noch nicht zu weit von meinem Fahrrad entfernt, bin ich wieder zu meinem Rad zurückgegangen und habe das Schloss an der gewünschten Position angebracht.

So wurde die alte Gewohnheit nach und nach durch die Neue ersetzt, die inzwischen automatisch abläuft.

Dieses Beispiel mag sich vielleicht banal lesen. Doch trotzdem habe ich beim Ändern dieser Gewohnheit viel über Gewohnheiten gelernt.

Nachdem du ein paar neue, kleine positive Gewohnheiten in dein Leben integriert hast, empfehle ich dir, dir eine kleine Gewohnheit auszusuchen, die du regelmäßig ausübst und ändern möchtest. Du wirst erstaunt sein, was passieren wird.

2 Tipps für einen besseren Umgang mit Gewohnheiten

Um Gewohnheiten einfacher zu entwickeln bzw. ändern zu können, empfehle ich dir zwei Dinge:

1. Konzentriere dich auf EINE Gewohnheit!

Wie du ja vielleicht noch weißt, sind unsere Willenskraft und unsere Ressourcen begrenzt. Willst du zu viel auf einmal, wird mit hoher Wahrscheinlichkeit alles beim Alten bleiben.

Sinnvoller ist es, sich auf eine Gewohnheit zu konzentrieren und diese für 30 Tage in den Fokus zu nehmen. In diesen ersten 30 Tagen übst du die Gewohnheit im Idealfall täglich aus. Anschließend kannst du dich fragen, was dir die Gewohnheit gebracht hat und ob du sie in deinem Leben beibehalten möchtest.

Handelt es sich um eine kleine Gewohnheit, ist die wirklich kritische Phase meist nach diesen 30 Tagen überwunden und die Gewohnheit ist gefestigt genug. Entscheidest du dich dafür, dieser Gewohnheit weiter nachzugehen, wird es dich kaum noch Energie kosten. Egal wie du dich auch entscheidest, du kannst dich der nächsten Gewohnheit widmen.

Frag dich immer wieder, welche Gewohnheit aktuell für dich am wichtigsten ist und konzentriere dich die nächsten 30 Tage darauf. Des Weiteren empfehle ich dir, klein anzufangen, damit du erst mal ein Gefühl für Gewohnheiten bekommst.

2. Kontrolliere dich, ob du deine Gewohnheiten ausführst!

Warum es so wichtig ist, sich selbst zu kontrollieren, wurde bereits im Verlauf des Buches ein paar Mal erörtert (Kapitel 7, Tipp 6: Kontrolliere dich). Ich empfehle dir, objektiv zu kontrollieren, in welcher Regelmäßigkeit du deinen Gewohnheiten nachgehst.

Das kannst du klassisch mit Zettel und Stift machen. Am einfachsten funktioniert es wohl mit einer Smartphone-App. Für mein iPhone verwende ich die App „Way of Life", mit der ich sehr zufrieden bin, jedoch wird es für diese Zwecke mit Sicherheit auch andere Alternativen geben.

Sei nicht zu geizig, für eine vernünftige App ein paar Euros mehr auszugeben. Ziehst du es wirklich durch, ist dies gut investiertes Geld. „Way of Life" ist für bis zu drei Gewohnheiten kostenlos nutzbar. Die Vollversion – mit unbegrenzten Gewohnheiten – kostet im App Store von Apple aktuell 5,49 € bzw. 4,99 € für Android.

In solche Apps gibst du ein, welche Gewohnheiten du überprüfen lassen möchtest und hakst diese nach erfolgreicher Durchführung ab. In meiner App werden außerdem Ketten gebildet, was zusätzlich motivierend ist. Des Weiteren gibt es die Möglichkeit, sich an die Ausübung von Gewohnheiten erinnern zu lassen und sich verschiedene Auswertungen anzeigen zu lassen. Nutzt du eine solche App und führst diese konsequent, ist es nicht mehr möglich, dich selbst zu belügen.

Sei kein Sklave deiner Gewohnheiten!

So positiv meine Gewohnheiten für mich auch sein mögen, ich muss ihnen nicht zwanghaft nachgehen. Ich habe die Macht über meine Gewohnheiten und nicht umgekehrt.

Meine mir wohl wichtigste Gewohnheit ist es, jeden Tag mindestens 30 Minuten zu schreiben. Trotzdem lasse ich das Schreiben an einigen Tagen bewusst ausfallen – wenn auch ungern.

Als ich dieses Buch schrieb arbeitete ich nebenher an zwei bis drei Tagen in der Woche als freier Dozent. Meist hatte ich dabei spätestens nach zwei Tagen am Stück eine Pause, es konnte jedoch auch mal vorkommen, dass ich eine Woche lang durchgehend Aufträge hatte.

Die Arbeit machte mir zwar Spaß, doch ist es unglaublich anstrengend, fünf bis sieben Stunden lang zu reden und den Teilnehmern etwas beizubringen. Wenn dann die Aufträge auch noch um 8 Uhr morgens anfingen, musste ich zwischen 5 Uhr und 5:30 Uhr aufstehen, um genug Zeit zu haben, meine komplette Morgenroutine durchzuziehen. Diese enthält unter anderem Meditation, lesen und eine Schreibeinheit.

Ein bis zwei Tage am Stück ist dies möglich. Da mich die Dozententätigkeit allerdings unglaublich viel Energie kostete, auch nicht viel länger. Hatte ich Aufträge über mehrere Tage am Stück, war ich sehr achtsam mir und meiner Energie gegenüber. Bemerkte ich, dass ich nur noch wenig Energie hatte, ließ ich das Schreiben sein und schlief dafür lieber etwas länger.

Wäre ich trotzdem so früh aufgestanden und hätte geschrieben, dann hätte ich mir dadurch mehr geschadet als es genutzt hätte.

Dasselbe gilt beispielsweise, falls ich mal Urlaub machen oder nach meiner Geburtstagsparty bzw. am 1. Januar verkatert aufwachen sollte. An solchen Tagen entscheide ich mich bewusst dafür, das Schreiben ausfallen zu lassen.

Wichtig ist dabei, ehrlich zu sich selbst zu sein und zwischen Ausreden und wirklichen Gründen unterscheiden zu können. Es ist etwas anderes, ob du nicht zum Sport gehst, weil du dich vor Muskelkater kaum bewegen kannst oder nur *„etwas müde"* bist.

Es geht nicht darum, jeden Tag zwanghaft seinen Gewohnheiten nachzugehen oder sie zu vermeiden. Übst du deine positiven Gewohnheiten 90 % der Tage aus und vermeidest deine negativen Gewohnheiten ebenfalls 90 % der Tage, bist du auf einem guten Weg.

Egal, was du für Gewohnheiten hast, lasse nicht zu, dass sie die Macht über dich haben. Habe DU die Macht über deine Gewohnheiten!

Resümee:

- Dein Leben ist die Summe deiner Gewohnheiten. Es ist möglich, neue Gewohnheiten zu entwickeln oder alte Gewohnheiten zu ändern. Da deine Selbstdisziplin begrenzt ist, ist es sinnvoll, diese darauf zu verwenden, positive Gewohnheiten zu entwickeln bzw. negative Gewohnheiten zu ändern.

- Eine neue Gewohnheit zu entwickeln dauert zwischen 18 und 254 Tagen, es kommt auf die Gewohnheit und auf dich als Person an. Dabei läuft es in den ersten Tagen meist wie von selbst. Doch sobald die Anfangsmotivation verflogen ist, müssen wir uns oft zu der Tätigkeit überwinden. Hier kommt die Selbstdisziplin ins Spiel.

- Um eine Gewohnheit zu ändern, musst du dir ihrer erst einmal bewusst sein. Nachdem du diese erkannt hast, brauchst du jedoch nicht zu erwarten, die Gewohnheit von heute auf morgen ändern zu können. Des Weiteren ist es nicht schlimm, zurück in alte Muster zu fallen. Wichtig ist nur, dass es dir auffällt. Irgendwann wirst du in der Lage sein, das alte Muster zu durchbrechen.

- Beschäftigst du dich das erste Mal mit Gewohnheiten, empfehle ich dir, zuerst zwei bis drei kleine Gewohnheiten zu entwickeln, bevor du damit anfängst, eine große Gewohnheit zu ändern. Je mehr Erfahrung du im Umgang mit Gewohnheiten hast, desto leichter wird es dir fallen, diese zu entwickeln und zu ändern.

Kapitel 9

Die gefährlichen Schattenseiten der Selbstdisziplin

„Vermeidet die Extreme. Gebt euch weder hemmungslosem Genuss noch der Selbstqual hin. Nur der mittlere Weg führt zur Heilung, zur Ruhe, zum Überblick, zum Erwachen."

Buddha
(Begründer des Buddhismus)

Wie du in einem vorherigen Kapitel gelernt hast, ist unsere Willenskraft mit einem Muskel zu vergleichen. Genauso wie du einen Muskel übertrainieren kannst, ist es auch mit unserem Willenskraft-Muskel.

Früher strich ich „unproduktive" Dinge, die mir sehr viel Spaß machten, nahezu komplett aus mein Leben. Ich sah keinen Sinn darin, warum ich meine kostbare Zeit mit Serien, Computerspielen oder diversen Freizeitaktivitäten mit meinen Freunden „verschwenden" sollte. In dieser Zeit konnte ich doch auch an meinen Zielen arbeiten oder ein sinnvolles Buch – nach dem Motto: „Wie werde ich erfolgreich?" – lesen.

Die Folge davon war jedoch nicht, dass ich produktiver war und mich erfüllter fühlte. Die Folge war, dass ich mich unglücklich und erschöpft fühlte. Außerdem stand ich unter Dauerstrom, sodass ich nachts nicht mehr vernünftig schlafen konnte.

Zu viel Selbstdisziplin lässt unser Leben genauso unerfüllt erscheinen wie zu wenig. Im schlimmsten Fall führt Selbstdisziplin zur Selbstqual und zu einem freudlosen Dasein. Dementsprechend ist Selbstdisziplin ein zweischneidiges Schwert: Auf der einen Seite hat

mich meine Disziplin dorthin gebracht, wo ich heute stehe, auf der anderen Seite schon mehrmals an den Rand eines Burnouts.

Aus diesem Grund ist es wichtig, seine kurzfristigen Bedürfnisse nicht komplett zu vernachlässigen. Beim Sport wachsen die Muskeln nicht direkt beim Training, sie wachsen in den Ruhephasen. Sorge für ausreichend Ruhe und tue Dinge, die dir Spaß machen und die dir einen Ausgleich bieten. Ignorierst du deine kurzfristigen Bedürfnisse komplett, wird dich das mittelfristig nur unglücklich machen. Gönne dir etwas und belohne dich!

Achte jedoch darauf, dass Aufwand und Belohnung im Gleichgewicht sind. Es bringt nichts, dich für 15 Minuten Sport mit zwei Stücken Schoko-Sahne-Torte zu belohnen…

Du lebst immer noch in der Gegenwart

Selbstdisziplin hat immer etwas mit gegenwärtigem Verzicht und einer zukünftigen Belohnung zu tun. Ich weiß selbst, dass es unglaublich erfüllend sein kann, an seiner Zukunft zu arbeiten. Doch du lebst immer noch in der Gegenwart. Die Zukunft ist ein großes Fragezeichen. Die Chance ist zwar hoch, doch niemand kann dir garantieren, dass du morgen überhaupt noch am Leben bist.

Aus diesem Grund empfehle ich dir, ein ausgewogenes Leben zu führen und darauf zu achten, dass dauerhaft eine Balance zwischen deinen einzelnen Lebensbereichen gegeben ist. Auch deine kurzfristigen Bedürfnisse sollten nicht zu kurz kommen, da diese das Leben doch erst lebenswert machen und uns bei Laune halten.

Bei Laune zu bleiben ist wichtig, denn Erfolg ist nie ein Sprint, sondern immer ein Marathon. Es bringt dir nichts, am Anfang direkt auszubrennen. Teile dir deshalb deine Kräfte ein und zwinge dich notfalls zu Pausen – ironischerweise sind wir hier schon wieder bei der Selbstdisziplin…

Selbstdisziplin wird gerne mit dem großen Glück in der Zukunft verbunden, was dazu führt, dass wir unser Glück in die Zukunft verschieben und es dort suchen. Doch Glück kann immer nur in der Gegenwart existieren. Viele Menschen wissen das nicht und stecken in der Wenn-Dann-Falle fest:

Die Wenn-Dann-Falle

Steckst du in der Wenn-Dann-Falle, gehst du davon aus, dass, **wenn** du eine bestimme Sache hast, du **dann** endlich glücklich bist.

„Wenn ich X habe, dann bin ich glücklich!"

Für X kannst du alles einsetzen:

- Geld im Überfluss
- Einen tollen Partner, der zu dir passt
- Einen erfüllenden Job
- Eine größere Wohnung
- Einen süßen Hund
- Das neue iPhone

Sobald wir diese Sache besitzen, bemerken wir jedoch schnell, dass wir uns nicht glücklicher fühlen. Daraufhin wird sofort die nächste Sache anvisiert, denn diese wird uns bestimmt glücklich machen – die Werbung verspricht es schließlich...

Und so strengen wir uns noch mehr an, um nach dem Erreichen unserer Ziele doch wieder ernüchtert zu sein.

Es ist nicht falsch, ambitioniert zu sein und Ziele zu haben, die uns wirklich etwas bedeuten. Geh allerdings nicht davon aus, dass dich das Erreichen deiner Ziele unbedingt glücklicher macht. Vielmehr gilt es, den Weg dorthin zu genießen. Denn diese spannende Zeit wirst du kein zweites Mal erleben.

Vor einigen Jahren war es mein größtes Problem, dass ich keinen Erfolg bei Frauen hatte. Und so ging ich davon aus, dass **wenn** ich erst mal eine tolle Freundin hätte, ich **dann** glücklich sein würde.

Einen besseren Umgang mit Frauen erlernte ich zwar nach und nach, die gewünschten Erfolge blieben jedoch aus. Das machte mich ziemlich unglücklich, obwohl ich rückwirkend betrachtet ein tolles Leben führte.

Nach einigen Jahren war es dann soweit und ich kam mit einer wundervollen Frau zusammen. War ich glücklich? Sicherlich, da eine erfüllende Beziehung etwas Tolles ist. Jedoch verspürte ich ebenfalls eine Art Reue:

Als ich beschloss, erfolgreicher beim anderen Geschlecht zu werden, begann eine unglaublich intensive, schöne und lehrreiche Zeit. Weil ich jedoch viel zu sehr auf meine Probleme fixiert war bzw. auf das, was mir in meinem Leben fehlte, konnte ich diese Zeit kaum genießen.

Ich würde sehr viel dafür geben, um beispielsweise die lustigen Abende mit meinen Freunden noch einmal zu erleben, an denen wir in Diskotheken unterwegs waren. An vielen dieser Abende hatte ich jedoch schlechte Laune, weil meine dort erzielten „Erfolge" nicht mit meiner Erwartungshaltung übereingestimmt haben. Ich war viel zu sehr auf das Erreichen meines Ziels fixiert, anstatt den aufregenden Weg dorthin zu genießen.

Es ist leider nicht möglich, diese Zeit noch einmal zu erleben, doch kann ich daraus für die Zukunft lernen:

Ich kann damit aufhören, mein Glück in der Zukunft zu suchen und stattdessen die gegenwärtige Zeit bewusst mehr zu genießen, da diese niemals wiederkommen wird.

Außerdem fokussiere ich mich inzwischen mehr auf die Dinge, die ich schon habe und die in meinem Leben gut laufen. Dankbarkeit ist hierbei das Stichwort.

Wie Dankbarkeit dein Leben verändern wird

Wir bemerken oft gar nicht, wie gut es uns eigentlich geht. Wohnst du im deutschsprachigen Raum, lebst du in einem der sichersten und reichsten Länder der Welt. Selbst wenn du Hartz IV bekommen solltest, steht dir mehr zur Verfügung als einem Großteil der Weltbevölkerung.

Laut der Bedürfnishierarchie von Abraham Maslow sind all unsere Mangelbedürfnisse befriedigt:

- Überleben
- Sicherheit
- Nahrung
- Kleidung
- Ein Dach über dem Kopf

Über all diese Dinge und noch mehr brauchst du dir im deutschsprachigen Raum keine Sorgen zu machen. Wir haben alles, was wir zum Leben brauchen und es liegt an uns, das Beste daraus zu machen. Wie gut es uns geht, bemerken wir jedoch oft nicht, weil unser Fokus auf unseren Problemen liegt:

- Unsere gut bezahlte Arbeit erfüllt uns nicht.
- Wir haben 5 kg Übergewicht und dadurch nicht die Strandfigur, die wir gerne hätten.
- Wir sind Single und wünschen uns einen tollen Partner.
- Der Smartphone-Akku, der zwei Mal am Tag geladen werden muss.
- Der halblegale Fußballstream, der immer wieder abstürzt.
- Der TV-Recorder nimmt unsere Lieblingsserie nicht auf.

Da es mir schon oft aufgefallen ist, wie ich mir von Erste-Welt-Problemen wie diesen den Tag habe vermiesen lassen, will ich mich hierbei nicht ausnehmen. Es ist jedoch möglich, seinen Fokus zu ändern: **Weg von dem**, was dir fehlt, **hin zu** dem, was du bereits hast und was in deinem Leben gut läuft.

Allgemein spielt es für dein Leben eine unglaublich große Rolle, worauf du dich konzentrierst. Dies wissenschaftlich zu erklären, würde jedoch den Rahmen dieses Buchs sprengen.

Für den Moment genügt es zu wissen, dass deinem Gehirn nicht genügend Kapazitäten zur Verfügung stehen, um die gesamten Reize zu verarbeiten, die jede Sekunde auf dich einprasseln. Die Quote der Reize, die wahrgenommen und bewusst verarbeitet werden können, liegt nahezu bei 0 %! Dein Gehirn muss entscheiden, welche Reize wichtig für dich und dein Überleben sind, sodass diese verarbeitet werden können.[23]

Das Schöne ist, dass du mitbestimmen kannst, welche Reize verarbeitet werden. Konzentrierst du dich auf eine Sache, geht dein Gehirn davon aus, dass es wichtig ist und du wirst diese Sache in deinem Leben immer häufiger wahrnehmen.

Angenommen, du würdest beschließen, dir einen rosafarbenen VW Polo zu kaufen. Plötzlich würdest du auf allen Straßen nur noch rosa VW Polos herumfahren sehen.

Wie ist das möglich?

Hat sich die Anzahl der auf der Straße fahrenden rosa VW Polos über Nacht geändert?

Nein, deine Wahrnehmung hat sich geändert!

Die rosa VW Polos fuhren vorher schon auf den Straßen. Sie sind dir vorher nur nicht aufgefallen.

Hier zwei weitere Beispiele aus meinem Leben:

1. Ich habe ca. acht Jahre in der Finanzdienstleistung gearbeitet und ich sah in dieser Zeit überall nur noch Banken und Versicherungen.

2. Ich wollte mir sowohl einen Übergangs- als auch einen Wintermantel kaufen und hatte von beiden sehr spezielle Vorstellungen. Aus diesem Grund fielen mir überall Menschen mit solchen Mänteln auf, leider fand ich diese nur nicht in den Geschäften...

Überlege einen Moment, ob dir diesbezüglich vielleicht auch ein paar Beispiele aus deinem Leben einfallen.

Als ich mir der Macht des Fokus bewusst wurde, hinterfragte ich mich: Worauf will ich mich konzentrieren? Auf das, was mir in meinem Leben noch fehlt? Oder auf das, was ich habe und was bereits gut läuft?

Du hast ebenfalls die Wahl, worauf du deinen Fokus legen willst. Deine Wahl wird massive Auswirkungen darauf haben, wie dein zukünftiges Leben ablaufen wird und wieviel Glück du dabei empfinden wirst.

Um deinen Fokus zu ändern, kauf dir ein kleines Notizbuch und schreibe jeden Morgen – direkt nach dem Aufstehen – jeweils fünf Dinge auf, für die du dankbar bist und warum.

Dies kann dein guter Schlaf in der vorherigen Nacht sein, dass du genügend zu essen hast, deine Eltern oder auch im Normalfall kaum wahrgenommene Dinge wie Strom oder Trinkwasser aus der Leitung.

Dasselbe kannst du vor dem Schlafengehen tun, indem du die fünf schönsten Erlebnisse deines Tages aufschreibst.

Diese zwei kleinen Übungen – für die du zusammen vielleicht fünf Minuten benötigst – werden dafür sorgen, dass sich deine Wahrnehmung ändern wird. Kurzfristig magst du vielleicht keine Auswirkungen bemerken. Doch in einem Jahr wird sich deine Wahrnehmung und somit dein Leben deutlich verändert haben.

Dankbarkeit und der Fokus auf das Positive werden dir dabei helfen, die Zeit trotzdem genießen zu können – auch wenn es mal nicht so läuft, wie du es dir vorstellst.

Bevor es jetzt gleich in den zweiten Teil dieses Buchs geht, liegt mir noch eine Sache am Herzen:

Sei gut zu dir!

So diszipliniert du auch bist, es wird dir trotzdem nicht immer gelingen, deine ganzen Vorsätze in die Tat umzusetzen. So wird:

- im Restaurant die Pizza dem Salat vorgezogen,
- das Training geschwänzt oder
- wieder zur Zigarette gegriffen,

obwohl du es dir so fest vorgenommen hast.

Am Anfang ist es mir selbst unzählige Male nicht gelungen, meine Vorhaben in die Tat umzusetzen und sogar heute gelingt mir etwas hin und wieder nicht. Früher fingen daraufhin die negativen Gespräche in meinem Kopf an, in denen ich mich selbst runtermachte:

- *„Schon wieder gescheitert. Aus dir wird nie etwas werden!"*
- *„Du bist so ein erbärmlicher Versager!"*
- *„Du kannst nichts und du wirst es nie zu etwas bringen!"*

Diese Beispiele sind übrigens noch mild…

Nachdem sie mit ihren Vorhaben gescheitert sind, beginnen viele Leute damit, sich selbst runterzumachen. Doch das bringt dir nichts, also hör auf damit!

Verurteile dich nicht dafür, wenn du es nicht geschafft hast. Frag dich lieber, was in einem solchen Fall dein bester Freund zu dir sagen würde.

Angenommen, dein bester Freund würde so mit dir reden, wie du mit dir sprichst, wäre er dann noch dein bester Freund? Höchstwahrscheinlich nicht. Also: Rede du selbst auch nicht so mit dir! Sei gut zu dir!

Nutze die Zeit lieber produktiv und frag dich, warum du mit deinen Vorhaben gescheitert bist und vor allem, wie du es das nächste Mal besser machen kannst.

Bezüglich der negativen Selbstgespräche rate ich dir zur Achtsamkeit. Wichtig ist, dass dir diese innere Stimme auffällt. Denn nur so kannst du sie verändern.

Sobald dir die negativen Selbstgespräche auffallen, habe ich zwei Tipps für dich:

1. Sieze dich, statt dich zu duzen!

Das Wort *„Sie"* schafft Distanz. Entscheide dich ab sofort, dich von deinem inneren Kritiker nur noch siezen zu lassen:

„Sie Herr/Frau XY können gar nichts!"

Kombinierst du es mit dem zweiten Tipp, kann es sehr lustig werden:

2. Veränder die Stimme!

Die Stimme deines inneren Kritikers unterliegt deiner Macht. Wie wäre es damit, diese zu verändern?

Fällt dir das nächste Mal auf, dass du dich selbst kritisierst, veränder die Stimme! Du kannst beispielsweise die tollpatschige Stimme von Donald Duck imitieren oder du gibst der Stimme einen erotischen Unterton.

Diese Sache ist wirklich wichtig zu verstehen: Du gibst immer dein Bestes und du hast immer dein Bestes getan.

Mache dir einen besseren Umgang mit dir selbst zur Gewohnheit. Egal wie du aktuell von dir denken magst: Du bist gut genug. Vielleicht weißt du es nur noch nicht.

Resümee:

- Zuviel Selbstdisziplin lässt dein Leben genauso unerfüllt erscheinen wie zu wenig. Aus diesem Grund ist es wichtig, dass du deine kurzfristigen Bedürfnisse nicht komplett vernachlässigst. Sorge für einen Ausgleich, gönne dir ausreichend Ruhe und tu Dinge, die dir Spaß machen. Denk daran: Erfolg ist nie ein Sprint, sondern immer ein Marathon. Du wirst es nicht bis zum Ziel schaffen, wenn du mit deiner Energie nicht haushältst.

- Selbstdisziplin hat immer etwas mit einem gegenwärtigen Verzicht und einem zukünftigen Vorteil zu tun. Viele Leute denken, dass sie glücklich sind, sobald sie ihre Ziele erreicht haben und stecken in der Wenn-Dann-Falle. Doch Glück kann immer nur in der Gegenwart existieren. Konzentriere dich auf das, was du in deinem Leben bereits hast und auf das, was gut läuft.

- Egal, wie diszipliniert du bist, es wird dir trotzdem nicht immer gelingen, deine Vorsätze in die Tat umzusetzen. Das Schlimmste, was du anschließend tun kannst, ist, dich selbst dafür zu verurteilen. Dies bringt dich keinen Schritt weiter und schadet dir nur. Frag dich lieber, warum du gescheitert bist und wie du es das nächste Mal besser machen kannst.

Teil II:
Mehr Erfolg im Leben – durch Selbstdisziplin

„Wenn Sie nur dazu bereit sind, das zu tun, was leicht ist, dann wird das Leben schwer sein. Doch wenn Sie dazu bereit sind, das zu tun, was schwer ist, dann wird das Leben leicht sein."

T. Harv Eker
(amerikanischer Erfolgstrainer)

Kapitel 1

Jeder kann erfolgreich sein!

„Erfolg hat nur, wer etwas tut, während er auf den Erfolg wartet."

Thomas Alva Edison
(amerikanischer Erfinder und Unternehmer)

Erfolg ist kein Zufall!

Egal, welchen Erfolg du auch anstrebst, hinter jedem Erfolg liegen dieselben Grundprinzipien verborgen.

Nimmst du dir die Zeit und vergleichst das Leben von erfolgreichen Menschen, werden dir eine Menge Gemeinsamkeiten auffallen. Unter anderem wirst du bemerken, dass Erfolg keine Frage der Intelligenz oder des Bildungsabschlusses ist. Viele erfolgreiche Menschen haben nie studiert bzw. ihr Studium abgebrochen.

Jeder, der wirklich erfolgreich sein will, wird auch erfolgreich sein. Wie dir das gelingt, erfährst du in diesem Kapitel.

Was bedeutet „*Erfolg*" für dich?

Bei dem Wort „*Erfolg*" handelt es sich um ein unbestimmtes Hauptwort. Das bedeutet, dass dieses Wort nicht klar definiert ist. Dementsprechend versteht jeder Mensch unter dem Wort „*Erfolg*" etwas anderes. Würdest du dir die Mühe machen und auf der Straße 100 Personen fragen, was sie unter „Erfolg" verstehen, würdest du vermutlich 100 verschiedene Antworten bekommen.

Wie sieht es mit dir aus?

Wie definierst du „*Erfolg*" für dich?

Nehmen wir an, du hättest einen Zauberstab und könntest dir dein ideales Leben zaubern. Wie würde dieses Leben aussehen?

- Was würdest du beruflich machen? Wie würdest du dein Geld verdienen?
- Wie sähe deine familiäre Situation aus?
- Wo würdest du leben und mit wem?
- Mit welchen Menschen würdest du dich umgeben?
- Welche Dinge würdest du besitzen wollen?
- Welchen Aktivitäten würdest du in deiner Freizeit nachgehen?
- Wie wäre dein Fitness- und Gesundheitszustand?

Nimm dir am besten direkt einen Stift, Zettel und eine Stunde Zeit, um dein ideales Leben so detailliert wie möglich aufzuschreiben.

Es lohnt sich, einiges an Zeit in diese Aufgabe zu investieren, denn je genauer deine Vorstellung von deinem idealen Leben und je größer dein emotionaler Bezug dazu ist, desto höher ist die Chance, dass du dieses Leben irgendwann führen wirst.

Sobald du dir bewusst bist, wo du wirklich hinmöchtest, kannst du direkt damit beginnen, die ersten Schritte in Richtung deiner Träume zu gehen. Ich lege meine Hand dafür ins Feuer, dass du zumindest die ersten Schritte zur Verwirklichung deiner Träume genau kennen wirst.

Die meisten Menschen haben zumindest eine grobe Vorstellung davon, wo sie hinwollen. Was hält sie davon ab, die ersten Schritte zu gehen?

Sie glauben ihre Lieblingsausreden und leiden an mangelnder Selbstdisziplin.

Übernimm die volle Verantwortung für dein Leben!

„Jeder ist seines Glückes Schmied!"

Viele kennen es, dieses alte Sprichwort. Selbst wenn es manche Leute nicht glauben wollen, ist an diesem Sprichwort viel Wahres dran.

Läuft es bei dir in einem bestimmten Lebensbereich nicht so, wie du es dir vorstellst, ist die Chance hoch, dass du für diesen Lebensbereich nicht die volle Verantwortung übernimmst. Dies hat oft etwas mit unserer Erziehung zu tun:

Werden wir geboren, sind wir vollkommen hilflos. Alle uns betreffenden Entscheidungen werden von unseren Erziehungsberechtigten getroffen. Sie entscheiden u. a. …

- …welche Kleidung wir tragen,
- …welches Essen wir bekommen oder
- …in welche Schule wir gehen.

Als Kinder sind wir darauf angewiesen, dass die uns nahestehenden Personen für uns die Verantwortung übernehmen und all unsere Bedürfnisse erfüllen. Es gilt: *„Eltern haften für ihre Kinder"*.

In diesem frühen Alter werden wir darauf programmiert, dass jemand anderes für uns und unser Leben verantwortlich ist. Unbewusst gehen viele Erwachsene noch immer davon aus.

Läuft etwas nicht so, wie sie es sich vorstellen, fangen sie an zu jammern und machen andere Leute und Umstände für ihre gegenwärtige Situation verantwortlich:

- Ihre Erziehung ist schuld, dass aus ihnen „nichts geworden ist".
- Der Partner ist schuld, dass sie nicht glücklich sind.
- Der Chef ist schuld, dass sie nicht genügend Geld verdienen.
- Die Lebensmittelindustrie ist schuld, dass sie 20 kg Übergewicht haben.
- Die Gesellschaft ist schuld, dass sie unzufrieden mit ihrem Leben sind.

Dies bringt dich keinen Schritt weiter und du begibst dich dadurch nur in eine Opferrolle, die jedoch sehr bequem ist: Ein Opfer geht nicht davon aus, dass es in seiner Macht liegt, seine Situation zu verändern. Aus diesem Grund wird ein Opfer keine Unannehmlichkeiten auf sich nehmen und versuchen, seine Situation zu verändern. Ohne Aktion kommt es außerdem zu keinen Rückschlägen, die bewältigt werden müssen.

Doch dies ist ein Trugschluss:

Du selbst und niemand anderes ist dafür verantwortlich, dass sich deine Ziele, Wünsche, Träume oder wie auch immer du es nennen möchtest, erfüllen werden!

Solange du nicht die volle Verantwortung für dein Leben übernimmst, wirst du mental immer ein Kind bleiben. Also hör auf zu jammern und dich zu beschweren und übernimm ab sofort Verantwortung für dein Leben!

Was es bedeutet, Verantwortung für sein Leben zu übernehmen, möchte ich dir anhand eines Beispiels zeigen:

Die folgende Geschichte ereignete sich in einer Diskothek. Kurz vor drei Uhr fielen mir zwei attraktive Blondinen auf, die etwas gelangweilt an der Bar saßen.

Ich erkannte meine Chance, wollte sie nutzen, zu den beiden hingehen und *„Hallo"* sagen. Auch ein guter Freund hatte die Situation erkannt und meinte zu mir: *„Komm, wir gehen da jetzt hin!"*

Doch ich zögerte. Wir standen ca. drei Meter entfernt und dabei gingen mir folgende Gedanken durch den Kopf:

- *„Die beiden haben bestimmt einen Freund…"*
- *„Die wollen sicherlich nicht angesprochen werden…"*
- *„Wenn ich da jetzt hingehe, bekomme ich einen Korb und sie lachen mich aus…"*

So zog sich das Ganze mehrere Minuten lang hin.

Als ich mal wieder zu den beiden Blondinen herüberschaute, sah ich, dass diese inzwischen von einem anderen Mann – der sicher nicht zu den beiden gehörte – angesprochen wurden. Die drei hatten anscheinend auch viel Spaß.

Enttäuscht und wütend auf mich selbst, begann ich, den Mann zu mustern: Er war klein, dick und hatte eine Glatze – rein optisch das genaue Gegenteil von mir. Als ich die Situation weiter beobachtete, fiel mir außerdem auf, dass sein rechter Arm kurz unterhalb des Ellenbogens abgetrennt war. Der Mann hatte nur einen Arm!

Obwohl sich dieser Mann in einer vermeintlich deutlich schlechteren Ausgangsposition als ich befand, hatte er keine Ausreden. Er übernahm die Verantwortung für seine Situation und handelte.

Ich hingegen starb in Schönheit, weil ich den Ausreden in meinem Kopf Glauben schenkte und mich wegen der geringen Chance auf einen Korb verrückt gemacht hatte.

Egal, in welchen Bereichen du erfolgreich werden möchtest, es ist von großer Bedeutung, dass du verstehst, dass nur du und keine andere Person/kein anderer Umstand dafür verantwortlich ist, ob sich dein gewünschter Erfolg einstellt. Die volle Verantwortung für dein Leben zu übernehmen, ist immer der erste Schritt, wenn du in deinem Leben erfolgreich sein willst.

Der nächste Schritt ist, all die Dinge zu tun, die dafür notwendig sind, dass du deinen gewünschten Erfolg erreichst.

Tue die Dinge, die notwendig sind, um erfolgreich zu werden!

Außer Mitleid bekommst du in diesem Leben nichts geschenkt.

"Von nichts kommt nichts."

Auch an diesem Sprichwort ist etwas Wahres dran.

Du wirst keine Erfolge erzielen, sofern du nur in deinem gemütlichen Kämmerchen sitzt und deine gewünschten Erfolge lediglich visualisierst. Möchtest du einen bestimmten Erfolg erzielen, sei dazu bereit, dir diesen zu verdienen.

An diesem Punkt gilt es, immer wieder die Dinge zu tun, die dafür sorgen, dass du deinem gewünschten Erfolg näherkommst.

Wie schon in Kapitel 2 des ersten Teils beschrieben, hängt an jedem Traum ein Preisschild. Jetzt gilt es, den Preis für deine Träume zu bezahlen, der so gut wie immer mit Überwindung und Verzicht zusammenhängt.

Diese Dinge zu tun, macht häufig keinen Spaß. Ich verspreche dir jedoch eine Sache: Du wirst danach froh sein, diese Dinge getan zu haben!

Du nimmst kurzfristig Unannehmlichkeiten auf dich, um dadurch langfristig einen größeren Vorteil zu erzielen; meine Lieblingsdefinition von Selbstdisziplin...

Keinem Menschen macht es Spaß, unangenehme Dinge zu tun – nicht einmal den wirklich Erfolgreichen. Diese haben es sich jedoch zur Gewohnheit gemacht, die Dinge regelmäßig zu tun, die notwendig sind, um ihre Ziele zu erreichen.

Da die meisten Menschen jedoch nur reden und nicht handeln, wird es so gut wie keine Konkurrenz geben: Zwar wollen alle erfolgreich sein, doch nur wenige sind dazu bereit, auch etwas dafür zu tun. Genau aus dem Grund erzielen so wenige Leute herausragende Erfolge.

Das mag sich jetzt erst einmal hart lesen, doch ich kann dich beruhigen: Sobald du damit anfängst die notwendigen Dinge zu tun, wird dir sehr viel entgegenkommen:

Du wirst die richtigen Leute kennenlernen und in Situationen geraten, die dich deinen Zielen näherbringen. Du kannst es Glück, Zufall oder Schicksal nennen, ich nenne es gerne das Glück des Tüchtigen.

Es genügt jedoch nicht, zur richtigen Zeit am richtigen Ort zu sein. Genauso wichtig ist es, die richtige Person zu sein: Die Person, die dazu bereit ist, alles was in ihren Möglichkeiten liegt zu tun, um ihre Ziele zu erreichen.

Indes möchte ich betonen, dass es sich dabei ausschließlich um legale Möglichkeiten handelt. Ich bin sowieso der Überzeugung, dass sich nachhaltige Erfolge nur durch Ehrlichkeit und weitere hohe moralische Grundsätze einstellen.

Eine Frage darfst du dir stellen:

„Bin ich bereit dazu, alles dafür zu tun, dass die Ergebnisse so eintreffen wie ich will?"

Ich war und bin dazu bereit, all die Dinge zu tun, die notwendig sind, um meinen Zielen näher zu kommen.

War das immer einfach? Nein.

Hat es sich oft unangenehm angefühlt? O ja, das kannst du mir glauben.

Habe ich es später bereut, diese Dinge getan zu haben? Nein, nicht ein einziges Mal!

Doch inzwischen ernte ich die Früchte meiner Taten: Mein Leben ist heute so toll, weil ich dazu bereit war, regelmäßig diese unangenehmen Dinge zu tun.

Sofern du dir diese Frage also mit „Ja" beantwortest und dem auch Taten folgen lässt, ist es nur noch eine Frage der Zeit, bis sich deine gewünschten Erfolge einstellen. In dieser Zeit gilt es durchzuhalten.

Halte durch!

Erfolg kommt nie linear: Bis wir dort angekommen sind, wo wir hinmöchten, werden wir nicht drumherum kommen, immer wieder temporäre Niederlagen einzustecken. Auch auf meinem bisherigen Weg kam es hin und wieder zu Rückschlägen – einige davon waren sehr schmerzhaft.

Rückschläge zu verkraften zählt ebenfalls zu dem Preis, den wir für unsere Träume bezahlen müssen. Je höher du hinauswillst, desto mehr Rückschläge wirst du einstecken müssen. Die erfolgreichsten Menschen sind wahrscheinlich diejenigen, die am meisten Rückschläge zu verkraften hatten. Sie haben jedoch niemals aufgegeben und die Rückschläge bewältigt.

Spätestens hier trennt sich die Spreu vom Weizen: Während ein Großteil der Menschen nach dem ersten Rückschlag aufgibt, macht nur ein kleiner Teil weiter.

Alles braucht seine Zeit. So gerne wir es auch hätten, es ist nicht möglich, direkt von A nach Z zu springen. Egal, was du erreichen möchtest, alles passiert in kleinen Schritten. Diese Schritte können so klein sein, dass sie uns selbst gar nicht auffallen – was natürlich frustrierend sein kann.

Ich bekomme beispielsweise häufig Komplimente für mein selbstbewusstes Auftreten. Dieses Selbstvertrauen entstand jedoch nicht von heute auf morgen. Es entwickelte sich dadurch, dass ich mich kontinuierlich meinen Ängsten gestellt habe und dies weiterhin tue. Lief dabei immer alles glatt? Natürlich nicht.

Wagst du neue Dinge, werden dir zwangsweise Fehler passieren. Habe jedoch keine Angst davor, Fehler zu begehen, denn in der Regel sind es nicht unsere Erfolge, durch die wir am meisten lernen – am meisten lernen wir durch unsere Fehler. Ein Kind benötigt im Schnitt 8.000 Versuche, bis es richtig laufen kann. Hättest du als Kind Angst davor gehabt, Fehler zu begehen, würdest du immer noch krabbeln. Die Angst vor Fehlern entsteht erst im Laufe unserer Erziehung, weil wir beispielsweise in der Schule auf Grund unserer Fehler benotet werden.

Misserfolge zu haben und Fehler zu begehen sind notwendig und gehören dazu, wenn du Erfolge erzielen möchtest. Entscheidend ist jedoch, wie du mit diesen Rückschlägen umgehst. Gibst du auf oder machst du weiter? Es gibt viel mehr Leute, die aufgeben als jene, die wirklich scheitern.

„Jede Widrigkeit des Schicksals trägt im Keim einen noch viel größeren Vorteil in sich." Dieses Zitat stammt von Napoleon Hill, dem Autor des Weltbestsellers *„Denke nach und werde reich".*

Oft sind wir jedoch so sehr auf das Problem fixiert, dass wir den Vorteil nicht wahrnehmen können. Die Vorteile werden uns (wenn überhaupt) erst später bewusst. So war es bei meinem größten Rückschlag, für den ich inzwischen dankbar bin:

Wie ich bereits erwähnte, hatte ich früher keinen Erfolg bei Frauen. Mit 24 Jahren war es schmerzvoller, in der alten Situation zu verharren, als mich den neuen Herausforderungen zu stellen. Aus diesem Grund traf ich die Entscheidung, alles dafür zu tun, um diesen Lebensbereich nach meinen Vorstellungen zu gestalten. Diesen Entschluss setzte ich anschließend in die Tat um und hatte schnell einige kleinere Erfolge.

Ca. ein Jahr später lernte ich durch „Zufall" eine unglaublich tolle Frau kennen. Sie war optisch genau mein Typ und wir waren menschlich sofort auf einer Wellenlänge – genau eine solche Frau wollte ich immer zur Freundin haben. Die Zeit, die wir gemeinsam verbrachten, war sehr intensiv und wunderschön, doch durch meine Unerfahrenheit war das Ganze so schnell wieder vorbei, wie es begonnen hatte...

Das, was ich wirklich wollte, war so nah bei mir gewesen und jetzt war es wieder gefühlte Lichtjahre entfernt. Wie ich mich in der Folgezeit gefühlt habe, bedarf, glaube ich, nicht vieler Worte.

Denke ich inzwischen an diese Situation zurück, schmerzt es mich noch immer. Ein anderer Teil von mir weiß jedoch, dass ich ohne diese Situation nicht der Mann geworden wäre, der ich heute bin.

Durch den ganzen Schmerz, der sich wegen dieser Situation damals in mir befand – und glaub mir, es war eine Menge – traf ich die Entscheidung, mir ein so tolles Leben aufzubauen, dass ich keine Frau mehr brauche, um glücklich zu sein.

Unbewusst habe ich aus meinem damaligen Schmerz meine Motivation gezogen, an mir zu arbeiten und mir ein Leben aufzubauen, das ich mir immer erträumt habe.

Hättest du meinem damaligen Ich erzählt, dass dieser Rückschlag mein Leben so gewaltig positiv verändern würde, hatte ich es dir natürlich nicht geglaubt.

Nimm dir jetzt einen kurzen Moment Zeit und denk an deine vergangenen Rückschläge zurück! Wahrscheinlich wirst du bemerken, dass viele davon zu deinem Besten waren. Bei mir ist es auf jeden Fall so. Rückwirkend betrachtet ergibt oft vieles Sinn. Doch im Moment des Rückschlags sehen wir das natürlich anders.

In den letzten Monaten habe ich immer mehr gelernt, dem Leben zu vertrauen. Ich rede mir ein, dass alles, was passiert, schon irgendwie seine

Daseinsberechtigung hat und zu meinem Besten geschieht. Seitdem fühlt sich mein Leben viel flüssiger an und nicht mehr wie ein Kampf.

Das bedeutet allerdings nicht, dass ich mich treiben lasse und nicht versuche, das Leben nach meinen Vorstellungen zu gestalten. Wir können zwar nicht bestimmen, was uns zustößt, doch können wir immer bestimmen, wie wir auf diese Situation reagieren.

Das Leben ist ein Spiel – Bist du eine Spielfigur oder ein Spieler?

Kommt es zu Rückschlägen, fangen viele Menschen an zu jammern. Dadurch begeben sie sich in eine Opferhaltung und gesellen sich zu vielen anderen, die mit ihrer aktuellen Situation unzufrieden sind, doch nichts dafür tun, um diese zu ändern. Die Schuld für ihre Situation wird bei anderen Menschen oder äußeren Umständen gesucht, wie weiter oben bereits beschrieben.

Diese Menschen sehen sich sozusagen als eine Art Spielfigur des Lebens. Eine Spielfigur hat keinerlei Macht – sie wird von außen gesteuert.

Auch wenn viele Motivations-Gurus behaupten, dass alles in deiner Macht liegt, ist die deprimierende Wahrheit, dass nur die wenigstens Dinge zu 100 % in deiner Macht liegen.

Nur die Dinge, die in dir selbst ablaufen, kannst du kontrollieren – und selbst diese nur bis zu einem gewissen Grad. Sobald äußere Umstände im Spiel sind, liegt die Kontrolle nicht mehr vollständig in unseren Händen. Du kannst weder kontrollieren, ob …

- …dich dein Partner verlassen will.
- …dir dein Schwarm einen Korb gibt.
- …dir dein „sicherer" Job gekündigt wird.

- ...die S-Bahn ausfällt und du es dadurch nicht zu einem wichtigen Termin schaffst.
- ...ein geliebter Mensch stirbt.

Egal was wir tun, egal wie sehr wir uns auch anstrengen, ab einem gewissen Punkt sind wir immer machtlos.

Als ich dies erkannte, schmerzte es erst einmal. Da Widerstand jedoch zwecklos war, akzeptierte ich frustriert diese Tatsache und plötzlich spürte ich ein extrem erleichterndes Gefühl in mir. Sehr viel Druck, den ich mir immer gemacht hatte, war auf einmal nicht mehr da.

Früher habe ich versucht, meine Ziele zu erzwingen – und das oft erfolglos. Ich dachte immer, es lag an mir und meiner „Unfähigkeit", doch inzwischen weiß ich es besser: Ich habe immer das getan, was ich im damaligen Moment tun konnte und was in meiner Macht stand. Durch äußere Umstände konnte ich jedoch oft nicht das gewünschte Ergebnis erzielen.

Angenommen, du sollst auf der Arbeit eine Präsentation vortragen: Du könntest noch so gut sein, wenn dein Chef am Morgen einen größeren Streit mit seiner Frau hatte, dann könnte es passieren, dass du seinen gesamten Frust abbekommst. Für den Streit und den Frust deines Chefs kannst du nichts. Es liegt außerhalb deiner Macht.

Wir können aber immer kontrollieren, wie wir auf äußere Umstände reagieren. Dadurch hast du viel mehr Macht als du jetzt vielleicht denkst.

Klappt etwas nicht so, wie du es dir vorgestellt hast, kannst du dich immer wieder neu entscheiden, wie es weitergehen soll:

1. Steckst du den Kopf in den Sand, jammerst über die Situation und begibst dich somit in eine Opferhaltung oder
2. gibst du nicht auf, verarbeitest diese Niederlage und wagst den nächsten Versuch?

Als Mensch bist du mit einem freien Willen gesegnet. Die Entscheidung liegt bei dir.

Eine Antwort auf alles zu haben, was dir in deinem Leben widerfährt, hat wieder viel mit dem Thema zu tun, die volle Verantwortung für dein Leben zu übernehmen. Das Wort *„Antwort"* ist sogar im Wort *„Verantwortung"* enthalten. Genauso verhält es sich bei dem Wort *„Verantwortlichkeit"*. Dieses Wort enthält *„Antworte auf die Wirklichkeit"*.

Sieh das Leben als ein Spiel. Du bist jedoch keine Spielfigur, die keinerlei Macht besitzt, sondern der Spieler. Vieles wird nicht so laufen, wie du es dir vorstellst, doch du kannst immer entscheiden, wie dein nächster Zug aussieht: Frag dich deshalb nach einem Rückschlag immer, was du tun kannst, um deine Situation zum Positiven zu verändern. Setze diesen Spielzug anschließend um.

Bleibe flexibel!

Klappt etwas nicht so, wie wir es uns vorstellen, bekommen wir aus unserem Umfeld oft eine Sache zu hören: *„Gib dir einfach mehr Mühe!"*

Doch was bedeutet denn: *„Gib dir mehr Mühe"*?

Tue mehr von demselben!

Klar, bei manchen Dingen ist es sinnvoll, diese zu wiederholen, da du mit der Zeit besser wirst und somit auch andere Ergebnisse erzielen wirst. Verändert sich jedoch nichts an deinen Ergebnissen, hör auf, mit dem Kopf durch die Wand zu wollen und probiere etwas anderes!

Oft ist es so, dass sich direkt neben der Wand, gegen die du die ganze Zeit rennst, eine Tür befindet, die du bequem durchschreiten kannst. Diese Tür fällt uns in vielen Fällen allerdings nicht auf.

Für Albert Einstein war es die Definition von Wahnsinn, immer dasselbe zu tun und dabei auf andere Ergebnisse zu hoffen. Deshalb

noch mal in aller Deutlichkeit: Wenn etwas nicht so klappt, wie du es dir vorstellst, dann tue etwas anderes!

Zu deinem gewünschten Erfolg wird es viele Wege geben und nicht nur den Einen. Steckst du gerade in einer bestimmten Situation fest, überlege dir 10 bis 20 Lösungsmöglichkeiten für deine Situation. Je mehr Möglichkeiten dir zur Verfügung stehen, desto besser.

Sprich auch gerne mit guten Freunden über deine Situation. Da sie selbst nicht emotional betroffen sind, können sie deine Situation objektiver betrachten und dir weitere Lösungsmöglichkeiten aufzeigen, auf die du selbst nicht gekommen wärst.

Des Weiteren ist es auch möglich, deine Flexibilität zu trainieren. Dafür empfehle ich dir, jeden Tag mindestens eine Sache anders zu machen. Es müssen keine großen Dinge sein. Kleinigkeiten reichen vollkommen aus:

- Du nimmst einen anderen Weg zur Arbeit.
- Du bestellst in deinem Lieblingsrestaurant ein Gericht, das du noch nie gegessen hast.
- Du besuchst ein dir unbekanntes Restaurant.
- Du gehst in einem anderen Supermarkt einkaufen.
- Du gehst ins Theater, statt ins Kino.

Praktizierst du dies über einen längeren Zeitraum, wird sich deine Flexibilität deutlich steigern. Bei Problemen wirst du nicht mehr so engstirnig denken und automatisch nach anderen Lösungswegen suchen und diese auch finden.

Als Bonus wird sich dein Selbstvertrauen aufbauen und du lernst mehr von der Vielfalt dieser Welt kennen.

Das Geheimnis des Erfolgs

Um erfolgreich zu werden, musst du das Rad nicht neu erfinden. Du benötigst jedoch spezielle Fähigkeiten und spezielles Wissen. Nie war es so einfach, an dieses Wissen heranzukommen wie in der heutigen Zeit.

Welche Art von Erfolg du auch anstrebst, die Wahrscheinlichkeit ist hoch, dass jemand anderes diesen schon vor dir erreicht hat. Viele von ihnen geben ihr Wissen in Form von Büchern, Videokursen, Vorträgen oder Coachings weiter. Egal, ob du...

- ...deinen Körper in Form bringen willst,
- ...eine Fremdsprache lernen willst,
- ...ein Onlineunternehmen hochziehen willst,
- ...verkaufen lernen willst,
- ...eine erfüllende Arbeit finden möchtest oder
- ...lernen willst, wie du eine glückliche Beziehung führst, ...

...du wirst für jeden dieser Punkte mehr als genug gute Informationen finden. Das Wissen ist jedem zugänglich und in vielen Fällen sogar kostenlos.

Nach dem Konsum dieses Wissens gibt es einige Menschen, die ihre Ziele erreichen. Doch bei 99 % der Konsumenten bleibt alles beim Alten und nichts hat sich verändert. Was unterscheidet die beiden Gruppen voneinander?

Es kommt darauf an, wie schnell du in Aktion kommst und das Gelernte in die Praxis umsetzt. Veränderung beginnt zwar im Kopf, wird aber immer durch deine Handlungen in der realen Welt manifestiert. Sofern du dieses Wissen nur konsumierst, wird sich nicht viel ändern. Das gesamte Wissen der Welt wird dir nichts nützen, sofern du es nicht anwendest!

Vielleicht kennst du das Sprichwort: *„Wissen ist Macht"*. Falls du vor hast, in einer Quizshow mitzuspielen, mag dies stimmen. Doch Wissen ist im

Normalfall nur potentielle Macht. Wirkliche Macht ist, wenn du dieses Wissen auch anwendest.

Es scheitert heutzutage so gut wie nie am notwendigen Wissen. Erst vor kurzem habe ich einen Podcast zum Thema „besser Stress bewältigen" angehört. Denkst du, ich habe dort etwas Neues erfahren? Nein! Ich wusste bereits so gut wie alles, was dort erzählt wurde. Ich habe jedoch einen Großteil der Tipps zuvor nicht angewendet.

Ebenfalls wird es dir nicht viel nützen, dieses Wissen nur einmal umzusetzen: Ist es dein Ziel, deinen Körper in Form zu bringen und du gehst dafür nur einmal ins Fitnessstudio, wird es dir – außer einem starken Muskelkater – nicht viel bringen.

Das Geheimnis des Erfolgs ist dauerhafte zielgerichtete Aktion. Wiederhole und verbessere das dafür benötigte Wissen immer wieder und wende es in der Praxis an. Finde heraus, wie du deine Ziele am effizientesten erreichst und tue diese Dinge regelmäßig.

Angenommen, dein Ziel wäre es, deinen Körper in Form zu bringen. Am schnellsten wirst du dein Ziel erreichen, wenn du **regelmäßig**…

- …Artikel und Bücher zu den Themen Training und Ernährung liest.
- …trainieren gehst und dich gesund ernährst. Dabei wendest du das neu gewonnene Wissen an.
- auf ausreichend Erholung achtest.
- …dich mit Leuten austauschst, die bereits das erreicht haben, was du erreichen möchtest.
- …mit diesen Leuten trainierst, sie um Rat fragst, welche Übungen du ausführen sollst und sie deine Übungsausführung kontrollieren lässt.
- …beobachtest, was für dich persönlich gut funktioniert.

Sofern du diese Formel anwendest und deine Träume nicht komplett unrealistisch sind – wie z. B. im Alter von 50 Jahren Fußballprofi in der 1. Deutschen Fußball-Bundesliga zu werden – ist es eine Frage der Zeit, bis sich deine gewünschten Erfolge einstellen werden.

Nimmst du aus diesem Buch nur eine einzige Sache mit, lass es bitte diese sein!

Vor ein paar Jahren hörte ich auf einem Seminar den Spruch: *„Alles, was du nicht innerhalb von drei Tagen umsetzt, wirst du niemals umsetzen"*. Ob ich das so unterschreiben würde, bin ich mir nicht sicher. Doch mein Leben ist heute so toll, weil ich die Dinge, die ich gelernt habe und die mir geraten wurden, so schnell umgesetzt habe. Als es mir zum ersten Mal bewusst auffiel, wie schnell ich in die Umsetzung ging, war ich sogar ziemlich erschrocken...

Ich bin nicht Superman oder sonst irgendwie besonders begabt. Wie du koche ich ebenfalls nur mit Wasser: Ich nutze das Wissen erfolgreicher Leute und wende es in der Praxis an. Dieses Buch ist dafür das beste Beispiel:

In Deutsch war ich immer ein klassischer Vierer-Schüler. Würdest du meinem 15-jährigen Ich erzählen, dass es später ein Buch schreiben würde, hätte es dich ausgelacht – und meine damaligen Deutschlehrer ebenfalls...

Zwischen meinen ersten Artikeln und diesem Buch gibt es einen Unterschied wie Tag und Nacht. Was hat dazu geführt, dass sich mein Schreibstil so stark verbessert hat?

Ich tausche mich regelmäßig mit Leuten aus, die bereits dort sind, wo ich hinmöchte. Außerdem lese ich immer wieder Artikel und Bücher zum Thema Schreiben, um meinen Schreibstil zu verbessern. Aber vor allem tue ich eine Sache: Schreiben, schreiben und nochmals schreiben...

So gut wie alles ist eine Fähigkeit. Ob es nun:

- **das Schreiben,**
- **eine Fremdsprache sprechen,**
- **ein Musikinstrument spielen,**
- **eine bestimmte Sportart oder**
- **das Halten von Vorträgen ist,**

selbst das Flirten ist eine Fähigkeit, die von quasi jedem erlernt werden kann! Und wie wirst du besser in einer Fähigkeit? Indem du genau diese Fähigkeit übst.

Das einzige, was keine Fähigkeit ist und sich somit nicht erlernen bzw. verbessern lässt, ist die Intelligenz. Ich kann dich jedoch beruhigen: Sofern du in der Lage bist, dieses Buch zu lesen und zu verstehen, bist du intelligent genug, um all deine Ziele zu erreichen.

Ob du diese Ziele erreichst und deine gewünschten Erfolge erzielst, liegt allein in deinen Händen.

Resümee:

- Die einzige Person, die dafür verantwortlich ist, ob du deine gewünschten Erfolge erzielen wirst, bist du! Beschuldigst du andere Personen oder Umstände für deine aktuelle Situation, begibst du dich in eine Opferhaltung. Hör auf zu jammern und tue die Dinge, die notwendig sind, um deine gewünschten Erfolge zu erzielen!

- Erfolg darfst du dir verdienen. Willst du erfolgreich werden, wirst du häufig nicht drumherum kommen, Dinge zu tun, die dir kurzfristig keinen Spaß machen werden. Im Nachhinein wirst du es jedoch niemals bereuen, diese Dinge getan zu haben. Tust du regelmäßig die Dinge, die notwendig sind, um deine Ziele zu erreichen, ist dein gewünschter Erfolg nur noch eine Frage der Zeit.

- Erfolg kommt so gut wie nie auf eine lineare Art und Weise. Bis du dort angekommen bist, wo du hinmöchtest, wirst du viele temporäre Niederlagen einstecken müssen. In dieser Zeit gilt es durchzuhalten. Es gibt viel mehr Leute, die aufgeben als jene, die wirklich scheitern.

- Viele Wege führen zu deinem gewünschten Erfolg. Klappt eine Sache nicht so, wie du es dir vorstellst, probiere etwas anderes. Die Definition von Wahnsinn ist, immer wieder die gleichen Dinge zu tun und auf andere Ergebnisse zu hoffen...

- Es ist sehr wahrscheinlich, dass andere Menschen bereits das erreicht haben, was du erreichen möchtest. Viele von ihnen geben ihr Wissen weiter. Nutze dieses Wissen! Es wird dir jedoch nicht viel bringen dieses Wissen nur zu konsumieren, du musst es auch umsetzen. Das Geheimnis des Erfolgs ist dauerhafte zielgerichtete Aktion.

Kapitel 2

So erreichst du alle deine Ziele – garantiert!

„Disziplin ist die Brücke zwischen Zielsetzung und Verwirklichung."

Jim Rohn
(amerikanischer Motivationstrainer)

Nicht vieles kann dein Leben so massiv zum Positiven verändern, wie Ziele zu haben und jeden Tag diszipliniert daran zu arbeiten.

Allein die Tatsache, dass du dir die Zeit nimmst und überlegst, was du in den einzelnen Bereichen deines Lebens willst, kann dein Leben vollständig verändern.

Wie du herausfindest, was dir wichtig ist, wie du dir auf dieser Basis richtig Ziele setzt und wie du diese Ziele auch erreichst, erfährst du in diesem Kapitel.

Warum es so wichtig ist, Ziele zu haben

Setzt du dich in dein Auto und fährst einfach drauf los, wirst du schon irgendwo ankommen.

Mit unserem Leben verhält es sich ähnlich: Hast du keine Ziele und lässt dich vom Leben treiben, wirst du ebenfalls irgendwo ankommen – ob es dir dort gefällt, ist allerdings eine andere Sache…

Ziele geben unserem Leben eine Richtung. Hast du keine eigenen Ziele, wirst du immer nur für die Ziele anderer Leute arbeiten.

Das bedeutet jedoch nicht, dass es schlimm ist, für die Ziele anderer Leute zu arbeiten. Sofern dich dies näher an deine eigenen Ziele bringt, ist es vollkommen in Ordnung.

Die meisten Leute planen ihren Urlaub besser als ihr Leben. Geht es um ihren Urlaub, wissen sie genau…

- …an welchen Ort es geht.
- …mit wem sie vereisen.
- …wie sie dort hinkommen.
- …was sie dort unternehmen.
- …wie das Wetter wird.
- …wann es wieder zurück in die Heimat geht.

Doch geht es um ihr Leben, haben die meisten Leute keine oder nur sehr oberflächliche Ziele. Sie sind sich nicht im Klaren darüber, was sie in ihrem Leben eigentlich wollen.

Hast du oberflächliche Ziele wie:

- eine sichere Arbeit,
- mehr zu reisen oder
- Neues zu erleben,

verhält es sich so, als ob du dich in ein Auto setzt und in das Navigationsgerät *„Spanien"* eingibst: Mit hoher Wahrscheinlichkeit wirst du in Spanien ankommen, doch ob du genau an die Stelle wolltest, an die dich das Navi geführt hat, ist eine andere Sache.

Schauen wir uns zum Vergleich genauer an, was „eine sichere Arbeit" sein kann: Dies kann eine gutbezahlte Stelle bei einem DAX-Unternehmen sein oder eine verbeamtete Stelle als Lehrer. Für die Kanalreinigung zu arbeiten oder auf Autobahnraststätten Toiletten zu putzen kann ebenfalls eine sichere Arbeit sein.

Auch wenn ich großen Respekt vor Leuten habe, die solche Tätigkeiten ausüben, kann ich mir nicht vorstellen, dass sie dies anstreben, wenn sie sich „eine sichere Arbeit" wünschen. Es sei außerdem dahingestellt, ob es eine „sichere" Arbeit gibt. Das ist jedoch eine andere Sache...

Ähnlich verhält es sich mit „Neues erleben": Glaub mir, es wird auf dieser Erde viele neue Dinge geben, die du nicht erleben willst.

Hast du schon einmal geographische Koordinaten gesehen, anhand derer sich genau bestimmen lässt, an welcher Position du dich auf der Welt befindest?

Falls ja, wie viele Stellen nach dem Komma haben diese?

Google Maps arbeitet mit sechs Stellen nach dem Komma, was einer Genauigkeit von 0,1 Metern entspricht. Auch wenn es bei Google Maps nicht bemerkbar ist, wirst du eine minimal andere Position herausbekommen, falls du die letzte Stelle nach dem Komma abänderst.

Um etwas herumzuspielen und zum besseren Verständnis, hast du hier Koordinaten, die du bei Google Maps eingeben kannst: 52.516223, 13.377014

Es ist einen Unterschied, ob du in das Navigationsgerät *„Spanien"* oder eben genau solche Koordinaten eingibst. Während dich *„Spanien"* einfach an einen beliebigen Punkt in Spanien bringt, bringen dich die Koordinaten genau dorthin, wo du hinwillst.

Genauso verhält es sich auch mit unseren Zielen. *„Spanien"* ist ein Ziel in dieser Art:

„Eine sichere Arbeit mit einem guten Einkommen bei einer guten Firma zu haben."

Geographische Koordinaten mit sechs Nachkommastellen wären ein solches Ziel:

"Eine erfüllende Ingenieurtätigkeit mit dem Schwerpunkt Maschinenbau/ nachhaltige Energien und einem monatlichen Nettoeinkommen von 4.000,- € bei einem DAX-Unternehmen in Berlin."

Natürlich kann es möglicherweise sinnvoll sein, seine Ziele nicht zu konkret zu setzen, um sich selbst nicht zu beschneiden. Vielleicht gäbe es im obigen Fall ein mittelständisches Unternehmen, das dem Ingenieur noch mehr zusagen würde, ihm jedoch durch seine zu enge Zielsetzung gar nicht in den Sinn kommt.

Trotzdem empfehle ich dir, deine Ziele so konkret zu setzen, dass dich das Navigationsgerät, bildlich gesprochen, in die gewünschte Straße oder zumindest den gewünschten Stadtteil bringt. Bist du dort angelangt, kannst du dich immer noch und zumeist ohne große Mühe umorientieren.

Je konkreter deine Ziele sind, umso höher ist die Chance, dass du diese erreichen wirst. Dies liegt daran, dass wir in unserem Gehirn ebenfalls eine Art Navigationsgerät haben, das dich zu deinen Zielen leiten wird. Wie du dieses Navigationsgerät auf deine Ziele programmierst, erfährst du nach wenigen Seiten.

Hast du klare Ziele, gibst du deinem Leben eine Richtung. Dadurch werden deine Energie und deine Aufmerksamkeit gebündelt. Das möchte ich dir mit zwei Beispielen zeigen:

An der amerikanischen Harvard-University gab es 1979 angeblich eine Studie, für die sich jedoch keine genauen Quellen finden lassen. Da diese Studie im Laufe der letzten Jahrzehnte sogar von großen Zeitungen immer wieder zitiert wurde, möchte ich dir diese Studie trotzdem nicht vorenthalten:

Das Ziel der Studie war es herauszufinden, inwieweit sich das Setzen und schriftliche Fixieren von Zielen auf das spätere Leben auswirkt. Die Testpersonen waren Studenten, die mit einem erfolgreichen Abschluss die Universität verlassen haben. Dabei gab es drei Vergleichsgruppen:

1. 83 % der Abgänger, die keine konkreten Zielsetzungen für ihr weiteres Leben hatten.
2. 14 %, die konkrete Ziele hatten, diese jedoch nicht schriftlich fixiert hatten.
3. Die restlichen 3% der Abgänger hatten konkrete Ziele und hatten diese zusätzlich schriftlich festgehalten.

Die Studie ging über zehn Jahre und das Messbarkeitskriterium war dabei ausschließlich das Einkommen der Teilnehmer.

Was denkst du? Inwieweit unterschied sich das Einkommen der Vergleichsgruppen?

Die Teilnehmer, die ihre Ziele kannten, diese jedoch nicht niedergeschrieben hatten, verdienten im Schnitt drei Mal so viel wie die Vergleichsgruppe ohne Ziele.

Die kleine Gruppe, die damals ihre konkreten Ziele ebenfalls schriftlich fixiert hatte, verdiente das Zehnfache gegenüber den Teilnehmern ohne Ziele.

Das Einkommen allein ist natürlich kein Indikator für Erfüllung im Leben und diese Studie ist sowieso mit Vorsicht zu genießen. Doch in jedem Gerücht ist ja bekanntlich ein Fünkchen Wahrheit enthalten.

Im Verlauf dieses Kapitels werden wir uns eine weitere Studie über Ziele ansehen, für die auch eine seriöse Quelle vorhanden ist.

Anfang 2014 nahm ich mir einen kompletten Nachmittag Zeit und schrieb für mich detailliert nieder, zu welcher Person ich werden wollte und wie mein Leben zukünftig aussehen sollte. Diese Liste faltete ich sauber zusammen und steckte sie in ein Gefäß, das auf meinem Nachttischschrank stand.

Wirklich Beachtung schenkte ich dieser Liste damals nicht. In dieser Zeit veränderten sich einige meiner Ziele, da ich mehr und mehr Klarheit darüber gewann, was ich in meinem Leben wirklich wollte.

Als ich im März 2017 nach Berlin gezogen bin, habe ich viele Dinge entsorgt, die ich zukünftig nicht mehr benötigen würde. Das Gefäß mit dieser Liste war ebenfalls dabei. Bevor ich es jedoch in die Mülltonne warf, las ich mir diese Liste noch einmal durch und war schockiert.

Was denkst du, wieviel Prozent von dem, was auf der Liste stand, eingetroffen ist?

70 %. In Worten: Siebzig Prozent!

Die restlichen 30 % der Ziele, die auf der Liste standen, hatten inzwischen keine Bedeutung mehr für mein Leben und ich habe sie im Laufe der Zeit losgelassen. Alles andere ist jedoch eingetroffen.

Unbewusst hat diese Liste meinem Leben eine Richtung gegeben und meine Handlungen mitbestimmt.

Bist du jetzt überzeugt davon, dass es wichtig ist, Ziele in seinem Leben zu haben? Gut, dann lass uns gemeinsam herausfinden, was du in deinem Leben willst.

Wie du herausfindest, was du in deinem Leben wirklich willst

Setzt du dich zum ersten Mal bewusst mit der Frage auseinander, was du in deinem Leben wirklich willst, ist die Wahrscheinlichkeit hoch, dass die Antworten auf diese Frage von außen beeinflusst wurden:

Bist du beispielsweise 25 Jahre alt, wurdest du 25 Jahre lang von deiner Umwelt beeinflusst. Sei es deine Familie, deine Freunde, Religionen oder der Staat, alle wissen sie angeblich genau, was das Beste für dich ist und was du zu tun und zu lassen hast.

Demnach sollen wir…

- ...gute Noten in der Schule haben.
- ...studieren und dabei einen guten Abschluss erzielen.
- ...Karriere bei einem großen Unternehmen machen.
- ...viel Geld verdienen, das wir für Konsumgüter und Statussymbole ausgeben sollen.
- ...eine Familie gründen.
- ...ein Haus bauen.
- ...einen Baum pflanzen.

Doch das ist kompletter Schwachsinn. Nur eine Person weiß, was am besten für dich ist: DU!

Setzen wir uns Ziele, kann es gut sein, dass es gar nicht unsere eigenen Ziele sind. Oft sind es die von außen an uns gestellten Erwartungen, die wir so häufig gehört haben, dass wir denken, dass es unsere eigenen Ziele sind.

Rational mögen diese Ziele erstrebenswert sein, doch emotional lassen sie uns kalt. Arbeiten wir auf solche Ziele hin, wird es uns sehr viel Energie und Überwindung kosten, diese zu erreichen. Und selbst wenn du diese Ziele erreichst, wird es dich nicht wirklich glücklicher machen. Wie du dich vielleicht erinnerst, kann ich in diesem Punkt aus Erfahrung sprechen.

Herauszufinden, was du wirklich willst, kann ein langer Prozess sein, der jedoch jede Anstrengung wert ist. Je länger du dich mit der Frage auseinandersetzt, was du in deinem Leben wirklich willst, umso höher wird die Wahrscheinlichkeit, dass es wirklich deine eigenen Ziele sind.

Gib dir genügend Zeit, löse dich von den Erwartungen deines Umfelds und lasse – falls nötig – deine alten Ziele los, die dir nichts mehr bedeuten.

Es folgen einige Übungen, durch die du mehr Klarheit darüber erlangen wirst, was du in deinem Leben willst. Es bringt dir jedoch nichts, diese Übungen nur zu kennen, du darfst diese Übungen auch machen (Hallo Selbstdisziplin!). Nimm dir ausreichend Zeit und sorge dafür, dass du ungestört bist. Vermeide jede Ablenkung wie Facebook, Handy, Fernseher und Co.

Wie lernst du eine fremde Person besser kennen? Indem du Zeit mit ihr verbringst. Genauso verhält es sich, wenn du dich selbst besser kennenlernen möchtest: Verbringe Zeit mit dir allein!

Dies kann erst einmal unangenehm sein, was der Grund dafür ist, warum sich viele Leute davor fürchten und sich permanent ablenken müssen.

Wichtig ist es außerdem, diese Übungen in einem entspannten Zustand durchzuführen. Nur so wirst du in der Lage sein zu bemerken, was gerade in dir vorgeht.

Je öfter du diese Übungen machst und dich mit dir selbst und deinen Zielen auseinandersetzt, umso klarer wirst du dir darüber werden, was du in deinem Leben wirklich willst.

Übung 1: Was willst du in deinem Leben erreichen?

Diese Übung geht über einen Zeitraum von 30 Tagen. Pro Tag benötigst du dafür 15 Minuten Zeit sowie jeden Tag ein leeres Blatt Papier und einen Stift. Stelle dir einen Timer, sodass du dich komplett auf die Aufgabe konzentrieren kannst.

Auf dieses Blatt schreibst du oben: *„Was will ich in meinem Leben erreichen?"*

Anschließend beantwortest du dir die Frage selbst, indem du die Antworten unter die Frage auf den Zettel schreibst. Wichtig ist, dass du die ganzen 15 Minuten schreibst. Dabei ist es egal, ob du eine Sache ein, zwei oder zehn Mal aufschreibst. Inwieweit die Sache für dich realistisch erscheint, spielt ebenfalls keine Rolle. Schreib sie auf!

Nach den 30 Tagen überprüfst du deine Zettel: Was hast du immer wieder niedergeschrieben?

Denk an die einzelnen Dinge, die du aufgeschrieben hast und spüre in dich hinein.

Wie fühlt sich die Sache an? Hast du dabei ein freudiges Gefühl?

Sofern dies der Fall ist, hast du eine Sache gefunden, die dir wirklich wichtig ist.

Für diese Übung kannst du auch andere Fragen verwenden, wie beispielsweise:

- *„Was macht mir Spaß?"*
- *„Was würde ich tun, wenn Geld keine Rolle spielen würde?"*
- *„Wodurch kann ich das Leben anderer Personen positiv beeinflussen?"*

Übung 2: Geh zurück in die Kindheit

Kleine Kinder wissen oft ganz genau, was sie später in ihrem Leben wollen. Dies wird ihnen im Laufe der Erziehung jedoch leider oft ausgeredet und gerät dadurch in Vergessenheit.

Angenommen, einem Kind macht es viel Freude, künstlerisch tätig zu sein und will später einen Beruf als Künstler anstreben. In einem solchen Fall passiert es häufig, dass ihm die Erwachsenen immer wieder einreden, dass *„man als Künstler nicht überleben kann"* **oder so etwas in der Art. Unterdrücken wir auf diesen Rat hin unseren Berufswunsch und entscheiden uns dafür,** *„einer vernünftigen Tätigkeit"* **nachzugehen – wie Investmentbanker oder Anwalt – ist die Midlife-Crisis quasi vorprogrammiert.**

Frag dich aus diesem Grund, was du in deiner Kindheit machen wolltest. Solltest du dir darüber im Unklaren sein, frag deine Eltern oder deine dir nahestehenden Verwandten.

Sobald du mehrere Antworten hast, frag dich, warum dich diese Dinge so fasziniert haben. Dabei geht es gar nicht so sehr um die Tätigkeit an sich, sondern eher darum, welche Werte dahinterstecken.

Klassische Berufswünsche von Jungen sind Feuerwehrmann oder Astronaut. Dahinter kann z. B. der Drang nach Abenteuer und Freiheit stecken, anderen Leuten zu helfen oder mit schnellen Autos/Raketen durch die Stadt/den Weltraum zu düsen. Selbst hinter den skurrilsten Wünschen – wie Prinzessin oder Pokémon-Trainer zu werden – stecken verschiedene Motive.

In die meisten dieser Kindheitswünsche lässt sich sehr viel hineininterpretieren. Und das ist auch der Sinn dieser Übung: Schau dir an, was hinter deinen Kindheitswünschen steckt. Dies ist oft das, was du aus tiefstem Herzen wirklich willst.

Sobald du weißt, was hinter diesen Wünschen steckt, frag dich, welchen Aktivitäten du jetzt als Erwachsener nachgehen kannst, um deine Wünsche zu erfüllen. Diese Werte musst du nicht zwangsweise in deinem Beruf ausleben. Hier sind zwei Beispiele aus meinem Leben:

1. Wie bei so vielen Jungen war es mein erster Berufswunsch, Fußballprofi zu werden. Eines der Motive dahinter war der Sport an sich. Ich liebe es, mich zu bewegen und meinen Körper an sein Limit zu bringen. Aus diesem Grund ist Sport nach wie vor ein großer Bestandteil in meinem Leben.
Zwar nicht als Beruf, aber als Hobby.

2. Mit ca. 9 Jahren hatte ich mit anderen Kindern eine Führung durch das Rathaus unserer Stadt. Der Bürgermeister hatte sich sogar persönlich die Zeit genommen, uns zu begrüßen. Das fand ich so toll, dass ich Bürgermeister werden wollte. Heute kann ich es mir zwar nicht vorstellen, in die Politik zu gehen, doch ich übernehme gerne die Verantwortung für andere Menschen und helfe ihnen dabei, ihr Leben zu verbessern. **Also genau das, was ich jeden Tag in meinem Beruf mache.**

Übung 3: Wie sieht dein Leben in x Jahren aus?

Nimm dir für diese Übung einen Stift, einen Zettel und ein bis zwei Stunden Zeit. Schreibe oben auf den Zettel: *„Wie sieht mein Leben in x Jahren aus?"*

Für x kannst du jede beliebige Zahl einsetzen wie 5, 7, 10, 15 oder 20 Jahre.

Beschreibe anschließend **so detailliert und emotional wie möglich**, wie dein Leben zu dieser Zeit aussehen soll! Berücksichtige dabei folgende Aspekte:

- Was machst du beruflich? Wie verdienst du dein Geld?
- Wie sieht deine familiäre Situation aus? Hast du einen Partner oder Kinder?
- An welchem Ort lebst du und mit wem?
- Wie sieht dein Umfeld aus? Mit welchen Menschen umgibst du dich?
- Welche Dinge besitzt du?
- Welchen Aktivitäten gehst du in deiner Freizeit nach?
- Wie ist dein Fitness- und Gesundheitszustand?

Ich fordere dich auf, dabei große Träume zu haben! Der Mensch überschätzt, was er innerhalb eines Monats schaffen kann, doch er unterschätzt, was innerhalb eines Jahres für ihn möglich ist. Aber Vorsicht: Es gibt einen Unterschied zwischen hohen Zielen und unrealistischen Zielen. Hier ist der Grat oftmals sehr schmal.

Hättest du mir beispielsweise im August 2016 erzählt, wie mein Leben ein Jahr später aussehen würde, hätte ich dich wahrscheinlich für verrückt gehalten. Niemals hätte ich gedacht, dass

a) ich diese Dinge tun werde und
b) diese Dinge innerhalb eines Jahres möglich sind.

Das Schöne an dieser und der nächsten Übung ist, dass sich dabei ein großes Bild ergibt, wie dein Leben zukünftig aussehen soll. Während ein Ziel eine Sache isoliert betrachtet, greifen bei solch einem großen Bild deine Ziele wie Puzzlestücke ineinander.

Es kann ein Ziel sein, in einem Jahr 10 kg abzunehmen und einen Sixpack haben zu wollen. Die Übung beschreibt jedoch, wie dein Leben in z. B. 5 Jahren sein soll, was das Aussehen deines Körpers einschließt.

In dieser Übung gibt es keine getrennten Lebensbereiche – es gibt nur das große Ganze. Hast du eine genaue Vorstellung davon, wie deine Zukunft aussehen soll, kannst du dir auf Basis dieser Vorstellungen Ziele setzen, um auf dieses Bild hinzuarbeiten.

Übung 4: Dein perfekter Tag

Diese Übung ist ähnlich der Übung Nummer 3: Nimm dir dafür wieder ein Blatt Papier, einen Stift und ein bis zwei Stunden Zeit.

Stell dir nun einen durchschnittlich perfekten Tag in deinem zukünftigen Leben vor. Auch hier gilt: Beschreibe diesen Tag so detailliert und emotional wie möglich.

Es gibt jedoch eine Bedingung: Du müsstest diesen Tag die nächsten zehn Jahre so leben – und zwar jeden Tag. Dabei geht nicht darum, dass jeder Tag genau gleich abläuft, nach dem Motto „Und täglich grüßt das Murmeltier". Vielmehr geht es darum, dass jeder Tag eine feste Basis hat, dir jedoch trotzdem genügend Freiraum bietet.

Geh diesen Tag nun Stück für Stück durch und beantworte dabei folgende Fragen:

- Wann stehst du auf? Wie hast du geschlafen?
- Wie siehst du aus?
- Mit wem lebst du? Wie sieht dein Partner aus?

- Wo lebst du? Wie sieht dein Zuhause aus?
- Wie fühlst du dich?
- Was sind die ersten Dinge, die du tust?
- Wie ernährst du dich?
- Welche Kleidung trägst du?
- Wie verdienst du dein Geld?
- Welchen Aktivitäten gehst du nach?
- Welche Menschen begegnen dir?
- Wie lässt du den Tag ausklingen?
- Wo schläfst du? Wann gehst du ins Bett?

Auch in dieser Übung gilt es wieder, groß zu denken und zu träumen. Begrenze dich nicht selbst mit Gedanken wie: *„Das ist unrealistisch"* oder *„Das schaffe ich bestimmt nicht"*!

Denk in der nächsten Zeit nach der Übung immer wieder an diesen Tag und ergänze deinen perfekten Tag gegebenenfalls. Außerdem empfehle ich dir, dieses Blatt aufzubewahren und es an einem für dich jederzeit sichtbaren Ort aufzuhängen. Dies wird dir dabei helfen, dein inneres Navigationsgerät in Richtung deiner Träume einzustellen.

Wie du dir Ziele setzt

Nachdem du weißt, was du in deinem Leben erreichen willst, ist es an der Zeit, dir Ziele zu setzen. Für deine Ziele spielt es eine große Rolle, ob diese richtig ausformuliert sind.

Sich Ziele zu setzen selbst, ist kein Hexenwerk. Wie bei den meisten anderen Dingen handelt es sich dabei um eine Fähigkeit und je öfter du dir Ziele setzt, desto leichter wird es dir fallen.

Frage ich andere Menschen nach ihren Zielen, bekomme ich – neben den vorhin bereits beschriebenen oberflächlichen Antworten – häufig auch Dinge zu hören, die sie nicht mehr wollen:

- „Ich will nicht mehr gemobbt werden."
- „Ich will nicht mehr von anderen Menschen ausgenutzt werden."
- „Ich will nicht mehr zu dick sein."

Das Gehirn denkt in Bildern. Das Problem bei solchen „Zielen" ist, dass es kein Bild für negative Wörter wie *„nicht", „nie"* oder *„keine"* gibt.

Du glaubst mir nicht?

Denk jetzt bitte **nicht** an einen rosa Elefanten.

Woran hast du gerade gedacht?

Lass mich raten: An den rosa Elefanten.

Welche Bilder hast du im Kopf, wenn du die obigen Beispiele erneut durchliest?

Wahrscheinlich, wie du von deinen Kollegen gemobbt wirst, du von anderen Menschen ausgenutzt wirst oder wie du Übergewicht hast.

Da die Bilder in unserem Kopf maßgeblichen Einfluss auf unser zukünftiges Leben haben, ist es so wichtig, dass deine Ziele positiv formuliert sind. Schon vor über 2.500 Jahren sagte Buddha angeblich, dass wir zu dem werden, woran wir denken.

Sobald du weißt, was du nicht mehr willst, kannst du diese Dinge oft einfach stumpf ins Gegenteil umdrehen:

- *„Ich habe super Kollegen, mit denen ich mich gut verstehe und die mich wertschätzen."*
- *„Ich kenne meine Grenzen und achte darauf, dass diese von anderen Menschen gewahrt werden."*
- *„Ich wiege und halte mein Idealgewicht von x kg."*

Welche Bilder hast du jetzt in deinem Kopf?

Diese fühlen sich besser an, oder?

Aus diesem Grund ist es beim Setzen deiner Ziele das Wichtigste, dass diese positiv ausformuliert sind. Für die Ausformulierung selbst empfehle ich die SMART-Formel. SMART steht dabei für:

- **S**pezifisch
- **M**essbar
- **A**ttraktiv
- **R**ealistisch
- **T**erminiert

Mit der SMART-Formel ist es möglich, Ziele eindeutig zu formulieren. Ein Ziel ist SMART-definiert, wenn diese fünf Bedingungen erfüllt sind. Wir gehen diese Punkte jetzt nach und nach durch.

Zum besseren Verständnis werden uns dabei durchgehend zwei Beispielziele begleiten:

1. Person A will abnehmen.
2. Person B will mehr Geld verdienen.

Spezifisch

Spezifisch bedeutet, dass dein Ziel so konkret, eindeutig und präzise wie möglich definiert werden soll. Habe eine genaue Vorstellung davon, was du erreichen möchtest.

Die zwei Beispielziele sind alle sehr unspezifisch. Also hast du bereits abgenommen bzw. mehr Geld verdient, sobald du 0,1 kg weniger wiegst oder einen Cent mehr verdienst. Nur so wenig abzunehmen bzw. mehr zu verdienen, sind bestimmt nicht die Ziele der beiden Personen.

Frag dich, was genau du erreichen möchtest und definiere dein Ziel so genau wie möglich! Dabei helfen dir die W-Fragen weiter:

- **Wieviel** kg möchte ich abnehmen?
- **Wieviel** Geld möchte ich verdienen? Brutto oder netto? Pro Monat, pro Jahr, pro Tag oder pro Sekunde?
- **Was genau** bedeutet eine sichere erfüllende Arbeit für mich?
- **Wohin** und **wie lange** will ich reisen?
- Mit **welcher** Note möchte ich die Prüfung bestehen?

Mit unspezifischen Zielen verhält es sich so, als würdest du in das Navigationsgerät *„Spanien"* eingeben. Einem Navigationsgerät selbst ist es egal, wo du hinmöchtest. Es bringt dich nur an den Ort, den du wünschst. Je spezifischer dein Ziel ist, umso genauer werden die Koordinaten, die du in dein internes Navigationsgerät eingibst und umso höher steigen die Chancen, dass du genau dort ankommst, wo du hinwillst.

Eine genauere Definition für unsere zwei Beispielziele wäre:

1. „Ich nehme 10 kg ab. Ich wiege und halte mein Idealgewicht von x kg."
2. „Ich verdiene 500 € mehr Geld netto pro Monat. Insgesamt verdiene ich 3.000 € netto pro Monat."

Messbar

Wie erkennst du, ob du dein Ziel erreicht hast? Indem du ein Messbarkeitskriterium einbaust.

„Abnehmen" oder „mehr Geld verdienen" ist nicht messbar. 10 kg abzunehmen oder eine Gehaltserhöhung von 500 € netto pro Monat hingegen schon. Oft geht das Kriterium der Messbarkeit Hand in Hand mit der spezifischen Formulierung.

Bei Person A sind es beispielsweise 10 kg, die sie abnehmen möchte. Diese 10 kg werden auf der Waage messbar sein. Bei Person B sind es 500 € mehr Nettogehalt, die auf dem Konto sichtbar sind.

Suche und baue dir ein Messbarkeitskriterium in die Zieldefinition ein. Was muss passieren, dass du dein Ziel erfolgreich erreicht hast?

Attraktiv

Falls du dein angestrebtes Ziel selbst nicht attraktiv findest, wirst du es höchstens durch reine Willenskraftanstrengung erreichen. Kurzfristig kann es klappen, doch mittel- bis langfristig wirst du mit solchen Zielen immer gegen die Wand fahren.

Spare dir lieber die Mühe und investiere deine Energie in Ziele, die dir wirklich etwas bedeuten! Wie du solche Ziele findest, habe ich dir im Unterkapitel davor ausführlich beschrieben.

Realistisch

Ein Ziel muss für dich erreichbar sein. Ein unrealistisches Ziel sorgt höchstens für Frustration. Es gibt jedoch einen Unterschied zwischen unrealistischen Zielen und hohen Zielen:

In meinem Alter (29 Jahre, während ich diese Zeilen schreibe) ist es für mich z. B. ein unrealistisches Ziel, noch Fußballprofi in der ersten deutschen Fußball-Bundesliga zu werden.

Unrealistische Erwartungshaltungen für unsere Beispielziele wären:

1. „Ich verliere 10 kg Körpergewicht innerhalb einer Woche." (Theoretisch ist dies bestimmt möglich, ob es jedoch gesund und vor allem nachhaltig ist, wäre eine andere Sache...)
2. „Ich bin in zwei Wochen Millionär." (Lotto spielen zählt nicht...)

Sofern ich es anstreben würde, wäre es ein hohes Ziel für mich, Bundeskanzler von Deutschland zu werden. Bis ich im entsprechenden Alter wäre, würden wohl noch mindestens 20 Jahre vergehen, in denen ich politische Erfahrungen sammeln und mich auf dieses Ziel vorbereiten könnte.

In 20 Jahren kann unglaublich viel passieren. Sofern dieses Ziel für mich attraktiv genug wäre, dass ich dazu bereit wäre, den Preis für dieses Ziel zu bezahlen und ihm alles unterordnete, würde ich es definitiv für realistisch halten.

Bei meiner Arbeit mit Arbeitslosen habe ich gelernt, dass diese meist sehr klein denken. Hast du kleine Ziele, programmierst du dein Navigationsgerät auf diese kleinen Ziele. Hast du hohe Ziele, werden die hohen Ziele einprogrammiert. Schon John D. Rockefeller – einer der reichsten Menschen der Neuzeit – sagte: *„Wer in Pennys denkt, wird Pennys bekommen. Wer in Dollars denkt, wird Dollars bekommen."*

Ted Turner, der Gründer von CNN, bekam von seinem Vater den Ratschlag, dass er sich so hohe Ziele setzen sollte, dass er diese zu Lebzeiten nicht erreichen könne. Sein Ziel war es, den größten TV-Sender der Welt aufzubauen – was er geschafft hat.

Es ist viel mehr möglich als du jetzt vielleicht denkst. Doch wenn du zum Mond willst, musst du nach den Sternen greifen. Lieber setze ich mir ein großes Ziel, das ich nicht vollständig erreiche als ein kleines Ziel, das ich erreiche.

Es ist besser, ein monatliches Einkommen von 100.000 € anzustreben und „nur" 50.000 € zu verdienen, als 5.000 € anzustreben und dieses Ziel zu erreichen.

Terminiert

Bis wann willst du dein Ziel erreicht haben?

Es geht hier nicht darum, dass du auf Biegen und Brechen zu diesem Zeitpunkt dein Ziel erreicht haben musst. Vielmehr handelt es sich bei diesem

Zeitpunkt um einen Stichtag, an dem du den Zielfortschritt kontrollieren kannst:

- Wurde dein Ziel erreicht?
- Falls nein, woran lag es?
- Bedeutet dir dieses Ziel überhaupt noch etwas?
- Welche Dinge kannst du anders machen, damit du es doch noch erreichst?

Ergänze zu deinen Zielen den Tag, bis zu dem du dein Ziel erreicht haben möchtest. Hierbei spielt ebenfalls der Faktor „realistisch" eine Rolle:

1. „Ich verliere bis zum 01.07.XX 10 kg Körpergewicht."
2. „Ich verdiene ab dem 01.01.XX 500 € mehr netto pro Monat."

Bei großen Zielen kommt es selten zu einer Punktlandung. Ich kann mir natürlich vornehmen, dass mein Buch bis zu einem gewissen Stichtag fertig wird (was ich auch getan habe), ob es wirklich so kommt, liegt jedoch nur teilweise in meiner Macht.

(Nachtrag: Ich bin vier Tage vor meiner Deadline fertig geworden.)

Die meisten Ziele brauchen eine gewisse Zeit, bis wir sie erreicht haben. Dem Leben ist es egal, wann wir unser Ziel erreichen wollen. Wir erreichen unsere Ziele erst, sobald wir bereit dazu sind. In der Zeit, in der wir auf dieses Ziel zuarbeiten, entwickeln wir uns zu der Person, die es verdient, dieses Ziel zu erreichen.

Tue die Dinge, die notwendig sind, um deine Ziele zu erreichen und vertraue dem Leben! Du wirst deine Ziele zum genau richtigen Zeitpunkt erreichen.

Das bedeutet jedoch nicht, dass Deadlines bei der Zielerreichung keine Rolle spielen – ganz im Gegenteil: Besonders bei aktionsbasierten Zwischenschritten ist es sinnvoll, sich feste Termine vorzugeben, bis wann diese Schritte erledigt sein sollen:

- „Bis zum 25.09.XX trainiere ich sechs Mal im Fitnessstudio."
- „Bis zum 17.05.XX lerne ich mindestens eine Stunde pro Tag."
- „Bis zum 04.10.XX schreibe ich zwei Kapitel für mein Buch."

Am Stichtag gilt es dann zu kontrollieren, ob diese Schritte wirklich erledigt wurden. Darauf werden wir später noch einmal zurückkommen.

Setzen wir nun die einzelnen Komponenten der SMART-Formel zusammen, ergeben sich folgende Ziel-Definitionen:

1. „Ich verliere bis zum 01.07.XX 10 kg Körpergewicht. Am 01.07.XX wiege und halte ich mein Idealgewicht von X kg."
2. „Ich verdiene zum 01.01.XX 500 € mehr Geld netto. Mein Gesamteinkommen beträgt pro Monat 3.000 € netto."

Schreibe deine Ziele auf!

Erinnerst du dich noch an die Harvard-Studie in diesem Kapitel?

Die Gruppe, die Ziele hatte, diese jedoch nicht niedergeschrieben hatte, verdiente das Dreifache der Vergleichsgruppe ohne Ziele. Die Gruppe mit schriftlich fixierten Zielen jedoch das Zehnfache.

Eine ähnliche Studie wurde an der Dominican University of California durchgeführt.[24] Im Vergleich zu der Gruppe, die ihre Ziele nur mündlich formulierte, erzielte die Gruppe, die ihre Ziele schriftlich fixierte, eine höhere Erfolgswahrscheinlichkeit von knapp 40 %!

Woran kann das liegen?

Pro Tag denkt der Mensch 40.000 bis 60.000 Gedanken. In der Regel ist ein Gedanke genauso schnell wieder weg wie er gekommen ist. Sprichst du einen Gedanken aus, wird er konkreter und er hebt sich dadurch von der Masse der anderen Gedanken ab. Hältst du einen Gedanken schriftlich fest, ist dieser dauerhaft außerhalb deines Kopfes manifestiert.

Schreibst du einen Gedanken nieder, denkst du ihn nicht mehr nur eine Millisekunde lang. Du spürst deine Handbewegung, wenn du ihn niederschreibst und du siehst ihn mit deinen Augen, nachdem du ihn geschrieben hast. Dadurch können Gedanken besser verinnerlicht werden. Je mehr Sinne beansprucht werden, desto leichter wird dir das Lernen fallen. Dementsprechend hilft dies dabei, dein internes Navigationsgerät auf dein Ziel einzustellen.

Jetzt hast du alles, was du brauchst, um deine Ziele auszuformulieren. Nimm dir ein Blatt Papier, einen Stift und etwas Zeit und schreibe diese nieder. Beginne im Idealfall mit „Ich..." und formuliere deine Ziele in der Gegenwartsform.

Ich empfehle dir, vorher zumindest eine der beiden Übungen „Wie sieht mein Leben in x Jahren aus" oder „Mein perfekter Tag" gemacht zu haben. Auf Basis dieser Übungen kannst du dir anschließend Ziele setzen.

Es hat einen großen Vorteil, sofern du das große Ganze betrachtest und dir auf dieser Basis deine Ziele setzt: Du wirst erkennen, wie sich der Weg zu deinen Zielen auf deine anderen Lebensbereiche auswirkt. Sind deine Ziele überhaupt miteinander kompatibel? Manche Ziele passen nicht zusammen bzw. lassen sich sehr schwer miteinander vereinbaren, wie z. B. ständig um die Welt zu reisen und dabei trotzdem jeden Tag seine Freunde und Familie um sich zu haben.

Ist deine Liste fertig geschrieben, hänge sie dort auf, wo du sie jeden Tag sehen kannst.

Triff eine Entscheidung für deine Ziele!

Um sicherzugehen, dass du dein Ziel auch erreichst, empfehle ich dir, eine Entscheidung zu treffen:

Entscheide dich dafür, dass du alles Notwendige tust, um dein Ziel zu erreichen und du niemals aufgibst! Durch eine solche Entscheidung gibt es keinen Weg zurück. Scheitern ist keine Option! Die einzige Option ist Erfolg.

In meinem bisherigen Leben traf ich drei solcher Entscheidungen:

1. Mit Mitte 24 wollte ich mehr Erfolg bei Frauen.

2. Mit Anfang 26 beschloss ich, mir ein so tolles Leben aufzubauen, dass mein Lebensglück nicht mehr allein von Frauen abhing.

3. Mit Ende 28 traf ich die Entscheidung nach Berlin zu ziehen, um mir ein erfolgreiches Online-Unternehmen aufzubauen.

Habe ich meine Ziele erreicht? Auch wenn ich noch nicht dort angekommen bin, wo ich hin möchte, befinde ich mich auf einem guten Weg – der nicht nur sprichwörtlich das Ziel ist.

War bzw. ist es einfach, die notwendigen Dinge zu tun? Oftmals nicht, das kannst du mir glauben. Rückwirkend betrachtet habe ich es jedoch kein einziges Mal bereut, diese Dinge getan zu haben.

Werde ich meine Ziele erreichen? Ja!

Warum bin ich mir dabei so sicher? Weil ich dazu bereit bin, meinen Zielen so gut wie alles unterzuordnen. Ich werde Erfolg haben oder beim Versuch dabei sterben – natürlich als alter Mann, es immer noch versuchend...

Ich habe ein starkes brennendes Verlangen in mir, meine Ziele zu erreichen. Meine Ziele bedeuten mir so unglaublich viel, dass ich dazu bereit bin, fast alle Unannehmlichkeiten auf mich zu nehmen, um diese Ziele zu erreichen.

Deine Entschlossenheit ist entscheidend für das Erreichen deiner Ziele. Hinter einer festen Entschlossenheit stecken immer starke emotionale Beweggründe – ein starkes Warum.

Deshalb spielen deine Beweggründe eine maßgebliche Rolle dabei, ob es dir gelingt, deine Ziele zu erreichen bzw. deine Vorhaben in die Tat umzusetzen. Je stärker deine Beweggründe sind, umso höher ist die Chance, dass du dein Ziel erreichen wirst. Willst du eine Sache so sehr wie du atmen willst, wirst du Erfolg haben.

Die Beweggründe lassen sich auf zwei altbekannte Dinge herunterbrechen: Schmerzen zu vermeiden (weg von) und Freude zu erlangen (hin zu). Die wohl stärkste Motivation ist, Schmerzen zu vermeiden.

Da Veränderung immer mit unangenehmen Gefühlen bzw. Situationen verbunden ist, will der durchschnittliche Mensch sich nicht verändern und tendiert dazu, den Status quo aufrecht zu erhalten. Die meisten Menschen beginnen erst damit, sich zu verändern, sobald der Schmerz in ihrer aktuellen Situation zu stark geworden ist.

Bei mir war es ebenfalls so: Mit Mitte 24 ist mein Schmerz so stark geworden, dass es für mich schmerzhafter war, in der alten Situation zu bleiben, als mich den Unannehmlichkeiten zu stellen, die die neuen Herausforderungen mit sich gebracht haben.

Bei vielen Menschen wird diese Schmerzgrenze jedoch niemals erreicht. Zwar läuft in ihrem Leben vieles nicht so, wie sie es sich vorstellen und sie sind beispielsweise unzufrieden mit ihrer:

- Arbeit,
- Beziehung oder
- Figur,

doch der Schmerz ist nicht stark genug, sodass sie bereit dazu sind, etwas zu verändern.

Falls du dich in dieser Situation gerade wiedererkennst, habe ich einen ungewöhnlichen Tipp: Sobald du Schmerz verspürst, ignoriere ihn nicht und versuche dich abzulenken, sondern geh voll rein in diesen Schmerz. Immer und immer wieder!

Irgendwann wird deine Schmerzgrenze erreicht und du wirst dazu bereit sein, die Dinge zu tun, die notwendig sind, dass du deine Ziele erreichen wirst. Sobald der Schmerz stark genug ist, wird er dich in Richtung deiner Ziele treiben – die Voraussetzung ist natürlich, dass du Ziele hast...

Aus diesem Grund solltest immer ein Ziel haben, das du erreichen möchtest und mit dem du eine starke Freude verbindest. Dies ist neben Schmerz der zweite Beweggrund.

Sobald eine Sache für dich so erstrebenswert ist, dass du es dir nicht vorstellen kannst, zukünftig ohne sie zu leben, wirst du alles dafür tun, diese in dein Leben zu bekommen.

Mit einer Sache meine ich nicht unbedingt materielle Dinge. Einer meiner stärksten Beweggründe ist beispielsweise meine persönliche Freiheit. Ich hasse es, mir vorschreiben zu lassen, was ich wann zu tun habe, wie z. B. um 8 Uhr bei der Arbeit zu sein und dort bis 17 Uhr zu bleiben. Ich habe nichts dagegen zu arbeiten – ganz im Gegenteil: Ich arbeite gerne und deutlich mehr als 40 Stunden pro Woche, doch will ich selbst entscheiden, wann ich arbeite und wann nicht.

Diese Freiheit zu erreichen, bedeutet mir so viel, dass ich mich gerne hinsetze, um an meinen Zielen zu arbeiten. Diese Zeilen beispielsweise schreibe ich gerade an einem Sonntagabend um 19:30 Uhr.

Das Lebensmotto von Andrew Carnegie – dem damals reichsten Mensch der Welt – war: *„Was so wertvoll ist im Leben, dass man es besitzen sollte, ist es auch wert, dass man danach strebt."*

Was willst du?

Was ist für dich so wertvoll?

Und warum?

Sofern du starke Beweggründe hast, wirst du dich leichter dazu überwinden können, die Dinge zu tun, die notwendig sind. Außerdem wirst du weitermachen, sobald es zu – leider oft unvermeidbaren – Rückschlägen kommt.

Hast du kein starkes Warum, wirst du vermutlich irgendwann aufgeben.

Überlege dir also genau, aus welchen Gründen du deine Ziele erreichen möchtest. Nur so wirst du bereit dazu sein, den vollen Preis für deine Ziele zu bezahlen.

Im Wort *„Entscheidung"* ist das Wort *„scheiden"* enthalten. Das bedeutet, jede Entscheidung für etwas, ist gleichzeitig auch eine Entscheidung gegen etwas.

Entscheidest du dich dafür, dich voll und ganz deinem Ziel zu verschreiben, wirst du Opfer bringen müssen. So war meine Entscheidung nach Berlin zu ziehen gleichzeitig eine Entscheidung gegen:

- Mein tolles Umfeld in Erlangen
- Meinen hohen Lebensstandard
- Meine schöne Wohnung
- Meinen bequemen Job

Ein paar Monate nach meinem Umzug ist sogar meine Beziehung an dieser Entscheidung in die Brüche gegangen. Doch als ich die Entscheidung für Berlin traf, kannte ich meine jetzige Ex-Freundin noch nicht. Ich lernte sie zwei Wochen nach meiner Entscheidung kennen – verrückte Welt...

Würde ich mich wieder für Berlin entscheiden? Ja. Denn am Ende unseres Lebens werden wir nicht die Dinge bereuen, die wir getan haben. Es werden die Dinge sein, die wir nicht getan haben.

Wir leben in einer Gesellschaft, in der der Tod gerne verdrängt wird. Doch wir alle werden irgendwann einmal sterben – sorry, dass ich so deutlich bin.

Die australische Palliativpflegerin Bronnie Ware betreute mehrere Jahre lang sterbende Menschen. Zu vielen der Patienten baute sie während ihrer Arbeit eine starke emotionale Beziehung auf, sodass sich die Patienten ihr anvertrauten. Über ihre Erkenntnisse schrieb sie ein Buch: „5 Dinge, die Sterbende am meisten bereuen". Mit Abstand auf Platz 1 war der Wunsch, den Mut gehabt zu haben, das eigene Leben zu leben.

Das Leben ist zu kurz, um ein fremdbestimmtes Leben zu führen. Also, was willst du mit deinem Leben anfangen? Es ist allein deine Entscheidung. Doch bedenke, dass alles seinen Preis hat.

Mach dir den Preis bewusst, den du für deine Ziele zahlen musst. Bist du überhaupt bereit dazu, diesen Preis zu bezahlen? Falls nicht, ist das vollkommen okay. Doch dann hör auf, dich zu beschweren!

Der amerikanische Motivationstrainer Jim Rohn sagte einmal:

„Wir alle müssen eines der zwei Dinge erdulden: Die Mühe der Disziplin oder die Leiden der Reue und Enttäuschung."

Wie du vielleicht weißt, kann es kurzfristig sehr unangenehm sein, sich für die Disziplin zu entscheiden. Doch es ist nichts im Vergleich zu dem langfristigen dauerhaften Schmerz der Reue, dir persönlich wichtige Dinge nicht getan zu haben.

Stell dir vor, du wärst 90 Jahre alt, würdest in deinem Schaukelstuhl sitzen und auf dein Leben zurückblicken. Was würdest du denken?

Willst du zufrieden sein, weil du dein Leben nach deinen Vorstellungen gelebt hast und du die notwendigen Dinge dafür getan hast? Vielleicht lief nicht alles nach deinen Erwartungen, doch du hast immer alles in deiner Macht Stehende getan, um deine Träume zu verwirklichen.

Oder willst du dich fragen, was hätte sein können und dir Vorwürfe machen, weil es nun zu spät ist, die Dinge zu tun, die dir wirklich wichtig sind?

Für mich habe ich diese Entscheidung schon längst getroffen: Ich kann mir keinen schlimmeren emotionalen Schmerz vorstellen als die Reue am Sterbebett.

An dieser Stelle noch einmal: Triff die Entscheidung, dich gegenüber deinen Zielen zu verpflichten und tue alles in deiner Macht Stehende, um diese zu erreichen. Sobald du diese Entscheidung wirklich getroffen hast, verspreche ich dir, dass es einfacher wird. Das liegt daran, dass dich dein Unterbewusstsein dabei unterstützen wird, deine Ziele zu erreichen.

Wie dich dein Unterbewusstsein beim Erreichen deiner Ziele unterstützt

In deinem Körper gibt es viele Prozesse, die automatisch ablaufen.

Achte jetzt bitte bewusst auf deine Atmung.

Sobald du dir deine Atmung bewusst machst, kannst du diese sogar steuern. Doch während du nicht daran denkst, atmest du automatisch weiter. Müssten wir ständig daran denken zu atmen, wären wir alle schon längst erstickt.

Weitere automatische Prozesse deines Körpers sind:

- Der Herzschlag
- Das Blinzeln der Augen
- Das Schlucken
- die Verdauung
- das Gehen; du musst nicht darüber nachdenken, welchen Fuß du vor den anderen setzen musst.

Diese Prozesse werden alle in deinem Unterbewusstsein gesteuert.

Je nachdem, welcher Quelle du Glauben schenken magst: Die bewussten Prozesse in unserem Gehirn machen nur 10 bis 0,00000005 % aus. Welche Prozentzahl davon stimmen mag, spielt keine Rolle. Tatsache ist, dass unser Unterbewusstsein deutlich mehr Macht hat als unser Bewusstsein.

Eine schöne Metapher für unser Bewusstes und Unbewusstes ist das Bild vom Reiter und vom Elefanten: Während dein bewusstes Denken den Reiter darstellt, handelt es sich beim Elefanten um dein Unterbewusstsein.

Der Reiter ist in der Lage, den Elefanten zu lenken, sofern dieser keine eigenen Bedürfnisse hat. Sobald der Elefant jedoch eigene Pläne hat, wird er seinen Willen immer durchsetzen.

Für deine Ziele bedeutet dies, dass es sehr schwer bis unmöglich wird, deine Ziele zu erreichen, sofern du dein Unterbewusstsein nicht auf deiner Seite hast. Unterstützt dich dein Elefant (= du hast dein Unterbewusstsein auf deiner Seite), hast du schon halb gewonnen. Er wird dich führen, sodass du deine Ziele erreichen wirst.

Angenommen, du würdest eine Adresse in ein Navigationsgerät eingeben und auf halber Strecke würde es zu einer Totalsperrung kommen.

Was macht das Navigationsgerät?

Es berechnet automatisch eine alternative Route, sodass du trotzdem an dein Ziel kommen wirst.

Das Unterbewusstsein ist unser internes Navigationsgerät, von dem ich bereits schrieb. In dieses kannst du deine Ziele einprogrammieren und das Navigationsgerät führt dich zu deinen Zielen.

Es folgen drei Übungen, mit denen du dein Unterbewusstsein dazu bringst, dich beim Erreichen deiner Ziele zu unterstützen.

Machst du diese Übungen jeden Tag, wird sich deine Wahrnehmung in Richtung deiner Ziele verändern. Dir werden Dinge auffallen, die dir vorher nicht aufgefallen sind und du wirst die entsprechenden Menschen kennenlernen, die dir beim Erreichen deiner Ziele helfen. Hierbei handelt es sich um das sogenannte „Gesetz der Anziehung".

Lies dir diesbezüglich noch einmal das Unterkapitel „Wie Dankbarkeit dein Leben verändern wird" in Kapitel 9 im 1. Teil dieses Buches durch.

Doch ich will dich warnen: Geh nicht davon aus, dass es ausreicht, dein Unterbewusstsein auf deine Ziele zu programmieren! Ohne die entsprechenden zielorientierten Schritte in der realen Welt wird sich überhaupt nichts verändern.

1. Visualisiere deine Ziele

In unserem Kopf laufen ständig Filme ab – bewusst oder unbewusst.

Bei vielen Leuten sind diese Filme jedoch negativ. Sie sehen sich immer wieder:

- scheitern,
- abgelehnt oder
- enttäuscht werden.

Stellen wir uns beispielsweise vor, wie wir bei einem Vortrag nicht mehr wüssten, was wir sagen wollten und uns anschließend alle Leute auslachten, steigt die Wahrscheinlichkeit, dass uns wirklich die Worte ausgehen werden – die selbsterfüllende Prophezeiung lässt grüßen...

Pflanzt du den Samen eines Apfelbaumes, entwickelt sich daraus kein Kirschbaum. Aus diesem Samen wächst ein Apfelbaum. Genauso verhält es sich mit unseren Gedanken.

Die Filme in unserem Kopf haben maßgebliche Auswirkungen auf unser Leben, da unser Gehirn nicht in der Lage ist, zwischen realen

und imaginären Bildern zu unterscheiden. Aus diesem Grund ist es so wichtig, die Kontrolle über die Filme in unserem Kopf zu gewinnen. **DU bist der Regisseur deines Lebens.**

Das sogenannte mentale Training wird im professionellen Leistungssport immer populärer. Einige Teams und Athleten arbeiten dafür mit speziellen Mentaltrainern zusammen, um mithilfe ihrer inneren Bilder ihre sportlichen Leistungen zu verbessern.

Auch berühmte Persönlichkeiten nutzen die Macht der inneren Bilder. Das beste Beispiel dafür ist der ehemalige Gouverneur von Kalifornien, Schauspieler und Bodybuilding-Legende Arnold Schwarzenegger. In seiner Biografie („Total Recall – Die wahre Geschichte meines Lebens") beschreibt er immer wieder detailliert, wie er die Bilder seines gewünschten Erfolgs vor seinem inneren Auge ablaufen ließ. Genauso bzw. so ähnlich traf es anschließend auch ein.

Konnte ich dich überzeugen, die Technik der mentalen Bilder regelmäßig anzuwenden? Gut!

Nimm dir dafür zu Beginn jeden Tag drei bis fünf Minuten Zeit und mache es dir bequem. Schließe deine Augen und denk daran, wie du dein gewünschtes Ziel erreicht hast. Sieh dich selbst dabei, wie du dich freust und dir geliebte Menschen zu deinem Erfolg gratulieren. Mach dieses Bild bunt, groß und so detailliert wie möglich:

- Was siehst du?
- Was hörst du?
- Wie fühlst du dich?

Es genügt jedoch nicht, das Bild nur vor deinem geistigen Auge zu sehen. Geh außerdem voll in das Gefühl hinein, das dieses Bild in dir hervorruft. Je intensiver dieses Bild ist, desto stärkere Gefühle werden dadurch hervorgerufen.

Dies ist so wichtig, da unsere Gefühle unsere Handlungen bestimmen: Verbindest du so mit deinem Ziel starke positive Gefühle, werden dich die negativen Gefühle, die kleinen Hindernisse, Ängste oder Unannehmlichkeiten in dir auslösen, nicht aufhalten und du wirst trotzdem handeln.

Diese Technik kannst du für bestimmte dir wichtige Situationen anwenden, wie z. B.

- für ein Bewerbungsgespräch,
- einen Vortrag, den du halten möchtest oder
- wenn du vor hast, einen interessanten Menschen anzusprechen.

Visualisiere dir dazu das gewünschte Endresultat. Wie du z. B. souverän deinen Vortrag hältst oder wie deine Gehaltswünsche von der Geschäftsführung akzeptiert werden.

Wird es dadurch immer so kommen, wie du es dir erhoffst? Nein. Doch die Chancen dafür steigen, sofern du diese Situation schon 20-mal in deinem Kopfkino hast ablaufen lassen.

Wendest du diese Technik regelmäßig an, werden diese positiven Bilder mit der Zeit immer mehr und mehr automatisch ablaufen und dein Leben in eine positive Richtung lenken – doch natürlich nur, sofern du anschließend auch die entsprechenden Taten folgen lässt. Ich möchte es noch einmal betonen:

Vom Visualisieren allein wird sich nichts verändern!

Ich lege dir ans Herz, diese Technik zu nutzen. In deinem Kopf laufen sowieso irgendwelche Bilder ab. Sorge dafür, dass es Bilder sind, die dich unterstützen und nicht solche, die dich sabotieren.

2. Schreibe deine Ziele auf, jeden Tag!

Erinnerst du dich noch an die Studie, in der sich die Erfolgswahrscheinlichkeit der Ziele um knapp 40 % erhöhte, sofern die Ziele schriftlich festgehalten wurden?

In diesem Experiment wurden die Ziele jedoch nur einmal schriftlich niedergeschrieben. Was glaubst du, was passiert, wenn du sie jeden Tag aufschreibst?

Irgendwann wird auch der langsamste Elefant verstehen, dass dir diese Dinge wichtig sind!

Aus diesem Grund schreibe ich jeden Tag meine wichtigsten Ziele nieder. Ich schreibe jedoch nicht meine voll ausformulierten Ziele auf, sondern nur Abkürzungen.

Ist es beispielsweise dein Ziel, 55 kg zu wiegen, kannst du dir jeden Tag aufschreiben:

       KGW 55 kg   (KGW = Körpergewicht)

Willst du pro Monat 5.000 € netto verdienen, schreib dir beispielsweise auf:

       5.000 € E/M n   (= 5.000 € Einnahmen/Monat netto)

Überlege dir für dich sinnvolle Abkürzungen für deine Ziele. Sofern du dir deine Ziele richtig gesetzt hast, wirst du genau wissen, was mit diesen Abkürzungen gemeint ist. **Ich empfehle dir außerdem, HOHE Ziele aufzuschreiben, dann musst du sie nicht ständig ändern.**

Sobald ich meine Ziele aufgeschrieben habe, gehe ich zurück zu Ziel 1 und schreibe mein erstes Ziel noch mal über Ziel 1. Das wiederhole ich insgesamt drei Mal, bis ich meine Ziele vier Mal übereinander aufgeschrieben habe. Das sieht dann in etwa so aus:

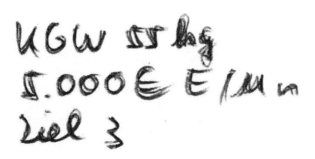

Diese Übung mache ich jeden Morgen, was mich einen Zeitaufwand von ca. zwei Minuten kostet.

Bonustipp:

Wie oft gibst du täglich Passwörter ein?

Wenn es dir wie mir geht, dann ist das mehrmals täglich der Fall.

Wie sehen denn aktuell deine Passwörter aus?

Lass mich raten. Damit du sie dir einfacher merken kannst, haben sie für dich höchstwahrscheinlich eine Bedeutung.

Vielleicht ahnst du schon, worauf ich hinaus möchte: **Wie wäre es, wenn du deine aktuellen Passwörter durch die Abkürzungen deiner Ziele ersetzt?**

Erstens sind diese Passwörter extrem sicher und zweitens wird dir die Bedeutung der Passwörter immer wieder ins Bewusstsein gerufen, wenn du diese eingibst. Das wird dir dabei helfen, deine Ziele in deinem Unterbewusstsein zu festigen.

3. Umgib dich mit Bildern deiner Ziele

In meinem Zimmer hängt ein Whiteboard, auf das ich meine Ziele geschrieben habe. Um meine Ziele herum hängen Bilder, unter anderem von einem Strand, einer Penthouse-Wohnung und einer Bühne.

Jedes dieser Bilder symbolisiert ein Ziel für mich. Der Strand beispielsweise steht für mein Ziel, zukünftig mehr und vor allem für einen längeren Zeitraum zu reisen.

Eines der ersten Dinge, die ich jeden Tag tue, ist, mir dieses Whiteboard anzuschauen. Ebenso nehme ich diese Bilder im Laufe des Tages immer wieder wahr.

Selbst wenn diese Bilder mit der Zeit „normal" werden und dir nicht mehr bewusst auffallen, wird sie dein Unterbewusstsein immer wieder wahrnehmen. **Dies führt ebenfalls dazu, dass dein Unterbewusstsein irgendwann verstehen wird, dass dir diese Dinge viel bedeuten.**

Aus diesem Grund der Tipp an dich: Durchsuche das Internet nach Bildern, die deine Ziele symbolisieren. Drucke sie aus und hänge sie in deiner Wohnung auf.

Willst du beispielsweise abnehmen, drucke ein Foto deines Traumkörpers aus und überklebe das Gesicht mit einem Foto von dir. Dieses Bild kannst du beispielsweise an deinen Kühlschrank oder an den Süßigkeitenschrank kleben.

Jedes Mal, wenn du dir daraus etwas zu essen bzw. zu naschen holen willst, wirst du dieses Foto sehen. Dies wird dir dabei helfen, kurzen Kicks zu widerstehen und stattdessen langfristig und zielorientiert zu handeln.

Alternativ kannst du diese Bilder auch selbst malen. Diese Technik habe ich bei einem Freund gesehen, der Bilder malt, auf denen er selbst im Moment des Erreichens seiner Ziele zu sehen ist.

Du kannst dich z. B. beim Entspannen auf einer tropischen Insel malen. Dafür musst du kein großer Künstler sein. Wichtig ist nur, dass du dir Mühe gibst.

Mein aktuell wichtigstes Ziel habe ich aufgeschrieben und aufgemalt. Diese Zeichnung habe ich an der Wand hinter meinem Schreibtisch befestigt. Jedes Mal, wenn ich meine Augen von meinem Notebook-Bildschirm nach oben richte, sehe ich mein Ziel. Dadurch weiß ich sofort, wofür ich gerade arbeite.

Außerdem kannst du dir positive Zitate, Glaubenssätze oder motivierende Sprüche aufhängen. Deinem Unterbewusstsein werden diese immer wieder auffallen. Doch erwarte keine Wunder. Veränderung ist ein Prozess. Und ein Prozess braucht Zeit.

In meinem Zimmer klebt an zwei Orten ein Zettel, auf dem steht:

„Meine Disziplin hat mich dorthin gebracht, wo ich jetzt stehe. Nur wenn ich weiterhin diszipliniert handle, werden sich meine Träume erfüllen."

Diese Zettel sollen mich ermahnen, nicht nachlässig zu werden und weiterhin diszipliniert die Dinge zu tun, die für das Erreichen meiner Ziele notwendig sind.

Das Wichtigste bei den Bildern, Zeichnungen und Zitaten ist, dass du dich damit gut fühlst. Sobald du bemerkst, dass dich einige Bilder eher stören, als dass sie dir Freude bereiten, nimm sie ab! Vielleicht sind es einfach nicht mehr deine Ziele und du kannst sie loslassen.

So erreichst du deine Ziele

Alle diese Techniken sind schön und gut, doch wird sich niemals etwas verändern, solange du nichts für deine Ziele tust! Ziele ohne entsprechende Aktionen in ihre Richtung sind und bleiben Träume.

Du wirst dich immer und immer wieder überwinden dürfen, die Dinge zu tun, die notwendig sind, um deinen Zielen näherzukommen. Spätestens hier kommt die Selbstdisziplin ins Spiel.

Sofern du dich immer wieder hinterfragst, ob du noch auf Kurs bist und dich regelmäßig dazu überwindest, die Dinge zu tun, die notwendig sind, ist es nur eine Frage der Zeit, bis du deine Ziele erreichst.

Natürlich will ich dich nicht nur mit diesem einen Tipp abspeisen, denn es gibt noch einige weitere Tipps, die dir dabei helfen können, deine Ziele einfacher zu erreichen – vorausgesetzt natürlich, du wendest sie an. Dazu gehören:

- Eine grobe Planung zu erstellen,
- Jede Woche konkrete Handlungsschritte zu planen,

- Die Abarbeitung dieser Handlungsschritte von anderen Personen kontrollieren zu lassen.

Diese drei Schritte schauen wir uns jetzt nach und nach an:

Erstelle eine grobe Planung

Nachdem du dir ein Ziel gesetzt hast, erstelle eine grobe Planung, wie du dein Ziel erreichen willst.

Die Betonung liegt dabei auf „*grobe*": Viele Leute kommen nicht in Aktion, weil sie zu viel Zeit in ihre Planung investieren. Diese soll möglichst perfekt sein, weil sie Angst davor haben, Fehler zu machen.

Doch Perfektion ist eine Illusion. Auf dieser Welt gibt es nichts Perfektes und es wird niemals etwas Perfektes geben. Der Drang, alles perfekt machen zu wollen wird höchstens dafür sorgen, dass wir niemals anfangen werden. Eine zu detaillierte Planung wird oft als Ausrede missbraucht, um gar nicht erst anfangen zu müssen.

Es ist vollkommen normal, Fehler zu begehen. Willst du deine Ziele erreichen, wirst du einige Dinge höchstwahrscheinlich zum ersten Mal tun. Warum erwartest du, dass du diese Dinge von Anfang an perfekt kannst?

Fange lieber unperfekt an, als niemals anzufangen und perfekt zu scheitern. Es ist sogar besser, zuerst in Aktion zu kommen und später zu planen, als zu sehr mit der Planung beschäftigt zu sein und nicht zu handeln.

Es wird dir nichts bringen, bereits zu Beginn jeden einzelnen Schritt komplett detailliert zu durchdenken. Das kannst du tun, sobald du dort angekommen bist und es wirklich relevant wird.

Erstelle dir lediglich eine grobe Planung und teile dein Ziel in verschiedene Unterziele auf. Was sind deine einzelnen Zwischenschritte auf dem Weg zum Ziel?

Zum besseren Verständnis möchte ich dir das Geschäftsmodell meines Online-Unternehmens vorstellen. Es enthält folgende Zwischenschritte:

1. Eine Website erstellen.
2. Besucher auf die Website bringen.
3. Eine E-Mail-Liste aufbauen.
4. Ein maßgeschneidertes Produkt erstellen, das die Probleme meiner Zielgruppe löst.
5. Dieses Produkt über E-Mail-Marketing verkaufen.
6. Die Prozesse soweit wie möglich automatisieren.
7. Das Geschäftsmodell skalieren (Wachstum).

Habe ich keine Ahnung, wie ich eine gute Website erstelle, wird es mir nicht viel bringen zu lernen, wie ich meine Prozesse automatisieren kann.

Es spricht nichts dagegen, sich **grob** in das Thema einzuarbeiten und zumindest die Grundlagen zu kennen. Fängst du komplett ohne Vorkenntnisse mit diesem Geschäftsmodell an, wird es wohl ein bis zwei Jahre dauern, bis du an den Punkt kommst, an dem es für dich wirklich relevant wird, Prozesse zu automatisieren.

Also frag dich, welche groben Zwischenschritte du gehen musst, um dein Ziel zu erreichen.

Den ersten Schritt kannst du detailliert planen. Doch bei den nächsten Schritten lohnt es sich nicht, zu viel Zeit in die Planung zu investieren, da es sowieso anderes kommen wird als du denkst. Plane die nächsten Schritte, sobald du wirklich dort angekommen bist und dein Zwischenziel erreicht hast.

Bei einer solchen Planung geht es mehr um den groben Weg zum Ziel als um die konkreten Schritte. Die konkreten Schritte planst du in einer Wochenplanung:

Plane jede Woche deine konkreten Handlungsschritte

Selbst wenn du aktuell noch nicht weißt, wie du deine Ziele erreichen sollst, ist das nicht weiter schlimm. Wichtig ist es nur, den nächsten Schritt zu kennen.

Dabei verhält es sich so, als würdest du in der Nacht mit dem Auto von Berlin nach München fahren. Die Scheinwerfer des Autos beleuchten immer nur den unmittelbar vor dir liegenden Teil der Strecke. Doch das reicht aus, um sicher anzukommen.

Stell dir dementsprechend immer wieder die Frage: *„Was ist der nächste logische Schritt in Richtung meiner Ziele?"*

In der Regel wirst du den nächsten Schritt, den es benötigt um deinen Zielen näher zu kommen genau kennen. Sollte dies wider Erwarten nicht der Fall sein, dann sprich mit einem guten Freund oder einem Coach darüber. Sie sind objektiver und können dir dadurch sicher weiterhelfen.

Um deine Handlungsschritte auszuarbeiten und zu kontrollieren, plane dir pro Woche an einem festen Tag 15 Minuten Zeit ein. Im Idealfall an einem Sonntag.

Stell dir dabei folgende Frage: Wenn du in der kommenden Woche für dein gewünschtes Ziel nur eine einzige Sache erledigen dürftest, welche würde das sein? Welche eine Aufgabe hat in diesem Moment die größte Auswirkung darauf, ob du dein Ziel erreichen wirst?

Diese Aufgabe hältst du nun schriftlich und SMART fest und stellst dir diese Frage erneut: Dürftest du in der kommenden Woche nur zwei Aufgaben für dein Ziel erledigen, was wäre die zweite Aufgabe?

Da aller guten Dinge drei sind, stellst du dir diese Frage erneut: Was ist die dritte Aufgabe?

Dadurch hast du in der nächsten Woche für dieses Ziel insgesamt drei Aufgaben, denen deine volle Konzentration gilt. Natürlich darfst du weitere Aufgaben für dein Ziel erledigen. Der Schwerpunkt liegt jedoch auf den drei festgelegten Aufgaben – und zwar in der Reihenfolge eins bis drei.

Lerne, Prioritäten zu setzen und bevorzugt die Aufgaben zu erledigen, die dich deinen Zielen am nächsten bringen. Diese Aufgaben sind die wichtigsten Aufgaben, jedoch oftmals auch gleichzeitig die Unangenehmsten.

Stell dir jede Woche für jedes deiner Ziele diese drei Fragen. Doch ich empfehle dir, realistisch zu sein und nicht mehr einzuplanen als du tatsächlich schaffst. Hast du aktuell fünf Ziele, die dir wichtig sind, plane pro Ziel nur mit ein bis zwei Aufgaben und erledige lieber mehr, als dass du dir zu viel vornimmst und nur die Hälfte der Aufgaben schaffst. Schaffst du deine Aufgaben regelmäßig nicht, kann dies für Frustration sorgen.

Am Stichtag in der nächsten Woche kontrollierst du, ob du deine Aufgaben der letzten Woche ausgeführt hast und setzt dir neue Aufgaben. Für einen maximalen Erfolg empfehle ich dir, dich von außenstehenden Leuten kontrollieren zu lassen.

Lass dich kontrollieren

Wie bereits ausführlich im ersten Teil dieses Buches beschrieben, neigt der Mensch zu Selbsttäuschung.

So werden die Tätigkeiten, die für unsere Ziele wichtig sind, einfach auf nächste Woche verschoben oder irgendwelche Ausreden erfunden, um unser Nicht-Handeln vor uns selbst zu rechtfertigen. Doch dies bringt dich keinen Schritt näher an deine Ziele – es sorgt höchstens dafür, dass du irgendwann frustriert aufgeben wirst.

Die beste Möglichkeit, seine Ziele schneller zu erreichen, ist die Verbindlichkeit, sich zu steigern und sich von einem guten Freund oder

von einem Coach kontrollieren zu lassen (siehe auch Kapitel 7, Tipp 6 und 7).

In der bereits erwähnten Ziele-Studie an der Dominican University of California gab es noch weitere Vergleichsgruppen. Zur Erinnerung: Gruppe 1 sollte ihr Ziel nur mündlich ausformulieren, während Gruppe 2 dieses auch schriftlich fixieren sollte. Die Aufgabe einer weiteren Gruppe war es, ihr Ziel schriftlich zu fixieren, dies einem Freund mitzuteilen und bei diesem Freund jede Woche einen Statusbericht abzugeben.

Im Vergleich zu Gruppe 1 hatte Gruppe 2 eine höhere Erfolgswahrscheinlichkeit von knapp 40 %. Was denkst du, wie viel höher die Erfolgswahrscheinlichkeit der Gruppe war, die von ihren Freunden kontrolliert wurden (im Vergleich zu Gruppe 1)?

Um knapp 77 % höher!

Diesbezüglich habe ich ähnliche Erfahrungen gemacht. Dürfte ich dir nur EINEN Tipp zum Thema Ziele erreichen geben, wäre es dieser:

Suche dir einen Partner, mit dem du dich jede Woche triffst. Bei diesem Treffen tauscht ihr euch gegenseitig über den Fortschritt eurer Ziele aus. Kontrolliert dabei gegenseitig die Aufgaben, die ihr euch in der vergangenen Woche vorgenommen habt und gebt euch Feedback.

Auf eine sogenannte Mastermind-Gruppe gehe ich im Kapitel „7 Strategien, die dich produktiver werden lassen" nochmal genauer ein.

Tust du die Dinge, die notwendig sind, ist es nur noch eine Frage der Zeit, bis du dein gewünschtes Ziel erreichen wirst. In dieser Zeit gilt es durchzuhalten und den Weg zum Ziel zu genießen.

Der Weg ist das Ziel

Erinnerst du dich noch daran, was der Samen eines Obstbaums mit Erfolg zu tun hat?

Pflanzt du den Samen in die Erde, wirst du dich erst jahrelang um ihn kümmern müssen, bis du die erste Frucht essen kannst.

Mit unseren Zielen verhält es sich oft ähnlich: Besonders für größere Ziele ist es keine Seltenheit, mehrere Jahre darauf hinzuarbeiten, bis diese erreicht werden.

Ein Ziel ist immer ein Prozess und Prozesse brauchen ihre Zeit. Diese Zeit gilt es zu genießen, da uns das Erreichen unseres Ziels oft nicht viel glücklicher macht.

Kinder bauen keine Sandburgen, um eine fertige Sandburg zu haben. Sie bauen sie, weil ihnen der Prozess des Bauens Spaß macht.

Bekam ich damals als Kind ein neues Legospielzeug, war der spannendste Teil immer das erste Aufbauen. Das Spielen selbst war eher zweitrangig und wurde schnell langweilig. Hätte ich das Spielzeug direkt fertig aufgebaut bekommen, wäre mir ein großer Teil der Freude entgangen.

Überleg doch mal selbst: Was hat dir als Kind mehr Spaß gemacht? Eine Sache aufzubauen oder anschließend mit der fertigen Sache zu spielen?

Da es sich bei Zielen ähnlich verhält, ist es mit das Wichtigste, den Prozess an sich zu genießen. Es ist von Vorteil, wenn dir die zielführenden Tätigkeiten zumindest halbwegs Spaß machen. Ist dies nicht der Fall und du quälst dich durch diesen Prozess, wirst du am Ende viel zu ausgebrannt sein, um das Erreichen deines Zieles genießen zu können – sofern du nicht schon vorher aufgegeben hast.

Dieses Buch ist das beste Beispiel: Nachdem es in den letzten vier Wochen sehr gut lief, befinde ich mich seit rund zwei Wochen in einer Phase, in der es eher suboptimal läuft. Nachdem ich mich zum Schreiben überwunden habe, macht es mir jedoch meist trotzdem Spaß, da ich mit jedem geschriebenen Wort näher an mein Ziel komme – auch wenn es zurzeit nicht so schnell vorwärtsgeht.

Willst du ein Ziel nur wegen des Endresultats erreichen, verhält es sich so, als würdest du ins Kino gehen, dort aber nur die letzten Minuten des Films zu sehen bekämest. Würde dir das Spaß machen?

Durch die sofortige Bedürfnisbefriedigung in anderen Lebensbereichen haben wir die Vorstellung, dass es ähnlich schnell geht, unsere Ziele zu erreichen. Doch diese übertriebene Erwartungshaltung sorgt oftmals nur für Frustration.

Geduld wird in unserer heutigen Zeit immer seltener. Doch wie der französische Schriftsteller und Pilot Antoine de Saint-Exupéry in einem seiner Bücher schrieb:

„Es kommt darauf an, dass du auf etwas zugehst, nicht, dass du ankommst."

Da ich ein sehr ungeduldiger Mensch war – und teils immer noch bin, las ich vor ein paar Jahren eine Kurzgeschichte von Heinrich Spoerl. Da mich diese ziemlich bewegte, möchte ich sie mit dir teilen:

Es war einmal ein junger Bauer, der wollte seine Liebste treffen. Er war ein ungeduldiger Geselle und viel früher zum Treffpunkt gekommen. Er verstand sich schlecht aufs Warten. Er sah nicht den Sonnenschein, nicht den Frühling und die Pracht der Blumen. Ungeduldig warf er sich unter einen Baum und haderte mit sich und der Welt.

Da stand plötzlich ein graues Männlein vor ihm und sagte: „Ich weiß, wo dich der Schuh drückt. Nimm diesen Knopf und nähe ihn an deine Jacke. Und wenn du auf etwas wartest und dir die Zeit zu langsam verstreicht, dann brauchst du nur den Knopf nach rechts zu drehen, und du springst über die Zeit hinweg bis dahin, wo du willst."

Er nahm den Zauberknopf und drehte. Und schon stand die Liebste vor ihm und lachte ihn an. Er drehte abermals und saß mit ihr beim Hochzeitsschmaus. Da sah er seiner jungen Frau in die Augen:

„Wenn wir doch schon allein wären ..."

„Wenn doch schon unser neues Haus fertig wäre ..."

Und er drehte immer wieder. Jetzt fehlten noch die Kinder und er drehte schnell den Knopf. Dann kam ihm Neues in den Sinn und er konnte es nicht erwarten. Und drehte, drehte, dass das Leben an ihm vorbeisprang. Und ehe er sich's versah, war er ein alter Mann und lag auf dem Sterbebett.

Er merkte, dass er mit der Zeit schlecht gewirtschaftet hatte. Nun, da sein Leben verrauscht war, erkannte er, dass auch das Warten des Lebens wert ist. Und er wünschte sich die Zeit zurück.

Das Erreichen des Ziels selbst macht vielleicht 1 % aus. Die restlichen 99 % sind der Weg zum Ziel. Genieße den Weg! Diese spannende Zeit wird nie wieder zurückkommen. Lies dir diesbezüglich gerne noch einmal das Unterkapitel „Die Wenn-Dann-Falle" aus Teil 1, Kapitel 9 durch.

Wollen wir unsere Ziele erreichen, müssen wir uns oft selbst verändern. Das Tückische an den meisten Veränderungen ist, dass diese in so kleinen Schritten ablaufen, dass es uns selbst gar nicht auffällt.

Es ist ein großer Unterschied, ob du ein Kind täglich siehst oder nur alle drei Monate. Den Eltern fällt das Wachstum gar nicht besonders auf. Doch was sagt die Oma, wenn sie ihr Enkelkind das erste Mal nach einem längeren Zeitraum wiedersieht? *„Na, du bist aber groß geworden."*

Bei einer Diät verhält es sich ähnlich. Siehst du dich selbst jeden Tag im Spiegel, fällt dir dein Fortschritt weniger auf als einem Freund, der dich über einen längeren Zeitraum nicht gesehen hat.

Eine gute Möglichkeit, sich Veränderung bewusst zu machen, ist, sich ein paar Minuten Zeit zu nehmen und sich selbst zu fragen: Was hat sich im letzten Monat verändert? Im Quartal? Im Halbjahr oder in einem Jahr? Dabei können alte Wochenplanungen oder das Durchsehen deines Kalenders große Hilfen sein.

Sprich auch gerne mit guten Freunden, da sie die Situation objektiver beurteilen können als du. Du wirst erstaunt sein, was sie dir berichten werden.

Ziele loslassen

Dass uns unser Ziel nicht erfüllt, bemerken wir oft erst, sobald wir uns darauf zubewegen. Vielleicht war dieses Ziel doch nicht dein eigenes und es wurde dir solange von außen eingeredet, bis du geglaubt hast, dass du es wirklich willst.

Anzeichen dafür können sein:

- Du hast regelmäßig absolut keine Lust anzufangen.
- Selbst nachdem du angefangen hast, fällt es dir schwer, am Ball zu bleiben.
- Die Arbeit an diesem Ziel kostet dich dauerhaft unglaublich viel Energie.

Falls du an einem solchen Punkt angekommen bist, sei ehrlich mit dir selbst. Frag dich:

- Willst du dieses Ziel immer noch erreichen?
- Denkst du vielleicht, es ist deine einzige Chance?
- Bist du frustriert, weil es nicht so klappt, wie du es dir vorgestellt hast?
- Ist dieses Ziel notwendig, um ein größeres Ziel zu erreichen?

Stell dir diese Fragen immer wieder und spür in dich hinein. Wie fühlt es sich für dich an?

Vom Kopf her mögen diese Ziele bestimmt alle erstrebenswert sein, doch in dir gibt es weitaus mächtigere Teile als das Rationale. Diese Teile drücken sich jedoch meist deutlich subtiler aus als der Kopf. In Antoine de Saint-Exupérys bekanntestem Buch „Der kleine Prinz" heißt es:

„Man sieht nur mit dem Herzen gut. Das Wesentliche ist für die Augen unsichtbar."

Willst du dein Ziel von ganzem Herzen erreichen, mach weiter!

Spürst du jedoch mit der Zeit, dass sich dein Ziel falsch anfühlt, dann renne diesem Ziel nicht verkrampft hinterher, sondern habe den Mut, es loszulassen – egal, was du bisher schon in dieses Ziel investiert hast. Es wird dich nicht erfüllen.

Resümee:

- Ziele geben unserem Leben eine Richtung. Wer keine eigenen Ziele hat, wird für die Ziele anderer Leute arbeiten.

- Schreibe dir deine Ziele auf! Denk an die Studie, in der das einmalige schriftliche Festhalten der Ziele die Erfolgswahrscheinlichkeit um knapp 40 % erhöht hat.

- Triff die Entscheidung, dass du dein Ziel erreichen wirst – komme, was wolle! Sobald Erfolg die einzige Option ist, wirst du die Dinge tun, die notwendig sind, um deine Ziele zu erreichen. Mache dir außerdem bewusst, was deine Beweggründe sind, warum du dein Ziel erreichen willst.

- Dein Unterbewusstsein hat deutlich mehr Macht als dein Bewusstsein. Ist das Unterbewusstsein nicht auf deiner Seite, wirst du dein Ziel nicht erreichen. Nutze die in diesem Kapitel vorgestellten Übungen, um den „Elefanten" dazu zu bringen, dich zu unterstützen.

- Das Einzige, was dich wirklich näher an dein Ziel bringt, ist zielorientierte Aktion. Was ist die EINE Aufgabe, die dich im Moment deinen Zielen am nächsten bringt? Stell dir diese Frage regelmäßig und setze diese Aufgabe in der Praxis um!

- Kontrolle von außen sorgt für eine Steigerung der Verbindlichkeit. Triff dich im Idealfall jede Woche mit einem Freund und besprich mit ihm die vergangenen bzw. die nächsten Schritte!

- Da das Erreichen der Ziele selbst nur 1 % ausmacht und der Weg dorthin die restlichen 99 %, ist es wichtig, dass du den Prozess genießt. Renne deinen Zielen nicht nur hinterher, um diese zu erreichen! Denn: Der Weg ist das Ziel.

- Sobald du spürst, dass dich dein aktuelles Ziel nicht mehr begeistert, sei ehrlich zu dir selbst und frag dich, aus welchen Gründen dies so ist. Ist die Antwort, dass du dieses Ziel nicht mehr erreichen willst, habe den Mut, es loszulassen.

Kapitel 3

Spitzenleistung im Beruf? So gelingt es dir

„Wähle einen Beruf, den du liebst und du brauchst keinen Tag in deinem Leben mehr zu arbeiten."

Konfuzius
(Chinesischer Philosoph)

Wahrscheinlich hat es in keinem anderen Lebensbereich so viel Auswirkungen, diszipliniert zu handeln wie im Berufsleben.

Doch wodurch entstehen Spitzenleistungen im Beruf?

Auf welche Fähigkeiten kommt es an?

Was kannst du tun, um dein Einkommen zu erhöhen?

Diese Fragen werden wir uns in diesem Kapitel genauer anschauen und beantworten.

Siehst du einen Sinn und hast du Freude an deinem Beruf?

Erfolgreiche Unternehmer wie Elon Musk oder Mark Zuckerberg haben so viel Geld angehäuft, dass sie nicht mehr arbeiten müssten. Dennoch arbeitet jeder der beiden pro Woche – allein vom Zeitaufwand betrachtet – mehr als zwei „normale" Angestellte zusammen – von der Effizienz ganz zu schweigen.

Doch nicht nur Überunternehmer wie Musk oder Zuckerberg arbeiten so viel. Auch die erfolgreichen Unternehmer in meinem Umfeld arbeiten deutlich mehr als der Durchschnitt – obwohl sie es bereits „geschafft" haben.

Warum ist das so?

Sie arbeiten nicht, weil sie müssen, sie arbeiten, weil ihnen ihre Arbeit Freude bereitet.

Doch es geht nicht ausschließlich darum, die ganze Zeit Spaß bei der Arbeit zu haben. Willst du die ganze Zeit Spaß haben, suche dir ein Hobby – und selbst dort wirst du manchmal keinen Spaß haben... Es geht vielmehr darum, in deiner Tätigkeit einen Sinn zu sehen.

Musk und Zuckerberg haben große Visionen: Während Zuckerberg das weltgrößte soziale Netzwerk aufbauen möchte, ist die Vision von Musk, dass in Zukunft alle Menschen in Elektroautos fahren. Außerdem möchte er Menschen auf den Mars bringen.

Welchen Sinn siehst DU in deiner Tätigkeit?

Möchtest du lediglich deinen Lebensunterhalt damit verdienen?

Geld ist wichtig, keine Frage. Doch Geld allein macht nicht glücklich. Diversen Studien zufolge erhöht sich unser Glücksempfinden mit einem höheren Einkommen – jedoch nur bis zu einem Jahreseinkommen von 60.000 bis 80.000 €. Darüber hinaus hat eine Gehaltserhöhung kaum noch Auswirkungen auf unser Glücksempfinden.

Angenommen, du hättest einen Arbeitsvertrag über 40 Stunden pro Woche. Es bleibt jedoch nicht nur bei diesen 40 Stunden, da noch folgende Zeiten hinzukommen:

- Mittagspausen
- Der Weg zur Arbeit
- Das Fertigmachen für die Arbeit
- Eventuelle Überstunden
- Die Zeit, in der du in deiner Freizeit an deine Arbeit denkst (der Sonntagabend lässt grüßen...)

Überschlag doch mal kurz, wie viele Stunden pro Woche du mit der Arbeit verbringst.

Wendest du pro Woche rund 60 Stunden für die Arbeit auf, entspricht dies knapp 36 % deiner insgesamt zur Verfügung stehenden Zeit pro Woche – und das über 40 Jahre.

Viele Faktoren beeinflussen, ob wir mit unserer Arbeit zufrieden sind. Dies sind u. a.:

- Das Arbeitsumfeld und -klima (Kollegen usw.)
- Das Gehalt
- Die Freiheiten (Homeoffice, Gleitzeit usw.)
- Doch auch, ob wir einen Sinn in unserer Tätigkeit sehen und ob diese uns Spaß macht.

Welche Studie über Arbeitszufriedenheit in Deutschland du dir auch ansiehst, du wirst feststellen, dass der Großteil mit seiner Arbeit unzufrieden ist.

Während es früher bei der Arbeit ausschließlich darum ging, den Lebensunterhalt sicherzustellen, geht es heutzutage im deutschsprachigen Raum immer mehr darum, sich selbst Ausdruck zu verleihen.

Meiner Vermutung nach ist dies bei den meisten unzufriedenen Leuten nicht gegeben. Sie sehen keinen/wenig Sinn in ihrer Tätigkeit und haben wenig Freude an ihr. Aus diesem Grund sind sie unzufrieden.

Auch auf deine Leistung hat dies Auswirkungen: Siehst du keinen Sinn in deiner Tätigkeit und macht dir diese nicht halbwegs Spaß,

wirst du maximal oberer Durchschnitt sein – so sehr du dich auch anstrengst.

Spitzenleistungen im Beruf werden erzielt, sobald Talent und Disziplin zusammenkommen. Wir hatten es ja schon ein paar Kapitel zuvor: Siehst du einen Sinn in der Sache, wird es dich deutlich weniger Überwindung kosten, dafür unangenehme Dinge zu tun, wie z. B. Überstunden zu machen.

Dabei hat jeder Mensch unterschiedliche Talente und Dinge, die ihm Freude bereiten.

Mein Mitbewohner ist z. B. Informatiker. Während er von seiner Arbeit erzählt, strahlt er über das ganze Gesicht – wobei ich oft nur Bahnhof verstehe... Doch das ist völlig okay. Wichtig ist, dass es ihm Freude bereitet.

Ein guter Indikator für Spaß bei der Arbeit sind Flow-Momente. Flow kommt aus dem Englischen und bedeutet so viel wie *„fließen"*. Flow bezeichnet das vollständige Aufgehen in einer Tätigkeit, das als sehr beglückend und befriedigend empfunden wird. Im Flow scheint alles wie von selbst zu laufen. Es fließt. Beim Schreiben habe ich immer wieder solche Flow-Momente.

Beobachte dich in nächster Zeit, ob und wann du in solche Flow-Momente kommst. Versuche verstärkt, solchen Aktivitäten nachzugehen – vor allem im beruflichen Kontext. Wir haben das Glück, in einem Land zu leben, in dem das möglich ist.

Bist du unzufrieden in deinem Beruf, habe den Mut etwas zu verändern! Einen erfüllenden Beruf auszuüben, halte ich für so wichtig, dass es das wert ist, danach zu streben.

Probiere viel aus. Frag dich immer wieder, was dir an deinem aktuellen Beruf am meisten Spaß macht und versuche, diese Tätigkeiten auszubauen.

Um dies besser zu verdeutlichen, möchte ich dir kurz meinen beruflichen Werdegang beschreiben:

1. Nach der Schule begann ich eine Ausbildung zum Steuerfachangestellten. Dort merkte ich sehr schnell, dass ich später selbstständig werden wollte. Ich wusste nur noch nicht, womit.

2. Mit 21 fragte mich ein Freund, ob ich nicht Lust hätte, als selbstständiger Berater für einen Finanzdienstleister zu arbeiten. Trotz Misstrauens beschloss ich, dem Ganzen eine Chance zu geben – schließlich hatte ich ja nichts zu verlieren. Schnell bemerkte ich, dass es mir dort gefiel, da der Kunde stark im Mittelpunkt stand. In diesem Beruf entdeckte ich meine Leidenschaft, mit Menschen zusammen zu arbeiten und diesen etwas beizubringen. Doch bei einer Tätigkeit im Vertrieb steht natürlich der Verkauf im Fokus.

3. Mit Mitte 26 ergab sich die Möglichkeit, für den Finanzdienstleister als Trainer zu arbeiten. Dort konnte ich meine Leidenschaft, Menschen etwas beizubringen, besser ausleben und war unter anderem für die fachliche Ausbildung unserer neuen Trainees zuständig. Doch mit der Zeit wurde das Thema immer langweiliger.

4. Mit Ende 27 erzählte mir ein guter Freund, dass er und ein weiterer Freund von ihm eine Geschäftsidee hätten: Sie wollten einen Videokurs für vielbeschäftigte Leute erstellen; und zwar darüber, wie diese Sport und gesunde Ernährung ohne viel Aufwand in ihren Alltag integrieren könnten. Die beiden Freunde benötigten noch jemanden, der den Inhalt des Produkts erstellt und der die Videos dreht. Den beiden war bekannt, dass Sport eine meiner großen Leidenschaften ist. Ich sagte sofort zu.

In diesem Unternehmen kam ich zum ersten Mal mit dem Schreiben von Artikeln, dem Erstellen von Inhalten und dem Drehen von Videos in Berührung. Dort merkte ich, dass mir das Schreiben Spaß machte und ich selbst am meisten dadurch lernte, wenn ich einen Artikel zu bestimmten Themen schrieb – wie z. B. zum Thema „Muskelkater". Aus diesem Grund beschloss ich, irgendwann einmal über Themen zu schreiben, die ich in diesem Leben als wirklich wichtig empfinde – wie z. B. über „Selbstdisziplin". Dieser Moment kam schneller als geplant, da wir das Unternehmen rund zwei Monate später aufgrund interner Differenzen auflösten.

5. Seit April 2016 arbeite ich nun an meiner eigenen Website, und noch nie hat mich die Arbeit so erfüllt und mir so viel Spaß gemacht wie ab diesem Moment. Die Arbeit erfüllt mich so sehr, dass ich im September 2016 die Entscheidung getroffen habe, alles auf diese Karte zu setzen und nach Berlin zu ziehen.

Rückwirkend betrachtet ergibt natürlich vieles Sinn. Außerdem will ich offen zugeben, dass ich einige meiner Entscheidungen unbewusst getroffen habe. Nichtsdestotrotz zeigt mein Werdegang schön auf, wie ich immer wieder die Dinge verstärkt habe, die mir Spaß machen. Dazu möchte ich dich auch ermutigen.

So kannst du dir nebenberuflich eine Selbstständigkeit aufbauen oder Weiterbildungen zu Themen besuchen, die dich interessieren und dich dadurch immer mehr spezialisieren. Dies erfordert natürlich deinen Einsatz.

Doch bei all dem Spaß und Sinn in deiner Tätigkeit: Willst du wirklichen Erfolg in deinem Berufsleben haben, wirst du um eine Sache nicht herumkommen: Hart zu arbeiten.

Sei dazu bereit, hart zu arbeiten!

Alle Menschen, die beruflich außerordentliche Erfolge vorweisen können, haben eine Sache gemeinsam: Sie haben viel mehr gearbeitet als der Durchschnitt – zumindest über einen gewissen Zeitraum. Und mit „gearbeitet" meine ich nicht nur die körperliche Anwesenheit im Büro, sondern wirkliche Arbeit.

Überlege doch mal: Wie viele Stunden deiner Arbeit verbringst du mit Aufgaben, die dich nicht weiterbringen wie z. B.

- sich mit Kollegen unterhalten,
- Kaffee trinken,
- Facebook checken oder
- das Internet auswendig lernen?

Verschwendest du zu viel Zeit mit diesen Aufgaben, wirst du beruflich niemals mehr erreichen als der Durchschnitt.

Am schnellsten wirst du in deinem Leben vorankommen, wenn du in der Lage bist, dir klare Prioritäten zu setzen, d. h. deine wichtigsten Aufgaben zu erkennen und diese Aufgaben anschließend schnell und gut zu erledigen – sowohl beruflich als auch privat.

Gibt dir dein Chef eine Aufgabe, erledige sie umgehend! Geh zu ihm, sag ihm, dass du fertig bist und frag ihn nach mehr Verantwortung. Gib immer mehr als das, was von dir erwartet wird.

Mache dich unersetzbar! Werde die Person, auf die sich andere Leute verlassen können – ob dies dein Chef ist oder ob es Kunden sind. Sorge dafür, dass sie, sobald es eine Aufgabe gibt, die schnell und ordentlich erledigt werden muss, zu DIR kommen und DICH damit beauftragen.

Bereite dich besser auf wichtige Meetings, Gespräche oder Präsentationen vor. Die Vorbereitung auf solche Termine ist nichts anderes als Fleißarbeit.

Angenommen, du hättest in einer Woche eine Gehaltsverhandlung mit deinem Chef oder ein wichtiges Verkaufsgespräch mit einem potenziellen Kunden. Überlege dir vorab deine Argumente und übe dieses Gespräch. Übe vor allem den Moment, in dem du deine gewünschte Summe nennst. Mache dies am besten vor dem Spiegel und trainiere diese Situation so lange, bis du dabei souverän wirkst und keine Unsicherheiten mehr zeigst. Sei überzeugt von dir! Du bist es wert!

Am Ende solcher wichtigen Gespräche geht es direkt in die Nachbereitung: Frag dich anschließend, was du gut gemacht hast, was Verbesserungspotential hat und was du das nächste Mal anders machen kannst.

Das alles mag sich jetzt vielleicht lesen wie der sichere Weg in ein Burnout, doch um im Beruf überdurchschnittliche Leistungen zu erbringen, musst du dich nicht überarbeiten. Es genügt, 10 % härter und mehr zu arbeiten als der Durchschnitt. Dafür reicht es häufig, jegliche Form von Ablenkung zu eliminieren:

- Stelle dein Handy auf lautlos und lege es außerhalb deiner Griffweite.
- Schließe dein E-Mail-Postfach und deinen Browser.
- Sag deinen Kollegen, dass du nicht durch private Gespräche gestört werden möchtest.

Wofür du ebenfalls Zeit investieren darfst, ist deine persönliche Weiterbildung. Deshalb:

Bilde dich regelmäßig weiter

Geh in deinem Leben niemals davon aus, alles zu wissen! Der deutsche Industrielle und Politiker Philip Rosenthal brachte es mit dem folgenden Satz deutlich auf den Punkt:

„Wer aufhört, besser zu werden, hat aufgehört, gut zu sein!"

Die Welt wandelt sich immer schneller. Das, was heute neu und gefragt ist, wird bereits morgen wieder veraltet und vergessen sein.

Deshalb ist es so wichtig, sich regelmäßig weiterzubilden. Bereits vor über 2.500 Jahren sagte der chinesische Philosoph Laozi angeblich:

„Lernen ist wie Rudern gegen den Strom. Hört man damit auf, treibt man zurück."

Spätestens ein paar Monate nach dem Berufseinstieg denken viele Leute, alles zu wissen und hören damit auf, großartig Zeit in ihre Weiterbildung zu investieren. Sie legen die Füße hoch, lassen sich nach Feierabend vom Fernseher bespaßen und sind höchstens dazu bereit, neue Dinge zu lernen, sofern es keine Möglichkeit gibt, sich davor zu drücken.

Wie ist es bei dir?

Wie viele Bücher kaufst du dir beispielsweise pro Jahr?

Liest du diese Bücher wirklich oder verstauben sie nur im Regal?

Einige meiner Freunde betreiben Websites mit ähnlichen Geschäftsmodellen. Sie sind schon ein paar Jahre weiter und bieten Videokurse zu diversen Themen an, die teils mehrere hundert Euro kosten. Von ihnen weiß ich, dass rund 50 % der Käufer dieser Videokurse sich kein einziges Mal in ihren gekauften Kurs einloggen! Von den wenigen Leuten, die sich diesen Kurs wirklich bis zum Ende ansehen mal ganz zu schweigen...

Noch einmal:

50 % geben mehrere hundert Euro für diese Kurse aus und schauen sich nicht mal ein einziges Video davon an!

Hast du dieses Buch wirklich bis zu dieser Stelle komplett gelesen, dann verdienst du ein riesengroßes Lob. Mach weiter! Du bist auf dem richtigen Weg!

Doch wie bereits beschrieben, genügt es nicht, dieses Wissen nur zu konsumieren. Wissen festigt sich am besten, indem du dieses Wissen trainierst und in der Praxis auch anwendest.

Aus diesem Grund die Frage an dich: **Wendest du dieses Wissen auch an?**

Wissen festigt sich ebenfalls durch ständige Wiederholung. Daher ist es sinnvoll, ein Buch noch ein zweites und ein drittes Mal zu lesen. Es wird dir mehr bringen, 10 Bücher jeweils 10 Mal zu lesen als 100 Bücher jeweils einmal.

Je mehr Sinneskanäle (wie z. B. sehen, hören, fühlen, ...) angesprochen werden, umso besser lernst du. Deshalb ist es sinnvoll, zu Themen, die dich interessieren bzw. in denen du besser werden möchtest, einen Videokurs zu kaufen oder Seminare zu besuchen.

Natürlich kosten Videokurse oder Seminare mehr als ein Buch. Doch falls du die gelernten Dinge wirklich umsetzt, wirst du das investierte Geld schnell wieder drin haben – und noch viel mehr. Dementsprechend habe ich in den unterschiedlichsten Büchern die Empfehlung gelesen, 10 % des Nettoeinkommens in die eigene Weiterbildung zu investieren, was ich selbst auch tue.

Die beste Investition, die du tätigen kannst, ist immer noch die Investition in dich selbst. Auf keinen Fall rate ich dir, sparsam zu sein, was deine persönliche Weiterbildung betrifft – ganz im Gegenteil: Als ich damit anfing, richtig viel Geld in meine persönliche Weiterbildung zu investieren, ist meine Entwicklung durch die Decke gegangen.

Die Sache, die mich am meisten vorangebracht hat, war persönliches Coaching. Ein Coach bzw. Mentor hat im Idealfall das erreicht, was du auch erreichen möchtest. Durch sein Wissen und seine Hilfe wirst du deutlich schneller dort angelangen, wo du hinwillst. Du nimmst sozusagen eine Abkürzung.

Investiere in einen Coach bzw. in ein persönliches Mentoring über einen längeren Zeitraum. Natürlich kostet dies eine Menge Geld. Doch dieses Geld ist gut angelegt, und du wirst deine Ziele um ein Vielfaches schneller erreichen.

Falls du das Gefühl hast, ich könnte dir weiterhelfen, schicke mir eine Mail an andreas@andreas-hofmann.net. Anschließend besprechen wir, was ich für dich tun kann und schauen, ob die Chemie zwischen uns stimmt.

Eine zeitsparende Methode, um sich weiterzubilden, sind u. a. Hörbücher und Podcasts. Diese kannst du jederzeit anhören.

Was machst du beispielsweise auf dem Weg zur Arbeit?

Hörst du im Radio das Gejammere, dass heute schon wieder Montag ist?

Oder nutzt du diese Zeit sinnvoll und bildest dich weiter?

Selbst wenn du jeden Tag insgesamt nur 30 Minuten zur Arbeit und zurück brauchst, wären das bei 230 Arbeitstagen im Jahr 115 zusätzliche Stunden, die du in deine Weiterbildung investieren könntest. Wenn ein durchschnittliches Hörbuch eine Spielzeit von 6 Stunden hat, sind dies 19 zusätzliche Bücher, die du innerhalb eines Jahres anhören könntest.

Selbst wenn du nur auf dem Hinweg Audioprogramme anhörst, weil du auf dem Rückweg dafür zu müde bist, wären dies 8 bis 9 zusätzliche Bücher im Jahr.

Das Leben ist Lernen. Hör niemals damit auf, dich weiterzubilden, vor allem im beruflichen Kontext. Bist du nicht mehr auf dem neuesten Stand, bist du ersetzbar geworden. Lass es nicht soweit kommen, und werde in deinem Berufsfeld ein Experte.

Um erfolgreich im Beruf zu werden, ist ein guter Umgang mit anderen Menschen von Vorteil.

Lerne einen guten Umgang mit deinen Mitmenschen

Der Mensch ist nach wie vor ein Rudeltier. Du wirst so gut wie immer andere Menschen um dich herum haben – sowohl beruflich als auch privat.

In einem beruflichen Kontext können diese Menschen, mit denen du auskommen darfst, folgende sein:

- Der Chef
- Die Kollegen
- Die Mitarbeiter, die du führst
- Kunden

Ein guter Umgang mit Menschen ist eine Grundvoraussetzung für Erfolg im Beruf. Je besser du verstehst, wie die Menschen um dich herum ticken, was ihnen wichtig ist und wie du mit ihnen umgehen musst, desto erfolgreicher wirst du werden. Dabei handelt es sich ebenfalls wieder um eine Fähigkeit, die so gut wie jeder Mensch lernen kann.

Es würde den Rahmen dieses Buches sprengen, zu detailliert auf dieses Thema einzugehen. Falls es dich interessiert, empfehle ich dir das Buch „Wie man Freunde gewinnt – die Kunst, einflussreich und beliebt zu sein" von Dale Carnegie. Doch die wichtigsten Dinge möchte ich dir auch hier mitgeben:

Jeder Mensch hat das Bedürfnis nach Anerkennung und Wertschätzung. Oft ist es jedoch so, dass seine Leistung nicht ausreichend gewürdigt, sondern als normal hingenommen wird. Doch wenn diese Person einmal einen Fehler begeht, wird dieser sofort getadelt.

Wie behandelst du beispielsweise Verkäufer oder Bedienungen in einem Restaurant?

- Schaust du das Servicepersonal überhaupt an oder würdigst du es keines Blickes?
- Wie redest du mit dem Servicepersonal? Sprichst du im Befehlston oder behandelst du sie wie einen guten Freund?
- Bedankst du dich aufrichtig für ihren Service oder nimmst du diesen als selbstverständlich wahr?
- Honorierst du die Leistung des Servicepersonals und gibst du ein angemessenes Trinkgeld?

Solche Situationen sind ideal, um einen besseren Umgang mit Menschen zu üben. Behandle das Servicepersonal wie deinen besten Freund, erweise ihm Respekt, bedanke dich aufrichtig bei ihm und wünsche ihm einen schönen Tag. Lass diese Worte wirklich von Herzen kommen! Menschen merken schnell, wenn du ihnen nur etwas vorspielst.

Behandelst du diese Menschen gut und zeigst ihnen deine Anerkennung und Wertschätzung, wirst du erstaunt sein, was passieren wird. Diese Menschen werden dich gerne bedienen und vielleicht werden sie für dich ja sogar Dinge tun, die sie nicht für jeden Kunden tun würden.

Es sagt viel über den Charakter eines Menschen aus, wie dieser Mitmenschen behandelt,

a) denen er gegenüber in einer Machtstellung steht und
b) die nichts für ihn tun können (wie z. B. ein Bettler).

Ich habe gehört, dass einige große amerikanische Firmen potentielle Mitarbeiter am Flughafen von einem Chauffeur abholen lassen und nach dem Bewerbungsgespräch wieder zum Flughafen bringen lassen. Anschließend wird der Chauffeur gefragt, wie dieser vom potentiellen Mitarbeiter behandelt wurde. Das Wort des Chauffeurs hat dabei ein höheres Gewicht als die Präsentation des potentiellen Mitarbeiters beim Bewerbungsgespräch.

Für Erfolg im Berufsleben ist des Weiteren ein generelles und ehrliches Interesse an deinen Mitmenschen und deren Wohl unverzichtbar. Finde heraus, was deinen Mitmenschen wichtig ist und befriedige diese Bedürfnisse.

Die meisten Menschen reden gerne – und vor allem über sich selbst. Lass sie reden und frag interessiert nach. Auch hier gilt natürlich wieder, dass es den meisten Menschen auffällt, falls du aus reinem Eigennutz fragst.

Abschließen möchte ich dieses Unterkapitel mit einer kleinen Anekdote: In der Woche der Wahl zum britischen Premierminister traf sich eine Frau nacheinander mit den beiden Kandidaten William Edward Gladstone und Benjamin Disraeli.

Nach beiden Gesprächen sagte sie: *„Nach dem Treffen mit Gladstone dachte ich, dass **ER** der wichtigste Mensch auf dieser Welt ist… Doch nach dem Treffen mit Disraeli hatte ich das Gefühl, dass **ICH** die wichtigste Person auf der Welt bin."*

Disraeli gewann die Wahl.

Sei mehr wie Disraeli. Rede nicht über dich, rede über die andere Person und drücke ihr deine ehrlich gemeinte Wertschätzung aus.

Je besser du mit Menschen umgehen kannst, desto höher ist die Chance, dass du erfolgreich in deinem Beruf wirst. Schaffst du es zusätzlich, die Probleme anderer Menschen zu lösen, steht deinem beruflichen Erfolg kaum noch etwas im Weg.

Löse die Probleme anderer Menschen

Viele Menschen warten sehnsüchtig auf den Moment, ab dem sie keine Probleme mehr haben.

Geht es dir genauso, darf ich dich enttäuschen: Solange du lebst, wirst du immer wieder Probleme haben.

Die Frage ist also nicht, ob du irgendwann keine Probleme mehr haben wirst. Die Frage ist, wie du am besten mit diesen Problemen umgehst. Probleme bieten nämlich immer eine Chance zum Wachstum.

Doch nicht nur du hast Probleme. Jeder Mensch hat Probleme: Du, ich, dein Chef, deine Kunden, ...

Die Probleme eines Chefs können sein:

- Er hat mehr Arbeit als er allein bewältigen kann.
- Er möchte sich auf die wichtigen Aufgaben konzentrieren und sich nicht mit unwichtigen Aufgaben aufhalten, die jedoch trotzdem erledigt werden müssen.

- Er möchte, dass die Firma auch während seines Urlaubs weiterläuft.

Ein Angestellter löst einen Teil dieser Probleme und dafür bekommt dieser eine Gegenleistung: Sein Gehalt.

Bei Selbstständigen verhält es sich ähnlich. Diese bieten ihren Kunden eine Dienstleistung oder ein Produkt an, das ein Problem für die Kunden löst.

Der Steuerberater beispielsweise erstellt die Steuererklärungen für seine Mandanten. Das Problem der Mandanten ist folgendes: Diese müssen eine Steuererklärung erstellen, haben jedoch keine Ahnung, wie das geht und auch keine Lust/Zeit, es zu lernen. Als Gegenleistung schreibt der Steuerberater den Mandanten eine Rechnung.

Je größer die Probleme sind, die du lösen kannst, desto mehr Geld wirst du verdienen. Des Weiteren ist dein Arbeitseinkommen von zwei weiteren Faktoren abhängig:

1) Wie gut deine Lösung für die anderen Leute funktioniert (= Qualität)
2) Wie viele Leute du mit deiner Lösung erreichst (= Quantität)

Mit diesem Buch mache ich nichts anderes. Höchstwahrscheinlich liest du dieses Buch, weil eines deiner aktuellen Probleme mangelnde Selbstdisziplin ist. Glaub mir: Nicht nur dir geht es so. Vielen Menschen mangelt es an Selbstdisziplin.

Mein Ziel mit diesem Buch ist es, Leuten mit genau diesem Problem eine entsprechende Lösung an die Hand zu geben.

Stell dir regelmäßig zwei Fragen:

1) Welche Probleme haben andere Leute?
2) Welche speziellen Fähigkeiten habe ich, um dieses Problem zu lösen?

Es genügt jedoch nicht, dass du Probleme von anderen Menschen lösen kannst. Sie müssen auch von dir erfahren:

Lerne die Grundlagen von Vertrieb und Marketing!

Im deutschsprachigen Raum hat das Verkaufen oft einen schlechten Ruf. Viele Menschen haben dabei das Bild eines schmierigen Versicherungsvertreters im Kopf, der nur an seinem eigenen Profit interessiert ist und im Zweifel seine Großmutter verkaufen würde. Klar, dass niemand damit in Verbindung gebracht werden möchte.

Doch alle Unternehmen sind darauf aus, etwas zu verkaufen. Denn ohne Verkauf gibt es keinen Gewinn. Das beste Produkt wird sich nicht verkaufen, wenn die Leute nichts davon wissen. Somit ist der Verkauf der Motor der Wirtschaft.

Die Amerikaner sind sich dessen bewusst. Aus diesem Grund ist der Beruf des Verkäufers in den USA mit einer der Angesehensten überhaupt. Dort gibt es auch das Sprichwort *„Life is a salestalk"* – „Das Leben ist ein Verkaufsgespräch".

Selbst wenn du keine Produkte oder Dienstleistungen verkaufst, bist du trotzdem die ganze Zeit am Verkaufen – und zwar dich selbst:

- Ein Bewerbungsgespräch und eine Gehaltsverhandlung sind nichts anderes als Verkaufsgespräche.
- Falls du von der Bank einen Kredit haben möchtest, ist dies ebenfalls ein Verkaufsgespräch.
- Selbst ein Date ist eine Art Verkaufsgespräch.

Deshalb ist es so wichtig, die Grundlagen im Verkauf und Marketing zu kennen – und zu beherrschen. Dabei handelt es sich ebenfalls wieder um Fähigkeiten, die von jedem erlernt werden können.

Über dieses Thema wurden unzählige Bücher geschrieben. Doch am schnellsten lernst du das Verkaufen, indem du eine solche Tätigkeit ausübst. Das muss nicht für immer sein. Einige Wochen Erfahrung reichen schon aus, z. B. während der Semesterferien auf der Straße Spenden sammeln.

Bei solch einer Tätigkeit wirst du immer wieder mit Ablehnung konfrontiert werden. Kein Mensch wird gerne abgelehnt, dementsprechend wollen so wenige einen Beruf im Vertrieb ausüben. Dies führt dazu, dass Stellen im Verkauf meist sehr gut bezahlt werden.

Es ist natürlich auch Typsache, doch vermutlich wirst du in keinem Beruf so viel Selbstdisziplin brauchen wie im Verkauf. Der Vorteil ist jedoch, dass du keine anderen großartigen Fähigkeiten brauchst. Aus diesem Grund kann quasi jeder, der es wirklich will, im Verkauf erfolgreich werden.

Im Verkauf darfst du dich immer und immer wieder dazu überwinden, für die meisten Menschen unangenehme Dinge zu tun, wie Kunden anzurufen usw. Dies ist nicht für jeden etwas. Inzwischen weiß ich, dass es für mich auch nichts war. Doch ich bereue meine Erfahrung im Vertrieb nicht – ganz im Gegenteil: Dort habe ich das Verkaufen gelernt, was mir heute immer noch äußerst nützlich ist.

Das wohl Wichtigste für den Verkauf möchte ich dir hier mitgeben: Du verkaufst niemals eine Sache, sondern immer den Nutzen, den das Produkt/die Dienstleistung für den potentiellen Käufer hat.

Was meine ich damit?

Angenommen, du würdest Bohrmaschinen verkaufen. Dann verkaufst du dem potentiellen Käufer nicht die Eigenschaften der Bohrmaschine (750 Watt, 3.000 Umdrehungen pro Minute, …), sondern das, was diese Bohrmaschine für den Kunden tun kann.

Überlege doch mal kurz: Was kann der potentielle Käufer mit der Bohrmaschine tun?

Er kann damit Löcher bohren, um z. B. Regale anzubringen oder Bilder aufzuhängen. Dadurch wird seine Wohnung schöner und ihm steht mehr Platz zur Verfügung.

Bei diesem Buch verhält es sich ähnlich. Ich verkaufe dir kein „Mehr" an Selbstdisziplin, weil du gar kein „Mehr" an Selbstdisziplin haben möchtest. Du möchtest z. B. ...

- ...mehr Sport treiben, um dadurch besser auszusehen.
- ...weniger Süßigkeiten essen, um wieder in deine alte Kleidung zu passen.
- ...etwas für deine Ziele tun, um diese zu erreichen.
- ...mit dem Rauchen aufhören, um gesünder zu sein.

Habe ich recht?

Selbstdisziplin ist lediglich das Werkzeug, um diese Ziele zu erreichen.

Wie sieht es bei einem Bewerbungsgespräch aus?

Dort verkaufst du dich und den Vorteil, den du dem Unternehmen bieten kannst. Ist in diesem Unternehmen eine Stelle ausgeschrieben, hat das Unternehmen ein Problem. Somit ist das Unternehmen auf der Suche nach der bestmöglichen Lösung. Mach dir vor einem solchen Gespräch klar, was dich von anderen Bewerbern abhebt und warum du am besten dafür geeignet bist, das Problem dieser Firma zu lösen.

Resümee:

- Einen Sinn in seinem Beruf zu sehen und zumindest den Großteil der Zeit Freude an seiner Tätigkeit zu haben, sind Grundvoraussetzungen für außerordentliche Erfolge im Berufsleben. Macht dir deine Tätigkeit keinen Spaß und siehst du darin keinen Sinn, wirst du maximal Durchschnitt sein. Für jeden, der im deutschsprachigen Raum lebt, ist eine berufliche Selbstverwirklichung möglich. Auch für dich!

- Von nichts kommt nichts. Willst du Erfolg im Berufsleben, sei dazu bereit, wirklich dafür zu arbeiten. Lerne, dir Prioritäten zu setzen und deine wichtigsten Aufgaben schnell und ordentlich zu erledigen. Sei dazu bereit, immer 10 % mehr zu geben als der Rest!

- Hör niemals auf, dich weiterzubilden! Lies regelmäßig Bücher, besuche Seminare und lass dich persönlich coachen. Diese Dinge kosten Geld, ja. Wendest du jedoch die dabei gelernten Dinge an, bekommst du ein Vielfaches deines investierten Geldes wieder zurück.

- Im Berufsleben sind zwei weitere Fähigkeiten von großer Bedeutung: Ob du gut mit anderen Menschen umgehen kannst und ob du (dich selbst) verkaufen kannst. Nimm dir die Zeit und erlerne diese Fähigkeiten.

- Dein Einkommen ist davon abhängig, wie gut du die Probleme anderer Menschen lösen kannst. Dabei spielen zwei Dinge eine Rolle: Wie gut dein Lösungsansatz ist (die Qualität) und wie viele Leute du damit erreichst (die Quantität).

Kapitel 4

7 Strategien, die dich produktiver werden lassen

„Es ist nicht wenig Zeit, die wir haben, sondern es ist viel Zeit, die wir nicht nutzen."

Lucius Annaeus Seneca
(römischer Philosoph)

„Ich fange gleich an, ich check nur nochmal schnell Facebook" – kommt dir dieser Gedanke bekannt vor?

Wie viel Zeit verschwendest du jeden Tag, weil du trödelst und deine Aufgaben immer wieder durch WhatsApp und Co unterbrichst?

Produktiv sein bedeutet, Dinge effizient zu erledigen. Denn Zeit ist ein kostbares Gut. Immer, wenn wir länger für eine Tätigkeit brauchen als dafür nötig wäre, verlieren wir Zeit.

Wie gelingt es dir zukünftig, in weniger Zeit mehr zu erledigen? Diese Frage werden wir in diesem Kapitel beantworten.

Warum ist es sinnvoll, Aufgaben konzentriert zu erledigen?

Wir leben in einer Zeit, in der alles unsere Aufmerksamkeit erfordert. Dank Smartphone sind wir ständig und über alle Kanäle erreichbar. Facebook,

Instagram, Tinder, Netflix, Twitter und Co sind jederzeit nur ein paar Klicks entfernt.

Heutzutage buhlt alles ständig um unsere Aufmerksamkeit. Aus diesem Grund fällt es uns immer schwerer, konzentriert an unseren Aufgaben zu arbeiten. Die ständigen Reize, die der digitale Lebensstil mit sich bringt, haben laut einer Microsoft-Studie dazu geführt, dass inzwischen sogar ein Goldfisch eine größere Aufmerksamkeitsspanne besitzt, als ein Mensch in der westlichen Welt.

Wollen wir eine Tätigkeit erledigen, wird diese häufig unterbrochen, z. B. durch einen schnellen Blick auf das Smartphone. Die ständigen Unterbrechungen führen dazu, dass wir deutlich länger für die Tätigkeit brauchen und uns somit weniger Zeit für andere Dinge zur Verfügung steht.

Bei den Tätigkeiten, die wir ständig unterbrechen, handelt es sich in der Regel um Aufgaben, die uns keinen bzw. wenig Spaß machen:

- Für eine Prüfung lernen
- Unangenehme Arbeit erledigen
- Schwierige Kunden anrufen
- Die Wohnung sauber machen

Da wir meist sowieso nicht drumherum kommen, diese Aufgaben zu erledigen, führt dies jedoch zu nichts. Trödeln wir bei diesen Aufgaben, verlieren wir nur kostbare Zeit, die uns für Dinge zur Verfügung stünde, die uns mehr Spaß machen. Aus diesem Grund ist es so wichtig, konzentriert seine Aufgaben abzuarbeiten.

Selbstdisziplin ist die Grundvoraussetzung für Produktivität. Doch wie beim Marshmallow-Experiment kommt es auch hier weniger auf die Disziplin selbst als auf die richtigen Strategien an.

Es folgen die besten mir bekannten Strategien:

1. Eliminiere jede Form von Ablenkung

Erinnerst du dich noch an den besten Tipp, um Versuchungen aller Art zu widerstehen?

Gar nicht erst mit der Versuchung in Kontakt zu kommen.

Wollen wir unsere Produktivität steigern, verhält es sich dabei ähnlich: Verbanne alles aus deiner Sicht- und Griffweite, was dich irgendwie ablenken könnte.

Dank unserer geringen Aufmerksamkeitsspanne lassen wir uns leicht ablenken. Das passiert oft automatisch und geht so schnell, dass wir es nicht einmal mehr mitbekommen, wie ich es selbst vor kurzem erst wieder erfahren durfte:

Zum Großteil arbeite ich zu Hause. Aktuell wird das Nachbarhaus kernsaniert, wodurch es an manchen Tagen etwas lauter werden kann.

Als es an einem Tag besonders schlimm war, besorgte ich mir Ohrenstöpsel und legte sie vor meine Tastatur, um sie griffbereit zu haben, sollte ich den Lärm von nebenan nicht mehr ertragen.

Ab diesem Zeitpunkt hielt sich der Lärm in Grenzen, sodass ich die Ohrenstöpsel nicht benötigte. Trotzdem machte ich eine interessante Erfahrung: Ich ertappte mich mehrmals dabei, wie ich statt zu schreiben, die Verpackung der Ohrenstöpsel in den Händen hielt und damit herumspielte.

Als mir dies zum dritten Mal auffiel, legte ich die Ohrenstöpsel auf die andere Seite meines Schreibtisches – und anschließend war Ruhe.

Wenn sich „Mr. Selbstdisziplin" schon von einer einfachen Ohrenstöpselverpackung ablenken lässt, was denkst du, was passieren würde, wenn ich mein ständig aufleuchtendes und vibrierendes Smartphone vor mir liegen hätte?

Höchstwahrscheinlich würde meine Produktivität um 50 % einbrechen, da ich die ganze Zeit auf WhatsApp und Facebook rumhängen würde bzw. Energie dafür aufwenden müsste, eben dies nicht zu tun.

Während ich arbeite liegt mein Handy laut- und vibrationslos auf meinem Bett und somit deutlich außerhalb meiner Griffweite. Manchmal vergesse ich jedoch, die Vibration auszuschalten und höre mein Handy auf dem Bett vibrieren. Anschließend spüre ich in mir sofort den Drang, zu meinem Handy zu stürzen und zu sehen, was gerade passiert ist.

Und hier der Tipp an dich: Minimiere und eliminiere alle möglichen Ablenkungsquellen aus deinem Arbeitsumfeld!

Des Weiteren ist mein E-Mail-Postfach geschlossen, sodass ich keine Pop-up-Benachrichtigungen erhalte, sobald eine neue E-Mail eingetroffen ist. Es genügt vollkommen, dein Postfach drei bis vier Mal am Tag zu öffnen. Wirklich erfolgreiche Menschen tun dies auch nicht öfter. Und ich glaube nicht, dass du wichtiger bist als solche Personen, oder?

Lass deinen Internetbrowser geschlossen, solltest du diesen nicht zur Recherche benötigen. Falls der Internetbrowser wirklich nötig ist, dann verwende nicht deinen Standartbrowser, sondern einen anderen. Dort hast du keine Schnellstartleiste sowie keine Chronik. Es ist viel umständlicher, in der Adresszeile deines neuen Browsers „f a c e b o o k . c o m" einzugeben und dich dort einzuloggen, als auf das Facebook-Symbol in deiner Schnellstartleiste zu klicken und sofort loslegen zu können.

Alternativ gibt es auch verschiedene Browser-Erweiterungen, die bestimmte Seiten (wie z. B. Facebook) sperren können.

Außerdem empfehle ich dir, deinen Schreibtisch bzw. dein Büro minimalistisch zu halten. Je weniger Dinge sich darauf befinden, desto weniger kannst du abgelenkt werden.

In Erlangen stand mir ein separates Arbeitszimmer zur Verfügung. In diesem befand sich nichts, außer einem Schreibtisch, einem Stuhl und zwei Aktenschränken. Auf dem Schreibtisch standen nur mein Notebook, eine

Tasse und das Buch, das ich aktuell las. Während ich arbeitete, legte ich das Buch jedoch auf die andere Seite des Schreibtisches.

Wie bereits beschrieben, sorgt eine ordentliche Umgebung außerdem dafür, dass wir disziplinierter handeln. Aus diesem Grund kommt dir ein minimalistischer Arbeitsplatz doppelt zugute.

Wie sieht aktuell dein Schreibtisch aus?

Wie viel Ablenkung bietet er dir?

Oder ist dein Schreibtisch sogar so zugemüllt, dass sich darauf gar nicht mehr vernünftig arbeiten lässt?

Ein weiterer ablenkender Faktor können andere Menschen sein, wie z. B. Arbeitskollegen. Falls du gerade wichtige Dinge zu erledigen hast, dann bitte sie darum, dich nicht zu stören.

2. Arbeite nach dem Pareto-Prinzip

Das Pareto-Prinzip wurde nach dem italienischen Ingenieur und Ökonom Vilfredo Pareto benannt. **Dieser fand heraus, dass sich alles 80/20 teilen lässt. Das bedeutet, dass 80 % des Gesamtergebnisses mit 20 % des Gesamtaufwands erreicht werden kann.**

Die verbleibenden 20 % des Ergebnisses benötigen dementsprechend 80 % des Aufwandes. Erledigst du die zusätzlichen 80 %, grenzt es schnell an Perfektionismus.

Das Pareto-Prinzip kann auf vieles angewendet werden:

- 20 % der Kunden bringen 80 % des Umsatzes.
- 20 % der Fischer fangen 80 % der Fische.
- In 80 % der Zeit trägst du 20 % der Sachen, die du im Kleiderschrank hast.
- 80 % des Stadtverkehres spielen sich auf 20 % der Straßen ab.

- 20 % der Angestellten erledigen 80 % der Arbeit.

Es ist inzwischen belegt, dass das Pareto-Prinzip nicht auf alles anwendbar ist. So besaßen im Jahr 2000 ca. 10 % der Weltbevölkerung 85,2 % des Vermögens. Trotzdem lässt sich das Pareto-Prinzip auf vieles in deinem Leben übertragen, was ich dir anhand von zwei Beispielen zeigen möchte:

1) Angenommen, du arbeitest im Vertrieb und deine Aufgabe wäre es, eine spezielle Dienstleistung zu verkaufen. Dann würde es dir nichts bringen, wenn du die besten Verkaufsprospekte hättest, sofern du keine Kunden kennen würdest, denen du die Verkaufsprospekte präsentieren könntest.

   Kümmere dich erst einmal darum, regelmäßig Kunden zu haben! Anschließend kannst du dann überlegen, wie du deine Abschlusszahlen optimieren kannst.

2) Ist es dein Ziel, Muskeln aufzubauen, wirst du unzählige Websites zu diesem Thema finden, die dir alle den einen geheimen Trick verkaufen wollen, der deinen Muskelaufbau revolutionieren wird.

   Dabei ist es so einfach: Erlerne und fokussiere dich auf die Grundübungen, ernähre dich ausgewogen und proteinreich und achte darauf, genügend zu schlafen. Du musst nicht drei Stunden pro Tag im Fitnessstudio trainieren oder dir teure Nahrungsergänzungsmittel kaufen. Konzentriere dich auf die 20 % der Basics! Dadurch wirst du 80 % des Ergebnisses erzielen.

Das Pareto-Prinzip anzuwenden, hat sehr viel mit dem Setzen von Prioritäten zu tun. Du kannst Pareto sogar nochmal 80/20 teilen: Die richtigen 4 % des Arbeitsaufwands sorgen für 64 % des Gesamtergebnisses.

Dies muss nicht immer zutreffen, die Wahrscheinlichkeit ist jedoch hoch. Frag dich ständig, welches die 20 % Arbeitsaufwand sind, die dir 80 % des Ertrages bringen und konzentriere dich dann auf diese.

3. Organisiere dich

Da ich mit einem guten Gedächtnis gesegnet bin, hielt ich früher Organisation für überflüssig. Warum alles aufschreiben, wenn ich mir doch alles merken kann?

Als ich jedoch immer mehr Projekte zu managen hatte und dabei gelegentlich Dinge vergaß, beschloss ich, dem Organisieren eine Chance zu geben. **Seitdem mein Leben gut organisiert ist, bin ich 50 - 100 % produktiver. Das liegt daran, dass ich genau weiß, was ich wann zu erledigen habe. Außerdem muss ich mir keine Gedanken darüber machen, etwas Wichtiges vergessen zu haben.**

Einer meiner besten Freunde hat gefühlt das schlechteste Gedächtnis auf der ganzen Welt. Trotzdem ist er ein erfolgreicher Unternehmer.

Wie schafft er das?

Indem er gut organisiert ist.

Für deine Organisation empfehle ich dir zwei Dinge:

1. **Einen Kalender**

   Ich gehe davon aus, dass du bereits einen Kalender nutzt. Die Vorteile liegen auf der Hand:

   - Du kannst deine Termine eintragen.
   - Du hast jederzeit einen Überblick über deinen Tagesablauf.
   - Termine vergessen wird unmöglich (es sei denn, du vergisst, sie einzutragen...).
   - Du wirst an Termine erinnert.

   Ob du einen digitalen oder schriftlich Kalender führst, bleibt dir überlassen. Beides hat seine Vor- und Nachteile.

Ich selbst verwende den Kalender von Google. Dieser ist online jederzeit abrufbar und die Synchronisation mit dem Handy oder dem Tablet ist sehr einfach.

Achte jedoch darauf, dir ausreichend Zeit für dich selbst und für die Dinge, die dir Spaß machen freizuhalten. Sorge für eine ausgewogene Balance zwischen deinen Lebensbereichen.

2. **Ein Tool, mit dem du deine ToDos verwalten kannst**

Jeder hat Aufgaben, die er erledigen möchte. Halte diese Aufgaben fest, um sicherzugehen, dass du nichts Wichtiges vergisst.

Am Anfang tat ich dies mittels einer Kombination aus handgeschriebenen Notizzetteln und Notizen im Handy, was jedoch schnell ausartete, umständlich und unübersichtlich wurde.

Inzwischen nutze ich für meine ToDos ausschließlich Trello. Über dieses Programm ist quasi mein gesamtes Leben organisiert. Es gibt auch andere vergleichbare Programme, wie z. B. Evernote.

Trello ist kostenlos und unkompliziert. Neben der Browser-Variante gibt es Apps für Smartphone und Tablet, sodass der Zugriff darauf jederzeit möglich ist. In der App-Variante wird dafür nicht einmal eine aktive Internetverbindung benötigt.

Die Basis meiner Organisation ist eine gute Wochenplanung. Dafür nehme ich mir jeden Sonntag 15 bis 30 Minuten Zeit und bereite meine Planung für die kommende Woche vor. Ich frage mich:

- Welche Termine habe ich?
- Welche Dinge möchte ich erledigen?

Und auch jeden Abend ist es mit das letzte Produktive, das ich tue: Mir den morgigen Tag anzusehen und mir genau diese zwei Fragen zu stellen.

Dies führt dazu, dass ich morgens direkt mit dem Abarbeiten meiner ToDo-Liste starten kann – ohne überlegen zu müssen, was ich zu tun habe.

Setze dir für deine Planung mithilfe des Pareto-Prinzips klare Prioritäten und stell dir die Frage: Wenn du morgen nur eine einzige Tätigkeit erledigen könntest, welche würde dies sein? Behandle diese Aufgabe bevorzugt und erledige sie am nächsten Tag so früh wie möglich.

Deine Planung – und vor allem deren Kontrolle – kann durch eine Mastermind-Gruppe auf ein neues Level gehoben werden:

4. Die Mastermind-Gruppe

Eine Mastermind-Gruppe bezeichnet eine Gruppe von Leuten, die in regelmäßigen Abständen zusammenkommt und sich gegenseitig beim Erreichen ihrer Ziele unterstützt. Diese Gruppe kann einen bestimmten Lebensbereich (z. B. Arbeit, Sport) oder alle Bereiche des Lebens betreffen.

Für den Anfang empfehle ich dir, einen Mastermind-Partner zu suchen, mit dem du alle Teilbereiche deines Lebens durchgehen kannst. Suche dir dafür einen guten Freund oder einen Coach.

Im Idealfall kommt ihr jede Woche zusammen. Dabei coacht ihr euch gegenseitig und besprecht die vergangene sowie die kommende Woche:

- Was wurde vorige Woche erledigt?
- Wo gab es Schwierigkeiten?
- Was wurde nicht erledigt bzw. warum wurde es nicht erledigt?
- Was soll in der nächsten Woche passieren?
- Gegenseitiges Feedback/Tipps

Zuerst erzählt der eine Partner von sich, während der andere Feedback gibt. Danach wechselt ihr die Rollen und der Partner, der zuerst Feedback gab, berichtet nun von seiner vergangenen und seiner kommenden Woche.

Haltet dabei alles schriftlich fest (z. B. auf Trello), um die Planung nächste Woche besser kontrollieren zu können.

Sobald ihr eingespielt seid, sollte das Mastermind-Gespräch insgesamt nicht länger als 30 bis 45 Minuten dauern.

Der größte Vorteil des Mastermind-Gesprächs ist es, dass du anderen Menschen gegenüber in die Verantwortung gehst. Dadurch steigt die Wahrscheinlichkeit, dass du die dir vorgenommenen Dinge wirklich umsetzt. Dies wurde im Verlauf des Buches bereits mehrfach thematisiert.

Mit meinem ehemaligen Mitbewohner begann ich Ende 2015 das erste Mal, ein wöchentliches Mastermind-Gespräch zu führen. Insgesamt zogen wir dies über einen Zeitraum von einem halben Jahr durch. Ich kann mich an wenig erinnern, was meine Entwicklung so stark nach vorn gebracht hat wie dieses wöchentliche Mastermind-Gespräch. Mache dir diesen Vorteil zunutze und suche dir einen Partner.

5. Erledige nur eine einzige Sache!

Besonders unangenehme Tätigkeiten, wie z. B. unzufriedene Kunden anrufen, schieben wir gerne auf und unterbrechen diese immer wieder mit Facebook usw.

Die Lösung dafür ist, dass du eine Entscheidung triffst:

Du entscheidest dich dafür, jetzt diese eine Sache zu erledigen. Bis diese Sache erledigt ist, darfst du nichts anderes tun! Entweder, du tust JETZT diese eine Sache oder du verschwendest deine Zeit mit Däumchen drehen oder Löcher in die Luft starren.

Mach es dir dafür so einfach wie möglich und minimiere alle Ablenkungsquellen! Schließe deinen Browser und stelle dein Handy auf Flugmodus – natürlich erst, NACHDEM du die noch anstehenden Kundengespräche geführt hast...

6. Arbeite in Blöcken

In Deutschland ist Stand 2017 noch immer der Acht-Stunden-Arbeitstag die Regel. Dieser wird offiziell meist nur durch die Mittagspause unterbrochen.

Doch in einem normalen Bürojob arbeitet kein Mensch wirklich die vollen acht Stunden. Lass es im Durchschnitt vier Stunden sein, in denen wirklich produktiv gearbeitet wird. Der Rest der Zeit wird häufig mit folgenden Tätigkeiten verbracht:

- Kaffee trinken
- Zeitung lesen
- Sich mit den Kollegen unterhalten
- Im Internet surfen

Solltest du in deinem Beruf höhere Ambitionen haben, werden dich diese Dinge jedoch nicht weiterbringen.

Da es genauso wenig Sinn hat, vier Stunden durchzuarbeiten, empfehle ich dir, in Blöcken zu arbeiten. Dies bedeutet, dass du eine bestimmte Zeit konzentriert arbeitest und anschließend eine kleine Pause einlegst, bevor du den nächsten Arbeitsblock beginnst.

Beispielsweise kannst du in 50/10 Intervallen arbeiten. Das bedeutet, dass du 50 Minuten lang arbeitest, in der Zwischenzeit keine anderen Dinge tun darfst und anschließend eine kurze Pause von 10 Minuten einlegst, in der du tun darfst, was du willst.

Richtig eingesetzt, erhöhen diese kurzen Pausen deine Arbeitsleistung, da sie dir dabei helfen, kreativer, aufmerksamer und genauer zu arbeiten.[25]

Im Idealfall stehst du in diesen Pausen kurz auf und bewegst dich etwas. Geh zum Fenster und schau bewusst auf unterschiedliche Objekte in der Ferne. Dadurch tust du nicht nur deinem Geist, sondern auch deinem Rücken und deinen Augen etwas Gutes.

Die Arbeit in Intervallen lässt sich auch auf andere Dinge übertragen, wie z. B. das Lernen oder die Hausarbeit. Ich schreibe dieses Buch und meine Artikel ebenfalls in 50-Minuten-Intervallen und mache anschließend eine Pause, bevor ich weiterschreibe.

7. Lagere Dinge aus, die du nicht zwingend selbst erledigen musst

Tätigkeiten an andere Personen zu delegieren wird seit Tim Ferris' Buch *„Die 4-Stunden-Arbeitswoche"* immer beliebter.

Die Idee dahinter ist folgende: Es gibt viele Tätigkeiten, die wir erledigen müssen. Bei den meisten dieser Dinge spielt es jedoch keine Rolle, ob du sie selbst erledigst oder ob es eine andere Person für dich übernimmt.

Ein gutes Beispiel dafür ist die Steuererklärung.

Für jeden Angestellten ohne weitere Einkünfte lohnt es sich, eine Steuererklärung zu machen, da er meist etwas Geld zurückbekommt.

Hast du keine Ahnung, wie das geht, gibt es folgende zwei Möglichkeiten:

1. Du liest dich selbst in die Thematik ein und ärgerst dich mindestens ein ganzes Wochenende, bis die Steuererklärung fertig ist.
2. Du gehst zu einem Steuerberater. Dieser erstellt dir die Steuererklärung in meist weniger als einer Stunde, wofür er dir jedoch eine Rechnung schreibt.

Was darf es sein?

Willst du dein ganzes Wochenende und somit deine kostbare Freizeit dafür opfern, um deine Steuerklärung zu erstellen?

Oder lässt du lieber einen Profi für dich arbeiten, genießt dein Wochenende und tust stattdessen die Dinge, auf die du Lust hast?

Als Angestellter zahlst du für die Steuererklärung vielleicht 150 bis 200 €. Da der Steuerberater ein Profi ist, holt er jedoch wahrscheinlich mehr Geld für dich heraus, als du ihm zahlst. Hinzu kommt, dass du mit einem Steuerberater rechtlich auf der sicheren Seite bist, da Unwissenheit nicht vor Strafe schützt.

Ein weiteres Beispiel ist das Putzen der eigenen Wohnung.

Wie sieht es bei dir aus?

Putzt du gerne?

Es gibt Menschen, denen diese Tätigkeit sehr viel Freude bereitet. Falls es dir wie mir geht, kannst du dir wahrscheinlich schönere Dinge in deiner Freizeit vorstellen. Nichtsdestotrotz ist es sinnvoll, die Wohnung hin und wieder zu säubern.

Angenommen, du wärst selbstständig, dir macht deine Arbeit Spaß, hast einen Stundenlohn von 100 € und außerdem mehr Kunden als du bedienen kannst.

Bevor du dich jede Woche eine Stunde lang mit Putzen quälst, hol dir lieber eine professionelle Putzkraft und triff dich in dieser Stunde, in der du geputzt hättest, lieber mit einem weiteren Kunden.

Das Putzen selbst kannst du für großzügige 20 €/Stunde auslagern, während du in der Zwischenzeit 100 € verdienst. Deine Vorteile dabei:

1. Du hast deutlich mehr Spaß bei deiner Tätigkeit, der du statt des Putzens nachgehst.
2. Deine Wohnung ist im Idealfall sauberer als hättest du selbst geputzt.
3. Du hast immer noch 80 € mehr Geld in der Tasche als wenn du selbst geputzt hättest.

In der Regel sind es die A-Aufgaben, die uns Geld einbringen. Trotzdem gibt es B- und C-Aufgaben, die erledigt werden müssen. Durch das Auslagern von B- und C-Aufgaben, steht uns entweder mehr Zeit für unsere A-Aufgaben oder für Freizeitaktivitäten zur Verfügung.

Frag dich folgendes:

Welche Tätigkeiten machen dir keinen Spaß, müssen jedoch trotzdem erledigt werden?

Ist es möglich, diese Tätigkeiten an jemand anderen abzugeben?

Bezüglich des Auslagerns von Aufgaben hatte ich meinen Schlüsselmoment Mitte 2016, als mein Fahrradreifen platt war.

Da ich als Ausgleich zu meinen kopflastigen beruflichen Tätigkeiten gerne handwerklichen Tätigkeiten nachgehe, beschloss ich, den Reifen selbst zu flicken und freute mich sogar darauf. Doch zwei frustrierende Stunden später hatte ich den Reifen noch nicht einmal von meinem Fahrrad heruntergebracht.

Da sich das Reifenwechseln bei meinem Fahrrad – dank Scheibenbremsen und diversen anderen Dingen – als ziemlich schwierig herausstellte, beschloss ich, aufzuhören und das Rad einem Profi zu übergeben.

Rückwirkend betrachtet, bin ich dankbar dafür, dass sich das Hinterrad meines Fahrrads so kompliziert lösen ließ. Dies zeigte mir, wie wichtig und sinnvoll es ist, Dinge auszulagern.

Im Oktober 2017 hatte ich an meinem Fahrrad erneut einen platten Reifen. Da ich auf mein Rad angewiesen bin, stellte sich für mich nicht die Frage, ob der Reifen geflickt werden muss. Die Frage war, ob ich es selbst mache oder es an einen Profi abgebe.

Durch meine Erfahrung in der Vergangenheit überlegte ich keine Sekunde und entschied, mein Rad in eine entsprechende Werkstatt zu bringen.

Für die Reparatur habe ich 16 € gezahlt. Diese 16 € sind für mich persönlich gut investiertes Geld, da mir dadurch einiges an Ärger und zwei bis drei Stunden Zeit erspart geblieben sind. Die ersparte Zeit ist in dieses Buch geflossen.

Jeder Mensch hat verschiedene Stärken und Schwächen. Oftmals verschwenden wir jedoch zu viel Zeit dafür zu versuchen, diese Schwächen auszugleichen und zu meistern, anstatt diese Dinge sofort einem Profi zu übergeben.

Bei meinem Beruf als Autor verhält es sich ähnlich. Was das Schreiben selbst angeht, würde ich von mir behaupten, dass ich diese Tätigkeit einigermaßen gut beherrsche. Doch eine Fähigkeit, die ich wohl niemals zu 100 % meistern werde, ist die Groß- und Kleinschreibung sowie die korrekte Kommasetzung.

Da diese Fähigkeiten für meinen Beruf jedoch essentiell sind, habe ich zwei Möglichkeiten:

1) Ich könnte 1.000 Stunden lang Deutsch lernen, um diese Schwächen zu beheben. Dies würde mir jedoch keinen Spaß machen. Höchstwahrscheinlich würde ich dadurch sogar die Lust am Schreiben verlieren – und ob diese Schwäche dann komplett behoben wäre, bezweifele ich ebenfalls stark.

2) Oder ich suche mir jemanden, der in diesen Punkten seine Stärken hat und der meine Artikel bzw. dieses Buch überprüft und korrigiert.

Drei Mal darfst du raten, für welche Option ich mich entschieden habe.

(An dieser Stelle geht ein großer Dank an Yvonne, meine tolle Lektorin für dieses Buch sowie meine aktuelle und ehemaligen Korrekturleserinnen, die meine Artikel überprüfen und verbessern: Nadja, Nicole und Christina. Habt vielen Dank! Ohne euch hätte ich es nicht geschafft!)

Was sind die Aufgaben, die dir nicht gut liegen bzw. keinen Spaß machen, deren Erledigung jedoch trotzdem nötig ist?

Ist es möglich, diese Aufgaben von jemand anderem erledigen zu lassen, der in diesem Bereich seine Stärken hat?

Falls ja, habe den Mut und probiere es einmal aus! Du wirst erstaunt sein, was passieren wird...

Resümee:

- Wir verschwenden häufig viel zu viel Zeit dadurch, dass wir uns immer wieder ablenken lassen. Der beste Weg, Versuchungen zu widerstehen, ist, gar nicht erst mit dieser Versuchung in Kontakt zu kommen. Aus diesem Grund empfehle ich dir, soweit wie möglich jede Art von potentieller Ablenkung aus deinem Umfeld zu verbannen. Halte deinen Schreibtisch sauber, schalte dein Smartphone aus, schließe das E-Mail-Postfach und deinen Browser!

- Lerne, dir Prioritäten zu setzen und anschließend deine wichtigsten Aufgaben abzuarbeiten! Das Pareto-Prinzip kann dir dabei eine große Hilfe sein. Welche 20 % deiner Tätigkeiten sorgen für 80 % des Ergebnisses? Konzentriere dich schwerpunktmäßig auf die Aufgaben, die dir die 80 % des Ertrags bringen.

- Organisation ist das A und O. Führe einen Kalender sowie eine ToDo-Liste und erstelle dir regelmäßig eine Wochenplanung sowie eine Tagesplanung. Frag dich dabei immer wieder: Wenn du in der kommenden Woche/am nächsten Tag nur eine einzige Aufgabe erledigen dürftest, welche würde das sein? Erstelle diese Planungen am Ende der Woche/am Abend, sodass du zu Beginn der nächsten Woche/des nächsten Tags nicht erst überlegen musst, was ansteht, sondern direkt mit dem Abarbeiten deiner Tätigkeiten beginnen kannst.

- Besprich und kontrolliere deine Planungen mit einem guten Freund oder einem Coach. Dies sorgt für eine stärkere Verbindlichkeit gegenüber deinen Aufgaben. Dadurch steigt die Chance, dass du diese Tätigkeiten wirklich erledigst. Außerdem bekommst du wertvolles Feedback und wirst auf Dinge hingewiesen, auf die du selbst nicht gekommen wärst.

- Willst du arbeiten, dann arbeite! Willst du spielen, dann spiel! Vermische beides jedoch nicht miteinander und konzentriere dich ausschließlich auf eine einzige Sache! Für eine bessere Produktivität empfehle ich dir, in Intervallen zu arbeiten. Nach jedem Arbeitsintervall legst du eine kurze Pause ein. Die Pausen werden dir dabei helfen kreativer, aufmerksamer und genauer zu arbeiten.

- Auf welche Aufgaben hast du keine Lust, kommst jedoch trotzdem nicht drumherum, diese zu erledigen? Ist es möglich, diese Aufgaben an eine andere Person abzugeben? Falls ja, beauftrage einen Profi. In der Regel ist dieser deutlich schneller und darin kompetenter als du. In der gewonnenen Zeit kannst du andere Dinge erledigen oder deine Freizeit genießen.

Kapitel 5

Was jeder über Geld wissen sollte

„Denke immer daran: Geld ist nicht alles. Aber denke auch daran, zunächst viel davon zu verdienen, ehe du einen solchen Blödsinn denkst."

Unbekannt

Was hält die meisten Menschen davon ab, das Leben so zu leben, wie sie es gerne möchten?

Höchstwahrscheinlich Geld bzw. dass sie davon nicht genügend haben.

Geld ist nicht alles im Leben, doch wann wird Geld zu wichtig? Auf jeden Fall dann, wenn es an allen Ecken und Kanten fehlt.

Doch was ist Geld eigentlich? Wie gelingt es dir, mehr davon zu verdienen?

Warum ist es so wichtig, regelmäßig Geld zu sparen?

Diesen Fragen gehen wir während dieses Kapitels auf den Grund.

(Anmerkung des Autors: Du wirst dich im Verlauf dieses Kapitels vielleicht immer wieder fragen, was das gerade Gelesene mit Selbstdisziplin zu tun hat. Die Antwort darauf ist *„nicht viel"*. Es ist immer noch ein Buch über Selbstdisziplin, doch es würde nichts bringen, einfach nur zu schreiben: *„Arbeite hart und spare dein Geld!"*. Das Thema Geld ist viel komplexer, als es auf den ersten Blick vielleicht erscheint, da viele Dinge dafür verantwortlich sind, ob du Geld hast oder nicht. Doch ja, zu diesen Dingen gehören auch Arbeit und das Sparen von Geld.)

Was ist Geld?

Gehen wir gedanklich in der Zeit ein paar tausend Jahre zurück:

Nehmen wir an, du wärst Bäcker und du verdientest deinen Lebensunterhalt mit dem Backen von Brot.

Sofern du keine Gluten-Allergie hast, könntest du natürlich allein durch dein Brot überleben, doch würde es dir irgendwann zum Hals raushängen.

Um deine Ernährung etwas abwechslungsreicher zu gestalten, gehst du zu einem dir bekannten Bauern und möchtest ein Laib Brot gegen sechs Eier eintauschen. Doch wie verhält es sich, falls der Bauer aktuell keinen Bedarf an Brot hat, da er kurz zuvor mit einem anderen Bäcker ein Tauschgeschäft eingegangen ist?

Du schaust in die Röhre und darfst weiterhin dein Brot essen.

Um diesen Fall zu vermeiden und den Tauschhandel zu vereinfachen, gab es schon immer sogenanntes Primitivgeld, das als Tauschmittel akzeptiert wurde. Dabei handelte es sich z. B. um

- Muscheln,
- Rinder,
- Pfeilspitzen oder
- Reis.

Mit der Zeit kamen immer mehr Münzen auf. Doch erst im 14. Jahrhundert n. Chr. nahm das Geld seine aktuelle Bedeutung als geprägtes Zahlungsmittel an.

Bis Mitte des 20. Jahrhunderts war das im Umlauf befindliche Geld noch als Sicherheit in Gold hinterlegt, doch inzwischen wurde der sogenannte Goldstandard quasi von jedem Land aufgegeben. Stattdessen gibt es geldpolitische Maßnahmen der Notenbanken, die das Preisniveau sicherstellen sollen.

Rein materiell kostet es ungefähr 4 Cent, um einen 500-Euro-Schein herzustellen. Nur durch das Vertrauen der Menschen hat dieser Schein einen wirklichen Wert von 500 Euro.

Geld ist also nichts anderes, als ein anerkanntes Tausch- und Zahlungsmittel, das seinen Wert durch das Vertrauen der Leute in dieses erhält.

In der heutigen Gesellschaft steht verdeckt jedoch noch immer hinter jedem Austausch von Geld eine Art Tauschhandel.

Bist du angestellt, tauschst du deine Arbeitskraft – und somit deine Zeit – gegen ein Gehalt ein. Jedes Mal, wenn du einen Teil deines Gehalts für Waren oder Dienstleistungen ausgibst, tauschst du quasi einen Teil deiner Arbeitskraft gegen die Ware oder gegen die Dienstleistung. Du tauschst einen Teil deiner Arbeitskraft gegen…

- die Miete,
- deine Nahrungsmittel,
- Benzin für dein Auto,
- deine Kleidung oder
- dein neues Handy.

Du hast dich wahrscheinlich schon häufiger gefragt, wie du mehr Geld verdienen kannst. Doch das ist die falsche Frage.

Gehen wir wieder ein paar tausend Jahre zurück zu unserem Bäcker, der seinen Lebensunterhalt mit dem Backen von Brot verdient. Nehmen wir an, er bekäme für jeden Laib Brot standardmäßig vier Muscheln bezahlt.

Unser Bäcker ist jedoch ambitioniert und hat den Plan, das am besten schmeckende Brot in seiner Stadt zu backen. Dementsprechend arbeitet er pro Tag drei zusätzliche Stunden, um in dieser Zeit mit seiner Rezeptur zu experimentieren.

Diese verbessert er immer weiter, sodass der Bäcker sein Ziel bald erreicht hat und das am besten schmeckende Brot in seiner Stadt backen kann. Dadurch kann er seine Preise erhöhen und bekommt nun statt vier Muscheln pro Brot sechs Muscheln bezahlt.

Dein Arbeitseinkommen hängt stark von dem Nutzen ab, den du zur Gesellschaft bzw. deiner Umgebung beiträgst. Somit beantwortet sich auch die Frage, wie du mehr Geld verdienen kannst: Erhöhe deinen Nutzen, den du zur Gesellschaft beiträgst!

Die Frage ist also nicht, wie du mehr Geld verdienen kannst. Die Frage ist, wie du deinen Nutzen für die Gesellschaft erhöhen kannst.

Wie bereits in Kapitel „Spitzenleistung im Beruf? So gelingt es dir" ausführlich beschrieben, setzt sich dein Nutzen für die Gesellschaft aus zwei Dingen zusammen:

    1) Der Qualität (wie schmeckt dein Brot?)
    2) Der Quantität (wie viel Brot kannst du backen?)

In Zeiten, in denen man pro Tag zwei bis drei Spam-Mails mit einem Betreff *„Schnell reich werden!"* usw. erhält, liest sich das vielleicht etwas langweilig, doch glaub mir:

Seinen Nutzen für seine Umgebung zu erhöhen ist immer noch der beste und nachhaltigste Weg, um mehr Geld zu verdienen. Je nützlicher du für deine Umgebung bist, umso mehr Geld wirst du verdienen. So war es schon immer und so wird es auch immer sein.

Neben deinem Nutzen für die Gesellschaft ist eine weitere Sache von großer Bedeutung. Diese Sache spielt wahrscheinlich sogar eine noch größere Rolle – auch wenn es auf den ersten Blick nicht so erscheint.

Ich will dich nicht weiter auf die Folter spannen: Ich rede von deiner Einstellung zum Geld.

Wie denkst du über Geld?

„Geld ist die Wurzel allen Übels."

„Menschen, die viel Geld haben, sind schlecht."

„Reiche Menschen beuten die armen Menschen aus."

Falls du so oder so ähnlich über Geld denkst, dann lass dir direkt eine Sache gesagt sein: Du wirst niemals viel Geld besitzen...

Warum ist das so?

Jeder Mensch strebt es an, ein möglichst positives Bild von sich selbst zu haben.[26]

Falls du beispielsweise denkst, dass Geld den Charakter verdirbt, wirst du unbewusst alles dafür tun, um Geld von dir fernzuhalten, weil du sonst deinem idealen positiven Selbstbild nicht mehr entsprechen würdest.

Wie wir über Geld denken, hat sehr viel mit unserer Erziehung und unseren Erfahrungen zu tun. Doch es würde den Rahmen dieses Buches sprengen, darauf einzugehen.

Lieber möchte ich dir einige Anregungen geben, wie du deine Einstellung zum Geld ändern kannst, da dies der Schlüssel zum Reichtum ist.

Als Erstes darfst du verstehen, wie viel Gutes mit Geld getan werden kann:

- Geld baut Krankenhäuser.
- Geld lindert Hungersnöte.
- Geld sorgt für sauberes Trinkwasser.
- Geld bezahlt eine ärztliche Behandlung.
- Geld bezahlt Löhne.
- Geld bildet unsere Kinder aus.
- Geld finanziert wohltätige Organisationen.

Suche gerne nach weiteren Beispielen für positive Dinge, die mit Geld getan werden können.

Vielleicht bemerkst du jetzt in dir eine kritische Stimme, die dir Dinge einredet wie:

- Geld finanziert Kriege.
- Die Gier nach Geld sorgt dafür, dass andere Menschen ausgebeutet werden.
- Wegen Geldes leidet die Natur.

Ja, das ist auch richtig. Wo Licht ist, wird auch immer Schatten sein. Die Frage ist jedoch, worauf du dich fokussierst.

Geld an sich ist nicht gut oder schlecht. Es ist das, was du daraus machst.

Geld und auch Macht verstärken Charakterzüge. Jemand, der vorher „schlecht" war, wird noch viel schlechter sein, sobald er Geld und Macht hat. Genauso verhält es sich mit Menschen, die „gut" sind. Geld gibt ihnen die Macht, noch viel mehr Gutes zu tun. **Da es sich besser verkauft, berichten die Medien nur leider öfter über Menschen, die schlechte Dinge mit bzw. für Geld tun. Dies lässt den Eindruck entstehen, dass alle reichen Menschen schlecht sind.**

Aus diesem Grund möchte ich jetzt genauer auf zwei der reichsten Menschen der Welt eingehen: Bill Gates und Warren Buffett.

Bill Gates hat die Softwarefirma Microsoft gegründet und diese über Jahrzehnte geleitet. Dank der Produkte von Microsoft konnte der Computer den Massenmarkt erobern und dadurch das Leben vieler Menschen erheblich verbessern. Dieses Buch beispielsweise habe ich komplett in Microsoft Word geschrieben.

Warren Buffett ist der wohl bekannteste Investor der Welt. Er leitet die Investmentfirma Berkshire Hathaway. Jeder kann sich an dieser beteiligen und an ihren Gewinnen profitieren. Hättest du Buffett im Jahr 1965

100 Dollar gegeben, hätte er bis 2015 daraus 1.800.000 Dollar gemacht. Dies entspricht einer Wertentwicklung von 21,65 % pro Jahr! Jetzt vergleiche, wie viel Zinsen du im Schnitt in den letzten Jahren bekommen hast…

Sowohl Gates als auch Buffett sind reich geworden, weil sie das Leben anderer Menschen extrem bereichert haben. Was spricht dagegen, dass man reich wird, wenn man das Leben anderer Menschen bereichert?

Doch das ist nur eine Sache, auf die ich hinauswill. Sowohl Gates als auch Buffett haben bereits Milliarden von Dollar für wohltätige Zwecke gespendet. Sie sind die Schirmherren mehrerer Stiftungen und außerdem starteten die beiden zusammen im Jahr 2010 die Kampagne *„The Giving Pledge"* *(„Das Versprechen, etwas herzugeben")*. Im Zuge dessen versprachen bereits über 40 amerikanische Milliardäre, mindestens die Hälfte ihres Vermögens für wohltätige Zwecke zu spenden.

Dass reiche Menschen so großzügig sind, ist nichts Neues. Auch in der Vergangenheit gab es das immer wieder. So spendeten die in diesem Buch erwähnten Andrew Carnegie und John D. Rockefeller einen Großteil ihres Vermögens für wohltätige Zwecke.

Und diese Menschen sollen schlecht sein?

Besuche gerne die Website https://givingpledge.org/ . Dort kannst du dir die Bilder der Millionäre und Milliardäre ansehen, die die Kampagne von Gates und Buffett unterstützen. Sieht einer dieser Menschen für dich so aus, als ob er der Teufel in Person wäre? Meiner Meinung nach trifft für viele eher das Gegenteil zu…

Wie bereits beschrieben, sind die Menschen, mit denen wir uns umgeben, sehr wichtig, da diese Menschen auf uns abfärben und wir mit der Zeit ihre Eigenschaften annehmen. Aufgrund dessen umgebe ich mich gerne mit erfolgreichen Leuten.

Durch Zufall erfuhr ich vor kurzem, dass ein flüchtiger Bekannter aus meinem Fitnessstudio ein Unternehmer und mehrfacher Millionär ist. Aus diesem Grund schrieb ich ihn am nächsten Tag an und teilte ihm mit, dass ich es sehr interessant fände, was ich gestern eher beiläufig über ihn erfahren hätte. Ich schrieb ihm, dass ich ihn gerne näher kennenlernen würde und fragte ihn, ob er Lust habe, mit mir einen Kaffee zu trinken oder etwas essen zu gehen. Als ob es das Normalste der Welt wäre, sagte er sofort zu. Ein paar Wochen später trafen wir uns und ich lernte ihn etwas näher kennen.

Aktuell ist er wohl der reichste Mensch, den ich kenne und auch gleichzeitig einer der nettesten Menschen, die ich jemals kennengelernt habe. Er stand mir offen Rede und Antwort. So fragte ich ihn beispielsweise, ob er etwas für wohltätige Zwecke täte. Er bejahte dies und erzählte mir, dass er unter anderem im Winter immer Schlafsäcke im Kofferraum seines Autos habe, die er an Obdachlose verteilen würde.

Als Wertschätzung seiner Zeit wollte ich ihn zum Essen einladen. Doch er bestand darauf, MICH einzuladen. Und da soll noch einer sagen: *„Geld verdirbt den Charakter"*...

Geld zu haben, ist gut, weil du damit sehr viel Gutes bewirken kannst.

Falls du mir immer noch nicht glaubst, schlage ich dir vor, Geld an bedürftige Personen zu verschenken und genau auf die Reaktionen dieser Personen zu achten.

Da ich Einsatz belohne, verschenke ich gerne Geld an Flaschensammler oder Straßenmusiker. Inzwischen habe ich ein gutes Gefühl dafür, wer das Geld wirklich benötigt. Diesen Leuten stecke ich gerne einen 10- oder einen 20-Euro-Schein zu.

Des Weiteren kannst du im Restaurant der Bedienung ein großzügiges Trinkgeld geben. Frag die Bedienung jedoch vorab, ob sie das Trinkgeld behalten darf. Bejaht sie dies, gib ihr etwa 20 % Trinkgeld und achte genau auf ihre Reaktion.

Besonders die Reaktionen der beschenkten Bettler oder Flaschensammler sind oftmals unbezahlbar. Probiere es doch ein paar Mal aus und achte darauf, ob du die Dankbarkeit dieser Personen überhaupt annehmen kannst. Ich konnte dies am Anfang nicht. Als ich die Dankbarkeit das erste Mal vollständig annehmen konnte, hat es mich so tief berührt, dass mir die Tränen kamen.

Ich kann dir nur empfehlen, regelmäßig Geld an bedürftige Personen zu verschenken. Lass es dabei ruhig auch mal etwas mehr sein. 10 Euro sind für dich wahrscheinlich nicht viel Geld – für diese Menschen ist es jedoch oft alles. Probiere es aus und du wirst erstaunt sein, was passieren wird!

Vielleicht hast du jetzt verstanden, dass Geld nicht schlecht ist und dass mit Geld sehr viel Gutes bewirkt werden kann. Doch vielleicht denkst du immer noch, dass Geld nicht glücklich macht.

Ja, Geld macht nicht glücklich, doch das ist auch nicht die Aufgabe des Geldes. Geld kann das Leben jedoch sehr viel schöner machen. Die Aufgabe des Geldes ist es, uns die Freiheit zu geben, das Leben so zu leben, wie wir es leben wollen.

Das Streben nach finanzieller Freiheit

Erfüllt dich deine aktuelle Arbeit?

Falls nicht, warum übst du sie dann überhaupt aus?

Lass mich raten: Du benötigst das Geld, um deine Ausgaben zu bezahlen. Diese sind unter anderem…

- deine Miete,
- dein Essen,
- deine Hobbys und
- diverse Freizeitaktivitäten.

Höchstwahrscheinlich spielt die Zeit aktuell gegen dich. Hörst du mit dem Arbeiten auf, kommen an jedem 1. des Monats Kosten auf dich zu. Doch du hast keine Einnahmen mehr, mit denen du diese Kosten bezahlen könntest.

Trifft der gerade beschriebene Fall auf dich zu, bist du in einem Hamsterrad gefangen.

Vielleicht ist dir das bereits bewusst. Falls ja: Was tust du aktuell dafür, um aus diesem Hamsterrad auszubrechen?

Viele Leute hoffen auf die Rente, die sie in 10, 20 oder 30 Jahren bekommen werden. Sie erwarten, dann endlich frei zu sein und den ganzen Tag das tun zu können, was sie wollen. Doch oftmals erfolgt schnell die Ernüchterung, da die Rente vorn und hinten nicht ausreicht und sie privat nichts bzw. zu wenig zur Seite gelegt haben.

Doch es geht auch anders: Wie wäre es, wenn du bereits in 3 bis 10 Jahren nicht mehr arbeiten müsstest (es sei denn, du willst gar nicht aufhören zu arbeiten) und trotzdem genug Geld zur Verfügung hättest?

Ich schreibe darüber, finanzielle Freiheit zu erlangen.

Finanzielle Freiheit ist die Fähigkeit, den gewünschten Lebensstil zu leben, ohne zu arbeiten und sich auf das Geld anderer verlassen zu müssen.

Das gelingt dir durch den Aufbau von sogenannten passiven Einkommensquellen. Dies bedeutet, dass du jeden Monat eine bestimmte Summe Geld erhältst, ohne dass du viel dafür tun musst.

Immobilien sind ein gutes Beispiel für passive Einkommensquellen: Angenommen, du würdest eine Immobilie besitzen, die du für 1.000 Euro pro Monat vermieten würdest. Auf der Kostenseite stünde ein Darlehen i. H. v. 500 Euro und außerdem würdest du 100 Euro auf ein Rücklagenkonto für die Steuer zurücklegen. Das heißt, dir stünden jeden Monat 400 Euro zur freien Verfügung, ohne dass du dafür großartig etwas tun müsstest.

Weitere Beispiele für passive Einnahmen sind regelmäßige Zinseinkünfte – oder z. B. dieses Buch. Dieses Buch muss nur EINMAL geschrieben werden. Und sobald es fertig ist, kann ich es immer wieder verkaufen. Dank Internet kann ich die Prozesse automatisieren und habe kaum noch Aufwand.

Sobald du jeden Monat höhere passive Einnahmen erwirtschaftest als du Ausgaben hast, fängt die Zeit an, für dich zu arbeiten, da du jeden Monat reicher wirst.

Finanzielle Freiheit ist für jeden möglich. Doch finanzielle Freiheit kommt nicht über Nacht. Bis es soweit ist, wirst du dafür wahrscheinlich mehrere Jahre diszipliniert arbeiten dürfen – vielleicht sogar Jahrzehnte. Je nachdem, ob du dazu bereit bist, den vollen Preis für dieses Ziel zu bezahlen.

Da sind wir wieder beim Thema: Finanzielle Freiheit bekommst du nicht geschenkt. Du darfst sie dir verdienen. Dafür gilt es, ein paar Regeln zu befolgen. Diese sind nicht einmal kompliziert. Doch wenn es einfach wäre, dann wäre jeder finanziell frei.

Trotzdem kann ich dich beruhigen:

1. Viele Selfmade-Milliardäre haben unter deutlich schwierigeren Voraussetzungen angefangen als du.
2. Der Anfang ist immer am schwersten. Nicht umsonst gibt es das Sprichwort: *„Die erste Million ist immer die Schwerste"*.

Was braucht es, damit du irgendwann finanzielle Freiheit genießen kannst?

Arbeit und Verzicht.

Am schnellsten wirst du finanzielle Freiheit erreichen, wenn du:

1. dein Einkommen erhöhst,
2. deinen Lebensstandard verringerst,
3. das Geld sparst, das du jeden Monat übrig hast und

4. dieses Geld gewinnbringend anlegst.

Mir ist bewusst, dass sich dies wohl sehr unsexy liest, doch das ist leider meine Erfahrung.

Wie du dein Einkommen erhöhst, wurde bereits behandelt. Schauen wir uns also an, warum es so wichtig ist, den Lebensstandard zu reduzieren und regelmäßig Geld zu sparen:

Spare regelmäßig Geld

Die Reichen werden immer reicher.

Weißt du, woran das liegt?

Sie sparen jeden Monat Geld, das sie gewinnbringend investieren.

Wie viel Geld legst du jeden Monat auf die Seite?

Lass mich raten: Keines.

Auch beim Geld tendiert der Mensch wieder dazu, das kurzfristige Vergnügen (= sein Geld auszugeben) dem vorzuziehen, was für ihn langfristig die bessere Alternative wäre (= einen Teil seines Geldes zu sparen).

Dies führt dazu, dass die große Mehrheit der US-Amerikaner beim Eintritt ins Rentenalter völlig unzureichende Mittel hat. In Deutschland sieht es nicht viel besser aus und die Altersarmut nimmt ständig zu.

Wem gibst du alles dein Geld?

- Deinem Vermieter
- Deinem Friseur
- Deinem Bäcker
- Deinem Supermarkt

- Deinen Lieblings-Kleidungsgeschäften

Höchstwahrscheinlich bezahlst du jeden – außer dich selbst.

Doch reich wirst du nicht, indem du Geld verdienst. Reich wirst du, wenn du dieses Geld auch behältst. Das bedeutet: Je mehr du jeden Monat sparst, desto schneller wirst du finanzielle Freiheit erlangen.

Aus diesem Grund empfehle ich dir, 10 % deiner Nettoeinnahmen für deine finanzielle Freiheit zu sparen. Eröffne dir dafür ein separates Sparkonto. Das Geld auf diesem Konto darfst du niemals ausgeben. Dieses Geld darfst du nur investieren (worauf wir im nächsten Unterkapitel genauer eingehen).

Bezahle dich selbst zukünftig immer zuerst: Richte dir einen Dauerauftrag zum 1. des Monats ein, an dem automatisch 10 % deiner Nettoeinnahmen auf dein Konto für finanzielle Freiheit überwiesen werden.

Zahle nicht nur 10 % deiner regelmäßigen Einnahmen auf dieses Konto ein, sondern auch 10 % deiner unregelmäßigen Einnahmen, wie z. B. einer Steuerrückzahlung oder deinem Weihnachtsgeld. Selbst wenn du einen Euro auf der Straße findest, dann zahl von diesem Euro zehn Cent auf dein Konto für deine finanzielle Freiheit ein!

Vielleicht fragst du dich jetzt, wie du zukünftig mit nur 90 % deiner Einnahmen leben sollst, wenn du aktuell mit 100 % schon kaum zurechtkommst.

Die Antwort darauf ist einfach: Reduziere deine Ausgaben!

Ich kann dich gerade aufstöhnen hören, doch hinterfrage dich jetzt kritisch:

- Welche deiner Ausgaben sind wirklich notwendig?
- Wie viel Geld gibst du für Dinge aus, die du eigentlich gar nicht brauchst?
- Musst du immer das neueste iPhone haben?
- Ist das dritte Paar grüner Schuhe wirklich notwendig?

- Muss es ein neuer Mercedes sein oder tut es auch ein Gebrauchter?

Verwechsle deine Wünsche dabei nicht mit notwendigen Ausgaben. Du wirst feststellen, dass du mit 90 % deiner Einnahmen genauso gut über die Runden kommst wie mit 100 %.

Kaufen wir Dinge, die wir eigentlich gar nicht brauchen, hängt es oft damit zusammen, dass wir mit unserem Leben unzufrieden sind und diese Unzufriedenheit kompensieren wollen.

Es hat nur wenig mit dem Gegenstand zu tun, den du kaufst. Es hat damit zu tun, dass du einen Mangel an Erfüllung spürst und denkst, diesen durch den neuen Fernseher usw. ausgleichen zu können.

Doch die Freude über den neuen Gegenstand hält nicht lange. Vielmehr erfolgt schnell die Ernüchterung und der nächste Gegenstand wird angepeilt, weil uns dieser ja bestimmt glücklich machen wird...

Im schlimmsten Fall führt dieser Teufelskreislauf direkt in die Verschuldung.

Schulden entstehen oft, weil Schmerzen vermieden werden sollen. Kann sich jemand etwas nicht leisten, was er unbedingt will, bedeutet der Verzicht darauf Schmerz. Doch langfristig ist der Schmerz des Verschuldens größer als der kurzfristige Schmerz des Verzichts.

Je mehr du monatlich für deine Schulden zurückzahlen musst, desto weniger Geld steht dir für andere Dinge zur Verfügung, z. B. für dein Konto für finanzielle Freiheit. Aus diesem Grund können dich Schulden komplett handlungsunfähig machen und das Erreichen deiner finanziellen Freiheit um Jahre hinauszögern. Meide aus diesem Grund Konsumschulden für Möbel, Auto, Handy usw. wie die Pest!

Neben dem Verzicht auf Konsumschulden, ist es ebenso möglich, die finanziellen Ziele früher zu erreichen, indem ein Großteil von Gehaltserhöhungen bzw. Einmalzahlungen auf das Konto für finanzielle Freiheit eingezahlt wird.

Das Parkinsonsche Gesetz sagt aus, dass die Ausgaben in gleichem Maße steigen wie sich die Einnahmen erhöhen. Bekommst du z. B. eine Gehaltserhöhung von 200 Euro netto, wirst du dich spätestens nach drei Monaten daran gewöhnt haben und deine „notwendigen" Ausgaben werden um 200 Euro gestiegen sein.

Aus diesem Grund empfehle ich dir einen Deal mit dir selbst einzugehen und beispielsweise 50 % aller zukünftigen Gehaltserhöhungen auf dein Konto für finanzielle Freiheit einzuzahlen. Die restlichen 50 % stehen dir zur freien Verfügung und du darfst damit machen, was du willst.

Setzt du dies konsequent um, wirst du die finanzielle Freiheit ein paar Jahre früher erreichen.

Wie schnell du diese erreichst, ist ebenfalls davon abhängig, wie gut du im Investieren deines Geldes bist:

Lerne zu investieren

Kennst du die Fabel mit der Gans, die goldene Eier legt?

Diese geht in etwa so:

Es war einmal ein armer Bauer, der eines Morgens im Nest seiner Lieblingsgans ein goldenes Ei entdeckte.

Er konnte seinen Augen kaum trauen und beschloss, es schätzen zu lassen. Dabei stellte sich heraus, dass das Ei aus purem Gold war.

Der Bauer beschloss, das Ei zu verkaufen und bekam dafür eine stolze Geldsumme.

Er konnte sein Glück kaum fassen, vor allem, als sich am nächsten Tag genau das Gleiche ereignete: Wieder lag im Nest seiner Lieblingsgans ein goldenes Ei, das er für viel Geld verkaufte.

So ging es Tag für Tag weiter, wodurch der Bauer zu einer wohlhabenden Person wurde.

Doch mit wachsendem Reichtum entwickelte der Bauer immer mehr Gier und Ungeduld: Er wollte mehr haben als ein goldenes Ei pro Tag.

Aus diesem Grund beschloss er, die Gans zu schlachten, um alle goldenen Eier auf einmal zu bekommen.

Doch als er die Gans aufschnitt, fand er darin nichts. Keine goldenen Eier. Außerdem hatte er sich nun der Chance beraubt, weitere zu bekommen.

Der Bauer hatte die Gans geschlachtet, die ihm Tag für Tag ein goldenes Ei bescherte. Nachdem etwas Zeit verging, war er wieder so arm wie zuvor und er wünschte sich seine Gans zurück.

Sparst du regelmäßig Geld, züchtest du dir eine Gans heran, die goldene Eier für dich legt. Die goldenen Eier sind die Zinsen, die dein Kapital (= deine Gans) für dich erwirtschaftet.

Du kannst von diesen Zinsen leben oder warten, dass durch den Zinseszinseffekt weitere kleine Gänse aus diesen Eier schlüpfen, die für dich ebenfalls goldene Eier legen.

Doch eine Sache darfst du niemals tun:

SCHLACHTE NIEMALS DEINE GANS! NIEMALS!

Wage es nicht einmal, ein kleines Stück von deiner Gans abzuschneiden, ansonsten wirst du es bitter bereuen.

Diese Gans wird dein Leben um Einiges erleichtern. Was ist besser? Selbst hart zu arbeiten oder das Geld für sich hart arbeiten zu lassen?

Denkst du wie ich, wird es dir besser gefallen, dass dein Geld hart für dich arbeitet. Dafür benötigst du zwei Dinge:

1. Kapital
2. Das Wissen, wie du dieses Geld am besten vermehrst

Vielleicht besitzt du bereits Kapital, das du investieren könntest. Das brächte dir einen Startvorteil. Selbst wenn du kein Kapital besitzt, kannst du dir innerhalb von ein paar Jahren eine fette Gans züchten, die goldene Eier für dich legt.

Nutze dafür die im vorherigen Unterkapitel vorgestellte Technik und spare mindestens 10 % deiner Nettoeinnahmen auf ein speziell dafür eingerichtetes Konto.

Was das Investieren selbst angeht, hast du zwei Möglichkeiten:

1. Du gibst es an einen Profi.
2. Du kümmerst dich selbst darum.

Das Problem bei Punkt 1 ist, dass es unter den Finanzberatern immer noch sehr viele schwarze Schafe gibt, die ausschließlich an ihrem eigenen Profit interessiert sind. Außerdem ist es sehr schwer zu erkennen, welcher Berater sein Geld wirklich wert ist.

Ich schreibe nicht, dass Berater pauschal schlecht sind. Ein Berater kann dir einen hohen Nutzen bringen und sehr viel Zeit sparen. Doch ein Berater lohnt sich nur dann, wenn er dir mehr Ertrag bringt als er dich kostet.

Wichtig ist außerdem, dass du dir nur Rat von Leuten holst, die bereits dort sind, wo du hin möchtest bzw. auf dem Weg dorthin sind. Ein Bankberater verdient vielleicht 40.000 Euro im Jahr. Erwarte also nicht von ihm, dass er dir sagt, wie du Millionär wirst!

Sei nicht schüchtern und frag deinen potentiellen Berater, wie viel Geld er selbst besitzt und wie er es investiert hat. Kommt der Berater hier ins Stottern, ist er wahrscheinlich pleite. Suche dir dementsprechend einen anderen!

Der beste Weg, einen guten Berater zu finden, ist über die Empfehlung. Frag dafür wohlhabende Bekannte, wo sie sich beraten lassen.

Die Alternative wäre, sich selbst um die Finanzen zu kümmern. Um das Investieren zu lernen, empfehle ich dir, dich ab sofort jeden Tag mindestens 15 Minuten, besser 30 Minuten, mit dem Thema Geld zu beschäftigen und wie du es am besten vermehrst. Lies dazu am besten einige Fachbücher.

Zur Bank brauchst du dein Geld nicht zu bringen, bei den aktuellen 0,1 % Zinsen pro Jahr. Nach Inflation und Steuer machst du dadurch ein Minusgeschäft und dein Geld wird unterm Strich sogar weniger wert sein.

Doch auch in Zeiten, in denen es pro Jahr 2 % Zinsen und mehr gab, konntest du mit klassischen Geldanlagen keinen Gewinn erzielen, da die Inflation in diesen Zeiten ebenfalls entsprechend höher war.

Deshalb empfehle ich dir, in sogenannte Sachwerte zu investieren. Hinter einem Sachwert steht nicht nur Vertrauen (wie beim Papiergeld), sondern ein wirklicher Wert, z. B. eine Immobilie, ein Unternehmensanteil (= eine Aktie) oder Gold. Je nach Anlageart und Anlagedauer sind dabei durchschnittlich 6 bis 10 % Wertentwicklung und mehr durchaus realistisch.

Das A und O beim Investieren ist es, das Geld so breit zu streuen, dass dich EINE schlechte Anlageentscheidung im Zweifel nicht dein komplettes Vermögen kostet. Setze aus diesem Grund immer auf verschiedene, voneinander unabhängige Anlageklassen.

Investiertest du beispielsweise dein ganzes Vermögen in Aktien einer einzigen Firma, wäre es so, als ob du auf einem Stuhl sitzen würdest, der auf nur einem Bein stünde. Dies kann gutgehen, es besteht jedoch auch die Möglichkeit, dass der Stuhl umfällt (= die Firma pleitegeht). Steht der Stuhl hingegen auf 100 verschiedenen Beinen, wird es nichts ausmachen, falls ein Bein wegbricht.

Denke beim Investieren immer langfristig und lass die Finger von Investitionen, die du nicht verstehst! Unrealistische Gewinnverspre-

chungen sind Warnsignale. Je höher die Zinsen sind, desto höher ist i. d. R. auch das Risiko.

Vielleicht denkst du, dass Investieren nichts für dich ist, da es auf den ersten Blick zu kompliziert und risikobehaftet erscheint. Doch ich kann dich beruhigen: Solange du ausschließlich in klassische Finanzprodukte wie Aktien, Immobilien und offene Investmentfonds investierst, ist es ganz einfach.

Ein gewisses Risiko ist natürlich vorhanden und du wirst hin und wieder Geld verlieren. Doch sofern du deine Investments breit streust, wird es langfristig immer nach oben gehen.

Vor allem zu Beginn wirst du falsche Entscheidungen treffen und dadurch Geld verlieren. Das ist vollkommen normal und nicht weiter schlimm. Es ist wie überall im Leben: Du wirst erst einmal mehr investieren müssen, bevor es von allein läuft. Doch mit etwas Übung und Erfahrung wirst du ohne großen zeitlichen Aufwand 10 bis 15 % Zinsen pro Jahr erzielen können.

Der erste Schritt dafür ist, damit anzufangen, dein Geld zu verwalten:

Verwalte dein Geld

Wenn Geld eine Person wäre, würde es gerne zu dir kommen?

Gibst du ihm die Wertschätzung und die Aufmerksamkeit, die es verdient?

Kümmerst du dich gut um dessen Bedürfnisse und sorgst dich darum?

Oder schenkst du dem Geld keine Beachtung und redest dir ständig ein, dass Geld nicht wichtig oder gar, dass Geld schlecht ist usw.?

Sollte dem so sein, brauchst du dich nicht zu wundern, wenn du kein Geld hast. Es gibt ein universelles Gesetz, das besagt: Wohin du deine Aufmerksamkeit richtest, dorthin wird die Energie fließen.

Wie oft loggst du dich beispielsweise in deinen Onlinebanking-Account ein?

Und wie fühlst du dich dabei?

Lass mich raten: Im Schnitt einmal pro Monat. Beim Einloggen selbst hast du ein schlechtes Gefühl, weil du gleich eine böse Überraschung erwartest...

Thomas J. Stanley und William D. Danko schrieben gemeinsam das Buch „Der Millionär von nebenan – Die erstaunlichen Geheimnisse von Amerikas Reichen". Dabei stellten sie fest, dass **ALLE** befragten Millionäre exzellente Verwalter ihres Geldes waren.

Aus diesem Grund empfehle ich dir, damit zu beginnen, dich um dein Geld zu kümmern und es zu verwalten – an fünf Tagen pro Woche (Mo; Di; Mi; Do; Fr, Sa oder So). Sobald sich diese Routine eingespielt hat, benötigst du dafür im Schnitt fünf Minuten pro Tag.

Vielleicht denkst du jetzt, dass du gar kein Geld hast, das du verwalten kannst. Vielleicht redest du dir ein, dass du mit dem Verwalten deines Geldes anfangen wirst, sobald du Geld besitzt.

Ist es dein Ziel abzunehmen, fängst du doch auch nicht erst mit Sport und der Umstellung deiner Ernährung an, sobald du 20 kg abgenommen hast. Du beginnst sofort mit den entsprechenden Maßnahmen. Bei der Verwaltung deines Geldes verhält es sich genauso.

Selbst wenn du nur einen Euro pro Monat verdienst, kannst du diesen Euro verwalten. Kümmerst du dich um dein Geld, geht es mehr um die Gewohnheit an sich als um die tatsächliche Summe. Also egal, wie wenig Geld du aktuell besitzt, fang damit an, es zu verwalten!

Im ersten Schritt empfehle ich dir, eine Einnahmen-Ausgaben-Übersicht zu erstellen. Diese wird dir dabei helfen, einen Überblick über deine Finanzen zu bekommen. Du kannst den Überblick beispielsweise mit Excel erstellen oder eine der zahlreichen dafür vorgesehenen Apps verwenden.

Auf jeden Fall rate ich dir, für die Dauer von drei Monaten, jede Ausgabe festzuhalten, selbst wenn sie noch so klein ist.

Da der Mensch auch in diesem Fall wieder zur Selbsttäuschung neigt, sind die Zahlen in deiner Einnahmen-Ausgaben-Übersicht genauer, wenn du wirklich alles schriftlich festgehalten hast. Außerdem entwickelst du so ein gutes Gespür, wofür du dein Geld ausgibst.

Der nächste Schritt ist, dein Geld wirklich zu verwalten und es auf mehrere Konten aufzuteilen.

Wie viele Konten hast du aktuell?

Wahrscheinlich ein Girokonto und vielleicht noch ein Tagesgeldkonto.

Ich selbst habe acht Konten sowie ein Depot, mit denen ich mein Geld verwalte:

1. Lebenshaltungskosten
2. Geschäftskonto
3. Vermietungen von Immobilien
4. Rücklagen und Sparen
5. Rücklagenkonto für die Steuer
6. Rücklagenkonto für meine Weiterbildung
7. Spaßkonto
8. Konto für meine finanzielle Freiheit

Das bietet mir zwei Vorteile:

1. Meine Finanzen sind gut organisiert. Das macht es für mich allgemein übersichtlicher und erleichtert meine Steuererklärung, da ich Kosten nicht erst zuordnen muss. Doch was noch viel wichtiger ist:
2. Ich gerate nicht in Versuchung, Geld auszugeben, das mir gar nicht gehört.

Was meine ich damit?

Beispielsweise hast du als Selbstständiger kein regelmäßiges Gehalt, von dem direkt die Lohnsteuer (= Vorauszahlung zur Einkommensteuer) einbehalten wird.

Angenommen, ich schriebe einem Kunden eine Rechnung in Höhe von 20.000 Euro. Dies mag sich zuerst nach viel Geld anhören. Doch in diesem Betrag sind 19 % Mehrwertsteuer enthalten, die ich zeitnah an das Finanzamt überweisen muss.

Außerdem muss ich Rücklagen für die Einkommensteuer bilden, die im darauffolgenden Jahr fällig wird. Wie hoch diese sein wird, hängt von der Höhe meiner Jahreseinkünfte ab. Für dieses Beispiel nehmen wir einen Einkommensteuersatz von 30 % an.

Das bedeutet, dass von den 20.000 Euro in Wirklichkeit nur etwa 10.000 Euro mir selbst gehören. Die andere Hälfte gehört dem deutschen Staat.

Wenn ich direkt 50 % von den 20.000 Euro auf mein Steuerrücklagenkonto lege, komme ich erst gar nicht in die Versuchung, Geld auszugeben, das mir gar nicht gehört.

Habe ich für solche Fälle keine separaten Konten, ist es leicht, den Überblick darüber zu verlieren, wie viel des Geldes nicht mir gehört bzw. welches ich für andere Zwecke einplane. So gebe ich mein Geld aus und mit der Steuererklärung im nächsten Jahr erfolgt dann die böse Überraschung.

Auch als Angestellter ist es sinnvoll, mindestens ein Rücklagenkonto zu besitzen. Deine Waschmaschine, dein Computer oder dein Auto muss mit der Zeit ebenfalls repariert werden bzw. du benötigst Ersatz.

Viele Leute gehen jedoch blauäugig davon aus, dass diese Dinge ewig halten werden. Dadurch haben sie für solche Fälle keine Rücklagen gebildet. Tritt der Fall ein, haben sie kein Geld, um diese „unvorhersehbaren" Dinge bezahlen zu können.

Deshalb empfehle ich dir, mindestens drei verschiedene Konten zu haben, mit denen du dein Geld verwalten kannst:

1. **Lebenshaltungskosten**
   Darüber laufen die Kosten deines alltäglichen Lebens.

2. **Konto für die finanzielle Freiheit**
   10 % deiner Einnahmen überweist du auf dieses Konto. Das Geld auf diesem Konto darf ausschließlich zum Investieren verwendet werden.

3. **Rücklagenkonto / Sparen**
   Hier empfehle ich dir ebenfalls, 10 % deiner Einnahmen einzuzahlen, bis du vom Geld auf diesem Konto theoretisch sechs Monate leben könntest, ohne einer bezahlten Arbeit nachgehen zu müssen.

Sofern du Steuernachzahlungen zu tätigen hast, empfehle ich dir außerdem, ein separates Steuerrücklagenkonto zu beantragen.

Diese drei bzw. vier Konten sind ein absolutes Muss, wenn du deine Finanzen besser in den Griff bekommen willst.

Wie du weiter oben gesehen hast, habe ich noch weitere Konten. Auf zwei von ihnen möchte ich hier kurz eingehen:

1. **Weiterbildungskonto**
   Hierauf zahle ich ebenfalls 10 % meiner Einnahmen ein. Das Geld darauf investiere ich komplett in meine Weiterbildung (Bücher, Seminare und Coachings).

2. **Spaßkonto**
   Auch auf dieses Konto fließen 10 % meiner Einnahmen. Dieses Geld steht mir komplett zur freien Verfügung und ich darf damit machen, was ich will. Mehr dazu im nächsten Unterkapitel.

Mit diesen ganzen Konten verwalte ich mein Geld. Von jedem Euro der mir zufließt, behalte ich, falls nötig, einen gewissen Teil für meine Steuerrücklage ein. Anschließend wird der Restbetrag auf folgende Konten verteilt:

- Lebenshaltungskosten: 60 %
- Rücklagenkonto/Sparen: 10 %
- Konto für finanzielle Freiheit: 10 %
- Weiterbildungskonto: 10 %
- Spaßkonto: 10 %

In der Vergangenheit konnte ich nicht mit Geld umgehen und es machte mir ebenfalls keinen Spaß, mich darum zu kümmern. Das Resultat dessen war, dass ich ständig pleite war.

Seitdem ich mich wirklich um mein Geld kümmere, es verwalte und regelmäßig Geld spare, hat sich das jedoch total geändert. Du kannst dir nicht vorstellen, wie sehr ich es inzwischen liebe, mein Geld zu verwalten und es auf meine verschiedenen Konten zu verteilen. **Meine finanzielle Situation hat sich seitdem übrigens drastisch verbessert.**

Bei all der Geldverwaltung, der Sparsamkeit und dem Investieren ist es jedoch trotzdem sinnvoll, auf eine Balance zu achten und jeden Monat Geld zur freien Verfügung zu haben, mit dem du dir etwas gönnen kannst:

Gönne dir was!

Es gibt viele Menschen, die kaufsüchtig sind. Doch es gibt sogar noch mehr Leute, die krankhaft geizig sind.

Beispielsweise sind meine Eltern zwei von ihnen. Jeden Cent drehen sie zwei Mal um. Inzwischen amüsiere ich mich darüber. Doch als Kind habe ich unter diesem sparsamen Lebensstil extrem gelitten. Dies führte dazu, dass ich unbewusst genau die gegensätzlichen Muster bezüglich meiner Finanzen entwickelte und mein Geld regelmäßig verprasste.

Als mir meine finanziellen Muster bewusst wurden, verfiel ich ins komplette Gegenteil und lebte ziemlich sparsam – allerdings bei weitem nicht so sparsam wie meine Eltern.

Doch keines dieser beiden Extreme macht wirklich glücklich: Weder sind die Menschen glücklich, die ihr ganzes Geld für Dinge ausgeben, die sie nicht brauchen noch sind jene Menschen glücklich, die jeden Cent sparen und sich keinerlei Freude gönnen.

Hier ist es wichtig, ein gesundes Gleichgewicht zu finden zwischen Sparen und dem regelmäßigen Gönnen.

Aus diesem Grund habe ich mir ein Spaßkonto eingerichtet, auf das ich 10 % meiner Nettoeinnahmen einzahle. Dieses Geld steht mir zur freien Verfügung. Es ist jedoch an folgende Bedingungen geknüpft:

- Dieses Geld **muss** jeden Monat ausgegeben werden.
- In Ausnahmefällen ist es möglich, maximal drei Monate zu sparen.
- Das Geld auf diesem Konto gebe ich für Qualität aus, nicht für Quantität.

Du kannst dir beispielsweise eine Massage gönnen – durchgeführt von zwei Personen, für drei Stunden, dir währenddessen von einer dritten Person etwas Leckeres zu essen bringen lassen und eine Flasche Champagner...

Wofür du das Geld auch ausgibst, gib es mit Freude aus und fühle dich reich dabei!

Auch wenn es dir schwerfällt, dieses Geld auszugeben, tu es! Ich selbst zwinge mich immer noch dazu, jeden Monat dieses Konto leer zu machen.

Vergiss nicht zu sparen, doch bedenke: Du kannst dein Geld nicht mit ins Grab nehmen! Aus diesem Grund ist es sehr wichtig, sich regelmäßig etwas zu gönnen. Selbst wenn du dir aktuell keine 10 % leisten kannst, dann beginne mit 5 % deiner Einnahmen. Das Schöne an einem fixen Prozentsatz deiner Einnahmen ist, dass du prozentual immer mehr Geld zur freien Verfügung hast, je mehr du verdienst.

Da Geld zu 50 % Einstellungssache ist, empfehle ich dir dringend, dich mit diesem Thema auseinanderzusetzen. Selbst mit diesem ausführlichen Kapitel habe ich lediglich an der Oberfläche gekratzt.

Da ich das Thema Geld sehr faszinierend finde und es mir unglaublich Spaß gemacht hat, darüber zu schreiben, werde ich vielleicht eines Tages ein komplettes Buch über Geld schreiben. Bis dahin empfehle ich dir folgende Bücher:

- T. Harv Eker – So denken Millionäre
- Bodo Schäfer – Der Weg zur finanziellen Freiheit
- Robert Kiyosaki – Rich Dad Poor Dad
- George S. Clason – Der reichste Mann von Babylon

Resümee:

- Geld ist ein anerkanntes Tausch- und Zahlungsmittel, das den Tauschhandel vereinfacht. Die Höhe deines Einkommens ist davon abhängig, wie wertvoll du für deine Umgebung bist. Die Frage ist nicht, wie du mehr Geld verdienen kannst, die Frage ist, wie du wertvoller für deine Umgebung sein kannst.

- Die richtige Einstellung zum Geld ist der Schlüssel zum Reichtum. Falls du glaubst, dass alle Leute, die viel Geld haben, Verbrecher sind oder dass Geld die Wurzel allen Übels ist, wirst du niemals viel Geld haben. Finde heraus, wie du über Geld denkst und werde dir deinen finanziellen Mustern bewusst!

- Finanzielle Freiheit ist die Fähigkeit, den gewünschten Lebensstil zu leben, ohne arbeiten oder sich auf das Geld der anderen Leute verlassen zu müssen. Du erreichst finanzielle Freiheit, indem du jeden Monat passiv mehr Geld verdienst als du Ausgaben/Kosten hast.

- Um finanzielle Freiheit zu erreichen, benötigst du Kapital. Spare 10 % deiner Nettoeinnahmen auf ein separates Konto! Dieses Geld darfst du niemals ausgeben. Du darfst es nur investieren, um es zu vermehren und von diesen Zinsen zu leben.

- Eine Möglichkeit, um mehr Geld zu sparen, ist, deinen Lebensstandard zu vereinfachen. Oft geben wir Geld für Dinge aus, die wir gar nicht brauchen. Wir erwarten, dass diese Dinge uns glücklich machen werden, doch das ist ein Trugschluss. Durch solche Käufe versuchen wir, einen Mangel an Erfüllung in uns selbst auszugleichen.

- Lerne, dein Geld anzulegen und zu investieren! Besorge dir ein paar Bücher zu diesem Thema und beschäftige dich ab sofort jeden Tag damit!

- Fang an, dich jeden Tag um dein Geld zu kümmern! Leg dir dafür mehrere Konten an, mit denen du dein Geld besser verwalten kannst und erstelle dir für eine bessere Übersicht eine Einnahmen-Ausgaben-Rechnung.

- Auf der einen Seite steht die Kaufsucht, auf der anderen Seite steht der übertriebene Geiz. Keines dieser beiden Extreme wird dich glücklich machen. Achte auf ein entsprechendes Gleichgewicht: Spare regelmäßig Geld, aber gönne dir auch etwas!

Kapitel 6

7 Strategien, um besser mit Ängsten umzugehen

„Mut beruht vor allem auf dem Willen, ihn zu haben."

Ellen Key
(schwedische Reformpädagogin und Schriftstellerin)

Du bist ein freier Mensch. Was hält dich davon ab, deinen Träumen zu folgen?

Lass mich raten:

- Angst zu scheitern
- Angst, Fehler zu begehen
- Angst, zurückgewiesen zu werden
- Angst davor, was andere Leute denken könnten

Angst bestimmt das Leben der meisten Menschen. Denn immer, wenn du das Gewohnte verlässt und Neues ausprobierst, dann wird dir die Angst begegnen.

Angst kann ein Gefängnis sein, das dich vom Tun abhält. Doch Angst ist auch eine Art Kompass, der dir zeigt, wo die wahren Schätze begraben liegen. Wie gut du mit deinen Ängsten umgehen kannst, entscheidet darüber, wie erfüllt dein Leben sein wird.

Keine Frage, Disziplin ist wichtig, willst du deinen Ängsten gegenübertreten. Und auch hier können dir die richtigen Strategien das Leben sehr viel einfacher machen. Welche Strategien das sind, erfährst du in diesem Kapitel.

Warum fast alle deine Ängste heutzutage überflüssig sind

Hast du das Glück im deutschsprachigem Raum zu leben, lebst du in einem der sichersten Länder der Welt. Du brauchst dir keine Sorgen um dein Überleben zu machen. Aus diesem Grund sind die meisten Ängste heutzutage – rational gesehen – überflüssig.

Der stärkste Trieb des Menschen ist der Überlebenstrieb. Die Chance zu überleben ist höher, wenn du Dinge tust, die du bereits kennst. Deshalb ist der Verstand meist gegen das Neue und sabotiert die gewünschte Veränderung: Jedes Mal, wenn du etwas Neues wagst, wird dein Körper mit Angst reagieren.

Diese Angst vor dem Unbekannten hatte früher durchaus seine Daseinsberechtigung, da das Unbekannte zum Tod führen konnte. Doch in den letzten 10.000 Jahren hat sich auf dieser Welt vieles verändert. Evolutionär gesehen sind 10.000 Jahre jedoch ein Witz.

Überlege doch mal: Was führt in einem Land wie Deutschland zum sicheren Tod?

- Einen Vortrag zu halten?
- Einen attraktiven Menschen anzusprechen?
- Seine Meinung zu sagen und dazu zu stehen?

Diese Dinge auf jeden Fall nicht. Selbst wenn du „total versagen" solltest, wirst du am Abend in deinem Bett einschlafen.

Trotzdem malt dir dein Gehirn alle möglichen Horrorszenarien aus, was denn alles schiefgehen KÖNNTE, und dein Körper reagiert mit einer Adrenalinausschüttung – genauso, als ob ein Säbelzahntiger vor dir stehen würde.

Wann immer du etwas Neues und für dich Ungewohntes tust, wird dir die Angst begegnen. Das geht nicht nur dir so, sondern allen anderen Menschen auch.

Viele Leute wollen ins Tun kommen. Und zwar dann, wenn sie keine Angst mehr haben. Allerdings zäumen sie so das Pferd von hinten auf. Die Angst wird nämlich erst verschwinden bzw. schwächer werden, wenn wir uns ihr stellen.

Die zwei Arten von Ängsten

Vereinfacht gesagt, gibt es zwei Arten von Ängsten:

1. Ängste, bei denen eine Gefahr für unsere Gesundheit, unser Leben und eventuell auch für unseren Wohlstand besteht und
2. Ängste, bei denen die oben genannten Punkte nicht gegeben sind.

Die Ängste, die in die erste Kategorie fallen, sind durchaus real und ernst zu nehmen. Es ist nicht mutig, sich solchen Ängsten zu stellen und diese auszureizen – es ist dumm. Darunter fallen unter anderem:

- Klettern ohne Absicherung.
- Mit überhöhter Geschwindigkeit Motorrad fahren – bei Nacht und Regen – ohne Helm und freihändig.
- Fallschirmspringen ohne Fallschirm.

Mutig ist es, sich den Ängsten der zweiten Kategorie zu stellen und die Dinge zu tun, die wir von ganzem Herzen wollen. Mutig sein bedeutet nicht die Abwesenheit von Angst. Es bedeutet, trotz Angst das zu tun, von dem du weißt, dass es richtig ist:

- Eine ungesunde Beziehung beenden.
- Deine Arbeit kündigen, die dich unglücklich macht.
- In eine andere Stadt ziehen.
- In ein unbekanntes Land reisen.

Es müssen jedoch nicht immer solche großen Dinge sein. Oft sind es auch kleine Dinge, bei denen wir Angst verspüren:

- „Nein" sagen.
- Einen Vortrag halten.
- Eine fremde Person nach dem Weg fragen.

Natürlich gibt auch hier ein gewisses Risiko für deine Gesundheit. Beispielsweise könntest du bei deinem Vortrag von der Bühne fallen und dir das Genick brechen. Dass dies passiert, halte ich jedoch für unwahrscheinlich...

Besonders im deutschsprachigen Raum versuchen viele Menschen, ihr Leben so sicher wie möglich zu gestalten. Doch das Leben ist Risiko und Sicherheit ist eine Illusion. Wenn dir etwas passieren soll, dann passiert es dir sowieso, auch wenn du nur in deinem stillen Kämmerchen sitzt.

Versuchst du ständig, allen deinen Ängsten aus dem Weg zu gehen, wirst du niemals anfangen, richtig zu leben. Das wirkliche Leben beginnt außerhalb deiner Komfortzone.

Warum solltest du dich mit deinen Ängsten konfrontieren?

Die Angst ist – wie bereits beschrieben – dazu da, dass sie uns beschützt und wir dadurch mögliche Gefahren für unser Leben und unsere Gesundheit vermeiden.

Genau an diesem Punkt gilt es anzusetzen. Frag dich: Wann besteht wirklich eine realistische Gefahr für dein Leben und deine Gesundheit?

Ist diese Gefahr nicht gegeben, ist die Angst ein Indikator für persönliches Wachstum. Wann immer du dich dieser Angst stellst und trotzdem handelst, wird die Angst weniger Macht über dich haben – und

du wirst somit ein kleines bisschen freier. Je öfter du dich mit deinen Ängsten konfrontierst, desto leichter wird dir dies irgendwann fallen.

Kurzfristig ist es natürlich bequemer, sich diesen Ängsten nicht zu stellen, doch langfristig wirst du immer davon profitieren, dich überwunden zu haben.

Kommt dir das bekannt vor?

Kurzfristig Unannehmlichkeiten auf sich zu nehmen, um dadurch langfristig einen größeren Vorteil zu haben?

Wahrscheinlich schon.

Das ist Selbstdisziplin in ihrer Reinform.

Aus diesem Grund ist Selbstdisziplin die Grundvoraussetzung dafür, wenn du dich mit deinen Ängsten konfrontieren willst.

Sich seinen Ängsten zu stellen, kann sehr unangenehm sein. Doch nachdem du dich überwunden hast, wirst du dich immer gut fühlen – egal wie es ausgeht.

Aus eigener Erfahrung weiß ich außerdem, dass es zwei Dinge gibt, die deutlich schlimmer sind, als der kurze Moment, indem du dich deinen Ängsten stellst:

1. Das schmerzhafte Gefühl der Reue, nicht gehandelt zu haben.
2. Das dumpfe Gefühl der dauerhaften Hilflosigkeit.

Damit du dich künftig deinen Ängsten stellen kannst, folgen jetzt meine 7 besten Strategien, um besser mit der Angst umzugehen.

7 Strategien, um besser mit Angst umzugehen

1. Geh kleine Schritte

Jeder Mensch hat eine sogenannte Komfortzone. Innerhalb deiner Komfortzone weißt du, was dich erwartet. Außerdem fühlst du dich bei diesen Tätigkeiten wohl.

Immer, wenn du deine Komfortzone verlässt, wird dir die Angst begegnen und je weiter du dich aus ihr herauswagst, umso stärker wird diese sein.

Würdest du mir beispielsweise sagen, ich solle morgen einen Vortrag vor 1.000 Menschen halten, bekäme ich es ziemlich mit der Angst zu tun. Ich würde diesen Vortrag zwar halten, doch es würde mich an meine Grenzen bringen.

Anders würde es aussehen, wenn ich diesen Vortrag vor nur 10 Personen halten sollte. Da ich regelmäßig vor Gruppen bis zu 20 Leuten stehe, stellt dies für mich keine große Herausforderung dar. Zwar wäre ich etwas nervös, doch notfalls könnte ich diesen Vortrag sogar aus dem Stehgreif halten.

Direkt in Extreme zu gehen und sich seinen größten Ängsten zu stellen, kann uns schnell überfordern und uns im schlimmsten Fall komplett lähmen.

Besser ist es, sich seinen Ängsten Schritt für Schritt zu stellen.

Hast du Angst, auf Menschen zuzugehen, kannst du damit anfangen, fremde Menschen nach der Uhrzeit oder nach dem Weg zu fragen. Sobald das für dich kein Problem mehr darstellt, kannst du anschließend noch ein paar Sätze mit deinem Gegenüber wechseln.

Dadurch erweiterst du Schritt für Schritt deine Komfortzone. Dies kannst du quasi für alle deine Ängste einsetzen.

Willst du lernen, vor Menschen zu sprechen, fang damit an, vor deinem besten Freund eine kleine Rede zu halten. Sobald das kein Problem mehr darstellt, hol zwei weitere Freunde hinzu. Du steigerst nach und nach die Anzahl der Personen, vor der du sprichst. Bleibst du dran, wird selbst ein Vortrag vor 1.000 Personen für dich irgendwann keine große Hürde mehr darstellen.

2. Tue jeden Tag etwas, das neu für dich ist

Ob wir uns unseren Ängsten stellen, ist nichts anderes als eine Gewohnheit. Was wäre denn besser, als diese Gewohnheit zu entwickeln?

Unternimm jeden Tag mindestens eine Sache, die für dich neu ist bzw. vor der du vielleicht auch etwas Angst hast. Es müssen keine großen Dinge sein, wie auf einem öffentlichen Platz eine Rede zu halten. Kleine Dinge reichen vollkommen aus:

- Ein neues Restaurant ausprobieren.
- Einen anderen Weg zur Arbeit nehmen.
- Mit einem Verkäufer in einem Laden einen kurzen Smalltalk führen.
- Eine neue Sportart ausprobieren.
- Anstatt Google Maps zu benutzen, eine fremde Person nach dem Weg fragen.

Durch die Regelmäßigkeit lernt dein Körper, dass Ängste nicht so schlimm sind und es sogar Spaß machen kann. Außerdem wird jedes Mal, wenn du etwas Neues tust und dich der Angst stellst, dein Selbstvertrauen wachsen. Machst du es dir zur Gewohnheit und tust jeden Tag eine für dich neue Sache, sind das im Jahr 365 kleine Schübe für dein Selbstvertrauen.

Diese Übung bietet dir außerdem zwei weitere Vorteile:

1. Du lernst die Vielfalt kennen, die dieser Planet zu bieten hat.
2. Du steigerst deine Flexibilität.

Besonders der zweite Punkt wird dir bei Problemen weiterhelfen, da du automatisch beginnen wirst, nach alternativen Lösungswegen zu suchen, sobald etwas beim ersten Versuch nicht klappt.

Dich kontinuierlich deinen Ängsten zu stellen wird dir mehr bringen, als dich nur einmal in einer größeren Aktion deiner Angst zu stellen. Kombiniere im Idealfall die täglichen kleinen Aktionen mit für dich größeren Aktionen, wie z. B. einen Vortrag zu halten.

3. Schaffe Bewusstheit für das Gefühl der Angst – doch identifiziere dich nicht mit ihr

Kommt die Angst hoch, wollen viele Menschen sie nicht spüren und versuchen, diese Angst wegzudrücken.

Doch Emotionen sind wie kleine Kinder: Schenkst du ihnen keine Beachtung, werden sie nur umso stärker um Aufmerksamkeit buhlen.

Besser ist es, die Emotion wahrzunehmen und ihr erlauben, da zu sein. Wichtig ist es jedoch, dich nicht mit dieser Emotion zu identifizieren. Du bist weder deine Gefühle noch deine Gedanken!

Emotionen sind mit einem Zug vergleichbar. Rollt der Emotionszug an, springen viele Leute auf diesen Zug auf und lassen sich von der Emotion mitreißen. Das führt dazu, dass die Emotion anschließend ihr Handeln bestimmt. Je größer die Angst ist, desto höher ist die Chance, dass wir von der Emotion mitgerissen werden.

Ich kann mich noch gut an einen Abend in einer Diskothek erinnern. Dort sah ich eine Frau, die mir ziemlich gut gefiel. Doch ich konnte mich nicht überwinden, sie anzusprechen. Meine Angst hatte mich so stark im Griff, dass ich komplett handlungsunfähig war. Inzwischen verstehe ich auch, wie es damals dazu kam.

Hierbei kommt wieder die Selbstdisziplin ins Spiel: **Mit einer starken Selbstdisziplin haben wir uns besser im Griff, um nicht von unseren Emotionen mitgerissen zu werden.**

An diesem Tag habe ich viel gearbeitet und mich überwunden, unangenehme Dinge zu tun (Kunden anzurufen). Am Abend war ich ziemlich müde. Ich zwang mich aber trotzdem noch dazu, in die Diskothek zu gehen. Meine Willenskraft war also bereits stark erschöpft, dementsprechend hatte die Angst ein leichtes Spiel mit mir.

Falls du vorhast, dich mit deinen Ängsten zu konfrontieren, geh davor sparsam mit deiner Selbstdisziplin um und sorge dafür, dass du ausreichend geschlafen und gegessen hast. Das wird dir dabei helfen, mit deinen Ängsten besser umgehen zu können.

Lerne, deine Angst wahrzunehmen, dich jedoch nicht von ihr mitreißen zu lassen! Je öfter du es versuchst, desto besser wird es klappen. Du wirst die Angst spüren, doch DU kannst trotzdem entscheiden, wie es als Nächstes weitergehen soll.

4. Entspanne dich auf körperlicher Ebene

Angst macht sich auf der körperlichen Ebene bemerkbar:

- Die Muskulatur verkrampft sich.
- Die Atmung wird flacher.
- Das Herz schlägt schneller.

Dadurch wird Adrenalin ausgeschüttet und dein Körper schaltet in den Kampf- oder in den Flucht-Modus. Je stärker die körperlichen Symptome werden, umso mehr Adrenalin wird ausgeschüttet. Dies erhöht die Chance, dass wir von der Angst mitgerissen werden (siehe Tipp 3).

Schlechte Gefühle gehen immer mit einer körperlichen Verspannung einher. Bist du entspannt, kannst du dich gar nicht schlecht fühlen.

Aus diesem Grund ist es so wichtig, bewusst für körperliche Entspannung und eine tiefe Atmung in deinen Bauch zu sorgen. Dadurch wird die Angst schwächer, was dazu führt, dass du deutlich einfacher mit der Angst umgehen kannst.

Beobachte dich das nächste Mal, wenn du Angst verspürst. Was passiert mit deinem Körper? Wie verändert sich deine Atmung?

Bei mir verspannt sich beispielsweise die Muskulatur im Beckenbereich.

Fallen dir solche Dinge auf, kannst du sie auch ändern und dich bewusst entspannen.

5. Versuche, deine Angst so objektiv wie möglich zu betrachten

Angst ist eine Emotion, die auf rationaler Ebene oft keinen Sinn ergibt. Trotzdem kann dir dein Verstand dabei helfen zu verstehen, dass dir nichts passieren kann.

Wovor hast du Angst?

Stell dir vor, du würdest deine Ängste überwinden und handeln.

Was könnte dir im schlimmsten Fall dabei passieren?

Betrachte die negativen Auswirkungen auf einer Skala von 1 bis 10 (1 = es passiert nichts; 10 = extreme körperliche Schmerzen/Tod, Verlust deines kompletten Vermögens). Wie stark würde sich im schlechtesten Fall dein Leben verschlechtern?

Dasselbe machst du nun für den Fall, dass es klappt.

Was gibt es im besten Fall zu gewinnen?

Auf einer Skala von 1 bis 10: Welche positiven Auswirkungen hätte es auf dein Leben, wenn du dich deinen Ängsten stelltest und es klappen würde?

Oft ist es so, dass wir wenig zu verlieren und alles zu gewinnen haben.

Nehmen wir das Beispiel, dass du einen attraktiven Menschen ansprechen möchtest:

Selbst wenn sie/er nicht interessiert wäre, würde sie/er sich mit hoher Wahrscheinlichkeit für das Interesse an ihr/ihm bedanken. Im schlimmsten Fall würde sie/er genervt reagieren und dir einen Korb geben. Vielleicht bekämen es ein paar Außenstehende mit, doch nach spätestens fünf Minuten hat jeder diese Situation sowieso wieder vergessen. Auf der Skala sollte dies eine 3 bis 4 sein.

Doch was würde im Idealfall passieren?

Du würdest den Partner kennenlernen, mit dem du dein restliches Leben zusammen wärst und eine Familie gründen würdest. Auf der Skala von 1 bis 10 ist dies doch mindestens eine 12, oder?

6. Welche Filme laufen in deinem Kopf ab?

Mark Twain hat einmal gesagt:

„Ich bin ein alter Mann und habe sehr viel Schreckliches erlebt. Doch das Meiste ist zum Glück nie passiert."

In unserem Kopf laufen ständig Filme ab. Doch besonders in Situationen der Angst spinnen wir uns häufig die lächerlichsten Horrorszenarien zusammen. Dies passiert oft unbewusst.

Solche negativen Bilder halten uns davon ab, die Dinge zu tun, die uns wirklich wichtig sind. Doch auch über diese Bilder kannst du die Macht gewinnen.

Der erste Schritt dazu ist immer die Bewusstheit. Beobachte dich dafür selbst: Welche Bilder laufen in deinem Kopf ab, sobald du Angst spürst?

Siehst du, was alles schiefgehen könnte?

Oder siehst du dich dabei, wie du die vor dir liegende Situation meisterst?

Drei Mal darfst du raten, welcher Film sinnvoller ist...

Lass Bilder in deinem Kopf ablaufen, die zu den Ergebnissen passen, die du dir wünschst!

Ich will dich jedoch noch einmal darauf hinweisen, dass sich durch die richtigen Bilder in deinem Kopf allein nichts verändert. Das passiert nur, wenn die entsprechenden Aktionen folgen.

7. Hole dir Unterstützung von einem guten Freund

Zu zweit ist es einfacher, der Angst entgegenzutreten als allein. Ein Freund kann dir dabei helfen, nicht von der Angst mitgerissen zu werden.

Ein Freund...

- ...holt dich aus dem Kopf zurück, wenn du dich in negativen Gedanken verlierst.
- ...spricht dir Mut zu, falls du an dir zweifelst.
- ...kann dir dabei helfen, dich zu überwinden.
- ...kann dir einen Schubs in die richtige Richtung geben.

Außerdem ist er für dich da, nachdem du deine Angst überwunden hast. Selbst wenn es schiefgehen sollte, kann dich ein Freund schnell wieder auf andere Gedanken bringen.

Mut wird belohnt

Vor kurzem besuchte ich ein Seminar. Auf diesem Seminar sollten wir echte Jagdpfeile – mit denen z. B. ein Grizzlybär hätte getötet werden können (Länge: 40 bis 50 cm) – zerbrechen. Allerdings nicht mit den Händen:

Die Mulde etwas oberhalb von dort, wo die beiden Schlüsselbeine zusammenlaufen, ist eine der weichsten Stellen unseres Körpers. Mit genau dieser Stelle sollten wir in den spitzen Pfeil hineinlaufen und diesen so zum Zerbrechen bringen.

Sofort läuteten bei mir die Alarmglocken. Ich hielt es für eine berechtigte Angst, da dies eine reale Gefahr für meine Gesundheit darstellte. Aus diesem Grund wollte ich es zuerst nicht tun.

Doch ich hinterfragte das Ganze: Sollten bei dieser Übung regelmäßig Menschen zu Schaden bzw. sogar zu Tode kommen, würde diese Übung wohl kaum durchgeführt werden. Aus diesem Grund beschloss ich, mich auf die Übung einzulassen.

Nachdem ich mich doch überwunden hatte und der Pfeil in mehrere Stücke zerbrochen war, wurde mir eine Sache wieder bewusst:

Die Angst vor einer Aktion ist schlimmer als die Aktion selbst.

Bei der Ankündigung und vor der Ausführung habe ich mich mal wieder vollkommen unnötig verrückt gemacht. Den Pfeil zu zerbrechen, war eine Kleinigkeit und ich habe es kaum gespürt. Die große Sache war, dass ich die Angst überwunden habe.

So ist es mit fast all unseren Ängsten. Nachdem wir uns überwunden haben, ist es meist halb so schlimm – und macht oft sogar Spaß. Je öfter du dich deinen Ängsten stellst, desto eher wird dein Körper lernen, dass es fast nichts zu befürchten gibt.

Wichtig ist außerdem, der Angst entschlossen gegenüberzutreten.

Den Pfeil zerbrichst du nicht, indem du dich ganz langsam nach vorn tastest. Dies würde nur dazu führen, dass es wehtun würde.

Den Pfeil zerbrichst du, indem du entschlossen einen großen Schritt nach vorn gehst. Dieser Entschlossenheit hat der Pfeil nichts entgegenzusetzen.

Deshalb zögere nicht lange, sondern handle schnell und entschlossen! Je länger du wartest, desto schwieriger wird es.

Vielleicht hast du noch Angst davor, was andere Leute von dir denken würden. Diese Angst war vor einigen Jahrhunderten ebenfalls berechtigt. Denn der Ausschluss aus der Gruppe konnte damals zum Tode führen.

Heutzutage bist du nicht mehr auf eine Gruppe angewiesen und kannst notfalls auch allein überleben. Doch so weit wird es nicht kommen. Denn deine wahren Freunde werden zu dir stehen. Egal, was du tust. Falls dies nicht zutrifft, waren es keine richtigen Freunde und du solltest über den Verlust dieser „Freunde" nicht traurig sein.

Jetzt stellt sich noch die Frage, was die außenstehenden Leute von dir denken.

Die Antwort darauf ist einfach: Die meisten Menschen sind so sehr mit sich selbst beschäftigt und was andere Leute von ihnen denken könnten, dass sie keine Zeit dafür haben, sich großartig mit dir zu beschäftigen. Vielleicht bekommen sie am Rande etwas mit, doch das haben sie genauso schnell wieder vergessen.

Trotz Angst zu handeln, bedeutet Wachstum. Dieser Mut wird belohnt. Vielleicht nicht sofort, doch langfristig auf jeden Fall! Lass dich von Rückschlägen nicht entmutigen und mach weiter!

Resümee:

- Der stärkste Trieb des Menschen ist der Überlebenstrieb. Da das Unbekannte früher den sicheren Tod bedeuten konnte, wird dein Körper immer mit Angst reagieren, sobald du etwas Ungewohntes tust.

- Einige Ängste haben auch heutzutage noch ihre Daseinsberechtigung. Hauptsächlich dann, wenn eine Gefahr für dich und dein Leben besteht. Doch bei den meisten Ängsten ist dies nicht gegeben.

- Die Angst wird erst verschwinden, wenn du dich ihr stellst. Mutig sein bedeutet nicht die Abwesenheit von Angst. Mutig zu sein bedeutet, dass du trotz dieser Angst handelst.

- Ängste bieten dir eine enorme Chance zum Wachstum. Wann immer du dich der Angst stellst, wird sie danach ein kleines bisschen weniger Macht über dich haben und du etwas freier werden. Außerdem wirst du dich danach besser fühlen – egal wie es ausgeht.

- Um besser mit deinen Ängsten umgehen zu können, empfehle ich dir, jeden Tag eine kleine Sache tun, die für dich ungewohnt ist. Dadurch wird sich mit der Zeit dein Selbstvertrauen aufbauen.

- Die Angst ist schlimmer als die Ausführung selbst. Haben wir uns erst einmal überwunden, ist es meist nur noch halb so schlimm und macht oft sogar Spaß. Sei dir dessen bewusst, wenn du dich deinen Ängsten stellst! Zögere nicht lange und handle entschlossen! Je länger du wartest, desto schwieriger wird es.

Kapitel 7

Wie du perfekte Beziehungen führst

„Eine zwischenmenschliche Beziehung arbeitet nicht für dich, du musst für sie arbeiten."

Peter Schuhmacher
(deutscher Publizist und Aphorismensammler)

Kaum eine Sache hat eine solch extreme Auswirkung auf unser persönliches Glücksempfinden wie die Beziehung zu unseren Mitmenschen.

Der Mensch ist ein Rudeltier. Ständig haben wir andere Menschen um uns herum. Seien es unser Partner, Freunde, Arbeitskollegen oder unsere Kinder.

Wie kommst du gut mit anderen Menschen aus?

Wie führst du glückliche und erfüllende Beziehungen?

Diese Fragen werden im folgenden Kapitel beantwortet.

Das Einzige, was auf dieser Welt begrenzt ist, ist Zeit!

Wie viel Zeit nimmst du dir für die Menschen, die dir wichtig sind? Wie sieht diese Zeit aus? Bist du wirklich voll da oder hängst du ständig vor deinem Smartphone, aus Angst, etwas zu verpassen?

Häufig leiden unsere zwischenmenschlichen Beziehungen aufgrund unserer Arbeit. Auf Platz zwei der Dinge, die Sterbende rückblickend am meisten bereuen, war das Bedauern, in der Vergangenheit zu viel gearbeitet zu haben. Vor allem Männer waren davon betroffen: Sie stellten ihre Karriere und das Geld über die Zeit mit ihrer Familie. Geld kannst du immer verdienen. Deine Kinder werden nicht ewig klein sein. Diese Zeit kannst du nicht nachholen.

Zu arbeiten und Geld zu verdienen ist wichtig, keine Frage. Doch auch hier gilt es wieder, einen gesunden Mittelweg zu finden und trotzdem genug Zeit mit den Menschen zu verbringen, die dir wirklich wichtig sind.

Viele Paare ziehen zusammen mit der Wunschvorstellung, ab sofort mehr Zeit füreinander zu haben. In der Praxis ist jedoch oft das Gegenteil der Fall: Sie leben zwar zusammen, doch das Zusammenleben gleicht eher einem Nebeneinander als einem Miteinander.

Blocke dir aus diesem Grund jede Woche Zeit für gemeinsame Aktivitäten mit den Menschen, die dir am wichtigsten sind – besonders mit deinem Partner und deinen Kindern!

In diesem Leben ist nur eine Sache wirklich begrenzt: Zeit. Nur indem du anderen Menschen deine Zeit und deine ungeteilte Aufmerksamkeit schenkst, zeigst du ihnen deine Wertschätzung.

Umgib dich mit Menschen, die dir guttun und halte den Kontakt

Wir leben in einer Zeit, in der wir ohne Probleme mit Menschen, die tausende von Kilometern entfernt sind, in Kontakt kommen können. Über soziale Netzwerke sind wir mit hunderten von Menschen verbunden. Doch Facebook, WhatsApp und Co. sind kein Ersatz für echte zwischenmenschliche Beziehungen.

Das Leben wird heutzutage immer anonymer, was dazu führt, dass viele Menschen vereinsamen.

Einsamkeit schadet unserer Gesundheit in gleicher Weise wie der Konsum von 15 Zigaretten am Tag. Einsamkeit kann Bluthochdruck, Herzerkrankungen, Lungenleiden, Depressionen und Schlafstörungen begünstigen.[27]

Vor allem ältere Menschen leiden unter Einsamkeit, und immer mehr Menschen sterben sozial völlig isoliert. Aus diesem Grund ist auf Platz vier der Dinge, die Sterbende am meisten bereuen:

„Ich wünschte, ich hätte den Kontakt zu meinen Freunden aufrechterhalten."

Es liegt in deiner Macht, ob der Kontakt zu deinen Freunden bestehen bleibt oder nicht. Warte also nicht darauf, dass sich deine Freunde bei dir melden, sondern melde dich proaktiv bei ihnen und verbringe Zeit mit ihnen.

Der Mensch ist ein Rudeltier und braucht andere Menschen um sich herum, damit er sich gut fühlt. Dies ist mir in den letzten Wochen erst wieder bewusst geworden:

Als Online-Unternehmer kann ich von jedem Ort der Welt aus arbeiten. Im Moment arbeite ich sehr viel von zu Hause aus. Meine beiden Mitbewohner sind Angestellte, sodass ich tagsüber allein bin. Dies ging eine Weile lang gut. Doch nach und nach merkte ich immer mehr, wie mir zu Hause die Decke auf den Kopf fiel und dass es mir nicht guttat, so viel allein zu sein.

Daher habe ich beschlossen, mehr von außerhalb meiner Wohnung zu arbeiten. Dabei umgebe ich mich mit Freunden und wir treffen uns zum Coworking. Außerdem gibt es dabei einen positiven Nebeneffekt: Ich bin in der Gruppe produktiver als allein.

Wichtig ist jedoch, dass du dir die Menschen, mit denen du Zeit verbringst, genau aussuchst.

Überlege jetzt mal kurz: Wer sind die fünf Menschen, mit denen du am meisten Zeit verbringst?

Sind diese Menschen für dich da und unterstützen sie dich dabei, deine Ziele zu erreichen?

Oder reden sie dir ein, dass es nichts bringt, deinen Träumen zu folgen und du lieber auf Nummer sicher gehen solltest?

Alles steht und fällt mit deinem Umfeld. Ist dein Umfeld eher negativ geprägt, wird es dir deutlich schwererfallen, deine Ziele zu erreichen als mit einem Umfeld, das dich ermutigt und unterstützt.

Umgib dich mit Menschen, die bereits dort sind, wo du hin möchtest!

Ist es dein Ziel, Millionär zu werden, wird dir der Weg dorthin leichterfallen, wenn deine fünf besten Freunde bereits Millionär oder auf dem besten Weg dorthin sind. Sie können dir Tipps geben und du kannst sie um Rat fragen.

Sind deine fünf besten Freunde Hartz-IV-Empfänger, werden sie dich eher zurückhalten, und es wird dir deutlich schwererfallen, dein Ziel zu erreichen.

Hab den Mut, Menschen, die dir nicht guttun, aus deinem Leben zu werfen! Ist dies nicht komplett möglich, wie z. B. bei engen Familienangehörigen, reduziere den Kontakt auf ein Minimum!

Falls du Angst hast, anschließend allein zu sein, kann ich dich beruhigen: Sofern du es darauf anlegst, wirst du immer wieder neue Menschen mit einer positiven Lebenseinstellung kennenlernen.

Frag dich, wo sich die Menschen aufhalten, die bereits dort sind, wo du hin möchtest bzw. ähnliche Ziele haben wie du! Suche Veranstaltungen (Tipp: www.meetup.com) und Orte auf, wo sich diese Menschen aufhalten und geh offen auf sie zu!

Vielleicht denkst du gerade, dass du das nicht kannst. Doch auch das Netzwerken bzw. Smalltalk zu führen sind Fähigkeiten, die du lernen kannst. Lies diesbezüglich ein paar Bücher oder besuche entsprechende Workshops und wende dieses Wissen anschließend in der Praxis an!

Sei die Veränderung, die du in der Welt sehen willst!

Beschäftigst du dich mit deiner persönlichen Entwicklung, wirst du schnell den einen oder anderen Erfolg wahrnehmen. Manche Leute denken anschließend, sie hätten den heiligen Gral entdeckt und versuchen, ihr gesamtes Umfeld zu bekehren.

Dies ist mir auch schon öfter passiert und ich nervte mein Umfeld damit, doch unbedingt dieses eine Buch zu lesen oder dieses eine Seminar zu besuchen.

Doch es bringt nichts, anderen Menschen zu sagen, wie sie zu sein haben und was sie tun sollen. Der Wille zur Veränderung muss immer von jedem selbst kommen. Will sich dein Gegenüber nicht ändern, gibt es nichts, was du dagegen tun kannst.

Das Einzige, das du tun kannst, ist, mit gutem Beispiel voranzugehen. Nimmt dein Umfeld eine positive Entwicklung bei dir wahr, werden die Leute höchstwahrscheinlich selbst neugierig werden und nachfragen, was du verändert hast.

Falls du Kinder hast, ist es besonders wichtig, mit gutem Beispiel voranzugehen.

Da ich selbst keine Kinder habe, kann und will ich dir keine Tipps geben, wie du deine Kinder erziehen sollst. Allerdings möchte ich eine Sache mit dir teilen:

Kinder lernen, indem sie kopieren. Das bedeutet, sie sehen ein bestimmtes Verhalten und imitieren dieses Verhalten anschließend. In den prägenden ersten Lebensjahren sind Kinder meist ständig von ihren Erziehungsberechtigten umgeben. **Dies macht die Erziehungsberechtigten zu den größten Lehrern der Kinder.**

Sei dir also dessen bewusst, dass es keinen Sinn hat, wenn du deinem Kind sagst, dass es sich wie A verhalten soll, du dich selbst aber wie B verhältst. Das Kind wird nicht tun, was du sagst, sondern es wird dein Verhalten kopieren.

Kinder von Rauchern sind dafür ein gutes Beispiel: Die rauchenden Erziehungsberechtigten können ihren Kindern noch sooft sagen, dass Rauchen ungesund ist und die Kinder es bleiben lassen sollen. Die Wahrscheinlichkeit, dass die Kinder später das Rauchen anfangen, ist drei Mal höher als bei Eltern, die Nichtraucher sind.[28]

Frag dich also, welches Verhalten du dir von deinen Kindern wünschst und lebe ihnen dieses Verhalten vor! Sei das beste Vorbild für deine Kinder, das du sein kannst! Sie haben es verdient!

6 Tipps für bessere zwischenmenschliche Beziehungen

1. Sei zuverlässig

Zuverlässigkeit ist eine der wichtigsten Eigenschaften – sowohl im privaten als auch im beruflichen Bereich. Zuverlässigkeit bedeutet, dass ausgesprochene Erwartungen erfüllt werden. Darunter fällt unter anderem:

- Zu deinem Wort zu stehen
- Termine einzuhalten
- Niemals Dinge zu versprechen, die du nicht einhalten kannst

Können wir uns auf einen Menschen verlassen, vermittelt uns dies ein Gefühl der Sicherheit, das Vertrauen schafft. Dies kommt uns vor allem beim Knüpfen von neuen sowie beim Pflegen von bestehenden Kontakten zugute.

2. Sei pünktlich

Wie bereits weiter oben beschrieben, ist Zeit das Einzige, was im Leben begrenzt ist. Lassen wir andere Menschen auf uns warten, verschwenden wir deren kostbare Zeit, die diese niemals wiederbekommen.

Ich sage nichts dagegen, wenn du dich mal 5 bis 10 Minuten verspätest. Lass dies jedoch nicht die Regel sein. Plane dir im Zweifel ausreichend Puffer ein!

3. Sprich offen an, was dich stört

Der Mensch ist nicht in der Lage, Gedanken zu lesen. Wie kommst du auf die Idee, dass dein Gegenüber weiß, dass er gerade etwas tut, was dir nicht passt?

Dein Gegenüber macht es bestimmt nicht mit Absicht. Sprich dies also offen an, anstatt zu schmollen und darauf zu hoffen, dass der andere es von selbst merkt. Bedenke dabei jedoch, dass der Ton die Musik macht! Sprich es also in einem ruhigen und sachlichen Ton an.

4. Lerne zu verzeihen!

Manchmal wissen wir direkt nach einer Entscheidung, dass diese falsch war. Doch zum Zeitpunkt der Entscheidung hat es sich richtig angefühlt.

Jeder Mensch handelt aus einer positiven Grundmotivation heraus. Ganz gleich, wie seltsam das Verhalten einiger Menschen auch sein mag, dahinter steckt immer das Grundbedürfnis, sich gut zu fühlen.

Nelson Mandela war der erste schwarze Präsident Südafrikas. Davor kämpfte er Jahrzehnte lang gegen Rassismus und Rassentrennung und saß 27 Jahre im Gefängnis – eingesperrt von seinen politischen Gegnern. Als er entlassen wurde, sagte er folgendes:

„Als ich aus der Zelle durch die Tür in Richtung Freiheit ging, wusste ich, dass ich meine Verbitterung und meinen Hass zurücklassen musste oder ich würde mein Leben lang gefangenbleiben."

Hat ein anderer Mensch einen Fehler begangen, empfehle ich dir, ihm diesen Fehler zu verzeihen – vor allem um deinetwillen. Bist du wütend auf den anderen, schadest du dir damit nur selbst.

Verzeihen können ist keine Schwäche. Es ist eine große Stärke. Um Mahatma Gandhi zu zitieren:

„Der Schwache kann nicht verzeihen. Verzeihen ist eine Eigenschaft des Starken."

5. Zeig dich verletzlich

Wir alle wollen möglichst perfekt wirken. Nur keine Schwäche zu zeigen, scheint eines der Mottos der heutigen Zeit zu sein.

Doch keiner ist perfekt. Wir alle haben unsere Ängste, Zweifel und Unsicherheiten. Diese verstecken wir häufig hinter einer Maske, die wir versuchen aufrechtzuerhalten.

Das sorgt dafür, dass unsere Beziehungen oberflächlich bleiben: Denn nicht Stärke macht uns einem anderen Menschen gegenüber sympathisch, sondern das Zugeben von Schwäche.

Besonders Männer sind davon betroffen. Häufig haben sie lediglich ihre Partnerin, der sie sich emotional öffnen können – und selbst dieser nur teilweise. Ist die Partnerin nicht mehr vorhanden, fressen sie den ganzen emotionalen Ballast in sich hinein.

Falls nicht schon geschehen, fang damit an, dich anderen Menschen emotional zu öffnen! Wenn du dich anderen Menschen gegenüber öffnest, werden sie sich in der Regel auch dir gegenüber öffnen. Dadurch werden deine zwischenmenschlichen Beziehungen erfüllter werden.

Eine Sache noch: Schwäche zuzugeben bedeutet jedoch nicht, dass du jammern sollst.

6. Behandle andere Menschen so, wie du selbst behandelt werden möchtest

Wie möchtest du selbst von anderen Menschen behandelt werden?

Lass mich raten: Unter anderem höflich, respektvoll und freundlich.

Und wie behandelst du andere Menschen? Auf dieselbe Art und Weise?

Natürlich hat jeder Mensch individuelle Vorlieben, wie er behandelt werden möchte. Doch es ist ein guter Anfang, andere Menschen so zu behandeln, wie du selbst behandelt werden möchtest.

Wenn du einem Menschen freundlich und respektvoll gegenübertrittst, dann wird er sich dir gegenüber meist ähnlich verhalten.

Auch der Umgang mit Menschen ist eine Fähigkeit, die du verbessern kannst. Willst du besser im Umgang mit Menschen werden, empfehle ich dir erneut das Buch von Dale Carnegie: „Wie man Freunde gewinnt – Die Kunst, einflussreich und beliebt zu sein".

Resümee:

- Das Einzige, was in diesem Leben begrenzt ist, das ist Zeit. Nutze deine Zeit sinnvoll und verbringe viel davon mit den Menschen, die dir wichtig sind! Verbringst du Zeit mit diesen Menschen, sei wirklich voll bei ihnen und schenk ihnen deine ungeteilte Aufmerksamkeit!

- Der Mensch ist ein Rudeltier und braucht andere Menschen um sich herum, um sich gut zu fühlen. Umgib dich aus diesem Grund mit Menschen, die dich unterstützen und die dir guttun! Halte außerdem aktiv den Kontakt zu deinen Freunden und warte nicht darauf, dass sie sich von selbst bei dir melden.

- Wir können Menschen nicht zur Veränderung zwingen. Der Wille zur Veränderung muss von jedem selbst kommen. Das Einzige, das du tun kannst, ist, mit gutem Beispiel voranzugehen. Besonders, falls du Kinder hast, ist es sehr wichtig, ein gutes Vorbild zu sein, da deine Kinder dein Verhalten kopieren werden.

- Wie man gut mit Menschen umgeht, ist eine Fähigkeit, die jeder halbwegs sozial-intelligente Mensch lernen kann. Zuverlässigkeit und Pünktlichkeit sind dabei Grundvoraussetzungen. Erwarte außerdem nicht, dass andere Menschen wissen, falls dich etwas stört und sprich diese Dinge offen an!

- Bist du wütend auf einen Menschen, schadest du dir damit nur selbst. Aus diesem Grund empfehle ich dir, anderen Menschen zu verzeihen, die dir in der Vergangenheit Unrecht getan haben.

- Kein Mensch ist perfekt. Jeder hat seine Ängste, Schwächen und Unsicherheiten. Trotzdem wollen wir auf andere Menschen häufig perfekt wirken. Doch Sympathie können wir auf diese Art und Weise nicht aufbauen. Besser ist es, sich anderen Menschen gegenüber verletzlich zu zeigen und offen über seine Ängste zu reden. Dies wird dir dabei helfen, tiefere Beziehungen zu anderen Menschen aufzubauen. Verwechsle Verletzlichkeit jedoch nicht mit Jammern!

- Frag dich, wie du von anderen Menschen behandelt werden willst und behandle andere Menschen genauso! Verhältst du dich einem anderen Menschen gegenüber höflich und respektvoll, wird er sich dir gegenüber mit hoher Wahrscheinlichkeit ähnlich verhalten.

Kapitel 8

Die 3 „Geheimnisse" für einen gesunden Körper

„Gesundheit ist nicht alles, aber ohne Gesundheit ist alles nichts."

Arthur Schopenhauer
(deutscher Philosoph, Autor und Hochschullehrer)

Es gibt wohl keinen Lebensbereich, in dem Selbstdisziplin wichtiger ist als im Bereich der eigenen Gesundheit.

Sind wir gesund, wird dies oft als selbstverständlich hingenommen. Wie wichtig unsere Gesundheit ist, fällt uns oft erst auf, sobald diese nicht mehr vorhanden ist und wir Schmerzen haben. Alles andere wird in diesem Moment dann nebensächlich.

Heutzutage sind in der westlichen Welt die häufigsten Ursachen für einen frühen Tod folgende:

- Herzkrankheiten
- Krebs
- Diabetes

Ob du solche Krankheiten bekommst, unterliegt bis zu einem gewissen Grad deiner Kontrolle, denn durch den richtigen Lebensstil lassen sich sehr viele Krankheiten vermeiden.

Anregungen, wie dieser Lebensstil aussehen kann, findest du in diesem Kapitel.

Der Status quo in Deutschland

Laut einer Studie der Techniker Krankenkasse (TK) werden rund 70 % aller Ausgaben im deutschen Gesundheitswesen für die Behandlung von Zivilisationskrankheiten aufgewendet.[29]

Zivilisationskrankheiten sind Krankheiten, die durch den richtigen Lebensstil vermeidbar wären. Der richtige Lebensstil bedeutet unter anderem:

- Ausreichend Bewegung
- Eine gesunde Ernährung
- Ein gesundes Verhältnis von Stress und Entspannung
- Den Verzicht auf Zigaretten

Es gibt in Deutschland rund 16,3 Millionen Raucher[30], obwohl in diversen Studien nachgewiesen wurde, dass Raucher im Schnitt 9 Jahre früher sterben als Nichtraucher.[31]

Große Auswirkungen auf unseren Lebensstil hat die Arbeitswelt, die sich in den letzten Jahrzehnten stark verändert hat – und die sich auch in Zukunft weiter verändern wird. Dabei werden körperlich anstrengende Tätigkeiten immer mehr von Robotern übernommen, was dazu führt, dass immer mehr Tätigkeiten komplett im Sitzen ausgeführt werden.

Dies führt unter anderem zu einem Bewegungsmangel. In der TK-Studie gaben rund zwei Drittel der Befragten an, sich in ihrem Alltag nicht einmal eine Stunde pro Tag zu bewegen – von regelmäßigem Sport ganz zu schweigen: Nur rund 30 % kamen auf die von der Weltgesundheitsorganisation WHO empfohlenen 2,5 Stunden Sport pro Woche.

Doch auch das lange Sitzen schadet unserer Gesundheit extrem. Als in den letzten Jahren mehrere Langzeitstudien zu diesem Thema veröffentlicht wurden, titelten mehrere Zeitschriften aus diesem Grund: „Sitzen ist das neue Rauchen".

Aus diesen Studien geht hervor, dass stundenlanges Sitzen negativ für die Lebenserwartung ist.[32] Verglichen wurden dabei die Sterblichkeitsraten von Personen, die weniger als drei und mehr als sechs Stunden pro Tag sitzen. Der durchschnittliche Deutsche sitzt sieben Stunden pro Tag.

Wir sitzen...

- ...auf der Arbeit.
- ...vor dem Computer.
- ...im Auto / in Bus und Bahn.
- ...am Esstisch.
- ...auf der Couch.
- ...in Restaurants und Cafés.

Dominiert das Sitzen auch DEIN Leben?

Zu langes Sitzen fördert die Entstehung von Herzkrankheiten, Darmkrebs und Diabetes. Davon gehen die aktuellen Forschungsergebnisse aus. Beim Sitzen wird die Durchblutung gestört, Muskeln verhärten sich und werden geschwächt. Dies kann unter anderem zu Rückenschmerzen und körperlichen Fehlstellungen führen.

Doch nicht nur das viele Sitzen und die mangelnde Bewegung sind Ergebnisse der veränderten Arbeitswelt. Inzwischen sind wir via Smartphone auf allen Kanälen ständig erreichbar – und das nicht nur für die Arbeit. Außerdem muss alles immer schneller gehen. Dies führt dazu, dass wir permanent unter Strom stehen.

„Gerade ist alles ziemlich stressig" scheint die Standard-Antwort auf die Frage geworden zu sein, wie es einem geht.

Laut dem Bundesamt für Arbeitsschutz klagte jeder zweite Arbeitnehmer über starken Termin- und Leistungsdruck, jeder Fünfte fühlte sich von seiner Arbeit sogar überfordert. In der Studie der TK gaben 60 % der Befragten an, dass ihr Leben stressig sei. Außerdem fühlte sich jeder dritte Berufstätige ausgebrannt.

Wie bereits in Teil 1, Kapitel 7, Tipp 19 beschrieben, ist Stress nicht grundsätzlich etwas Negatives. Ist unser Stresspegel jedoch dauerhaft erhöht, kann dies verheerende Folgen für unsere Gesundheit haben. Übermäßiger Stress verursacht folgende Beschwerden:

- Herz-Kreislauf Beschwerden
- Eine Schwächung des Immunsystems
- Gereiztheit
- Lustlosigkeit
- Konzentrationsschwierigkeiten
- Antriebslosigkeit
- Schlafstörungen

Stress führt oft zu noch mehr Stress. Dies kann ein Teufelskreislauf werden, der mit ernsten gesundheitlichen Problemen und/oder einem Burnout endet.

Ein weiterer negativer Aspekt unseres immer schnelleren Lebens ist, dass darunter oftmals unsere Ernährung leidet. Kaum einer nimmt sich noch die Zeit, auf eine ausgewogene und regelmäßige Ernährung zu achten.

Fast Food, Mikrowellen-Fertiggerichte und das Essen auswärts werden immer populärer. Doch in Kantinen, Restaurants oder beim Bäcker sucht man oft vergeblich nach Alternativen zu den Standard-Gerichten, die viel Weißmehl, Zucker und/oder ungesunde Fette enthalten.

Zusätzlich ist unser Hungergefühl durch schnelles Hineinschlingen des Essens oder durch Ablenkung von Smartphone, Fernseher oder Gesprächen völlig gestört. So essen wir oft mehr, als wir eigentlich benötigten.

Dies führt dazu, dass laut statischem Bundesamt 52 % der Erwachsenen in Deutschland übergewichtig sind. Übergewicht führt unter anderem zu folgenden Beschwerden:

- Diabetes
- Fettstoffwechselstörungen
- Herzkrankheiten
- Arthrose
- Rückenschmerzen

Trotz der hier dargestellten Statistiken, beträgt laut statistischem Bundesamt aktuell in Deutschland die durchschnittliche Lebenserwartung für einen Mann 78 Jahre und für eine Frau 83 Jahre.

All die in diesem Unterkapitel vorgestellten Dinge unterliegen deiner Kontrolle. Würden wir diese Dinge optimieren, könnten wir im Durchschnitt bestimmt noch einmal mindestens zehn Jahre älter werden.

Folgende Dinge kannst du beeinflussen:

- Wie viel du dich bewegst
- Wie du dich ernährst
- Ob du rauchst
- Wie viel Stress du dir in deinem Leben machst und wie gut du damit umgehen kannst
- Wie viel du schläfst und wie viel Erholung du dir gönnst

Diese Dinge bilden eine Kette. Doch eine Kette ist bekanntlich nur so stark wie ihr schwächste Glied. Wie du diese Kette stärken kannst, sehen wir uns jetzt genauer an.

Du bist, was du isst

Was passiert, wenn du in ein Auto, das Benzin benötigt, Diesel tankst?

Höchstwahrscheinlich wird es zu einem Motorschaden kommen.

Mit unserer Ernährung verhält es sich ähnlich: Sie ist der Treibstoff für unseren Körper. Ernährst du dich dauerhaft ungesund, brauchst du dich nicht zu wundern, wenn du dich ständig müde, träge und schlecht fühlst sowie Übergewicht hast.

Dein Gewicht wird dadurch bestimmt, wie viele Kalorien du täglich zu dir nimmst.

Führst du dir dauerhaft mehr Kalorien zu als du benötigst, wirst du zunehmen. Die überschüssigen Kalorien wird dein Körper in Fett umwandeln, das für schlechtere Zeiten in deinen Hüften, Beinen und deinem Bauch gespeichert wird.

Diese schlechteren Zeiten sind, wenn du dauerhaft weniger Kalorien zu dir nimmst als du benötigst (= du nimmst ab). Die zusätzlichen Kalorien, auf die dein Körper angewiesen ist, wird er sich aus seinen Reserven (= deinen Fettdepots) holen, die dadurch weniger werden.

Wie du dieses Kaloriendefizit erreichst, spielt dabei fast keine Rolle. So nahm der amerikanische Biologielehrer John Cisna in 90 Tagen rund 17 kg ab, obwohl er sich ausschließlich von McDonald's-Produkten ernährte.

Bei jeder Diät läuft es auf ein Kaloriendefizit hinaus:

- Eine Low-Carb-Diät führt zu einem Kaloriendefizit.
- Eine Low-Fat-Diät führt zu einem Kaloriendefizit.
- Eine Paleo-Diät führt zu einem Kaloriendefizit.
- Eine Vegan-Diät führt zu einem Kaloriendefizit.

Beim Kaloriendefizit ist es wichtig, dass dieses nicht zu groß ausfällt und immer wieder angepasst wird. Ist dieses von Beginn an zu hoch, schaltet dein Körper schnell in den Energiesparmodus und der Stoffwechsel wird verlangsamt.

Dies ist damit begründet, dass unser Körper evolutionstechnisch noch in der Steinzeit lebt, in der es quasi keinen unbegrenzten Vorrat an Lebensmitteln gab. Während heutzutage die Fettreserven auf unseren Hüften verteufelt werden, konnten sie damals den Unterschied über Leben und Tod bedeuten.

Bist du auf Diät, empfehle ich dir außerdem, dich nicht vollständig auf deine Waage zu verlassen, da diese oftmals nur die halbe Wahrheit erzählt. Entscheidend ist nicht dein Gewicht, entscheidend ist, woraus sich dieses zusammensetzt.

Sofern du weniger Kalorien zu dir nimmst und gleichzeitig damit anfängst, Sport zu treiben, werden erst mal zwar schnell die Pfunde purzeln, doch nach einer gewissen Zeit wird sich die Waage kaum noch bewegen. Dies kann zu Frustration führen. Die Wahrheit ist dabei oft, dass du überflüssiges Fett abnimmst, jedoch gleichzeitig Muskelmasse aufbaust, was den Diätfortschritt auf der Waage minimiert.

Ein Gramm Muskelmasse hat eine um rund 15 % höhere Volumendichte als ein Gramm Fett. Dementsprechend solltest du den Fortschritt deiner Diät mehr mit Vergleichsfotos oder einem Maßband messen (du kannst z. B. den Umfang unter dem Bauchnabel und an der dicksten Stelle der Hüfte messen).

Egal wie du dir deine Kalorien auch zuführst, das Wichtigste ist, dass du dich wohlfühlst mit deiner Ernährung: Willst du dich kohlenhydratarm ernähren, dann ernähre dich kohlenhydratarm. Hast du das Bedürfnis, dich fleischlos zu ernähren, dann probiere eine vegetarische Ernährung aus. Willst du dich Paleo ernähren, probiere diese spezielle Art der Ernährung.

Jeder Körper ist unterschiedlich. Was der eine gut verträgt, kann für den anderen unverträglich sein bzw. was für den einen gut funktioniert, kann für den anderen nicht funktionieren. Wer weiß, vielleicht hast du eine nicht diagnostizierte Glutenunverträglichkeit oder eine Laktoseintoleranz?

Gluten beispielsweise ist ein Eiweiß, das in fast allen Getreidesorten enthalten ist. Symptome einer Unverträglichkeit können z. B. folgende sein:

- Bauchschmerzen
- Verstopfung

- Kopfschmerzen
- Müdigkeit

0,3 % der Deutschen haben aktuell eine diagnostizierte Glutenunverträglichkeit. Experten schätzen jedoch, dass die Dunkelziffer der nicht diagnostizierten Fälle deutlich höher liegt. Nämlich, dass knapp 1 % der Bevölkerung Gluten nicht verträgt.[33]

Bevor du jetzt schreiend zum Arzt rennst und dich testen lässt, habe ich einen besseren Vorschlag für dich: Mach einen Selbsttest! Dieser lässt sich nicht nur für Gluten anwenden, sondern für jedes andere Lebensmittel auch – wie z. B. Milchprodukte oder Fleisch. Verzichte dabei 30 Tage lang vollständig auf die ausgewählten Lebensmittel und achte darauf, wie du dich fühlst.

Führe für eine objektivere Auswertung ein Tagebuch! Sei dabei besonders aufmerksam, sobald die 30 Tage vorbei sind und du das getestete Lebensmittel wieder isst.

Obwohl es deutlich wichtiger ist, wie viele Kalorien du zu dir nimmst, empfehle ich dir trotzdem nicht, dich ausschließlich von Fast Food zu ernähren. Stattdessen rate ich dir, zum Großteil möglichst unverarbeitete naturbelassene Lebensmittel zu konsumieren.

Außerdem solltest du soweit wie möglich auf folgende Lebensmittel verzichten:

1. **Weißmehlprodukte und Zucker**

   Konsumierst du solche Produkte, sorgen diese dafür, dass der Blutzuckerspiegel in deinem Körper recht unkontrolliert ansteigt. Um den hohen Blutzuckerspiegel wieder zu normalisieren, schüttet dein Körper das Hormon Insulin aus.

   Doch der Körper ist durch den schnellen Anstieg des Blutzuckerspiegels überfordert und schüttet mehr Insulin aus als nötig. Dies führt zur Unterzuckerung im Blut, was wiederum Heißhungerattacken verursacht.

Ständige extreme Ausschläge des Blutzuckerspiegels können mittelfristig zu einer Sache führen: Diabetes Typ 2. Dein Körper ist dann selbst nicht mehr in der Lage, ausreichend Insulin herzustellen, das stattdessen von außen zugeführt werden muss – und zwar in Form von Spritzen...

Würde deinem Körper in diesem Fall kein Insulin zugeführt, würde der hohe Blutzuckerspiegel deine Blutgefäße, deine Nerven und deine inneren Organe beschädigen.

Um es gar nicht erst so weit kommen zu lassen, empfehle ich dir, zum Großteil auf einfache Kohlenhydrate mit einem sogenannten hohen glykämischen Index zu verzichten. Darunter fallen unter anderem Zucker (Süßigkeiten, gezuckerte Getränke, ...), Weißmehlprodukte (Brötchen, Nudeln, ...), aber z. B. auch weißer Reis.

Als Alternative kannst du stattdessen ballaststoffreiche Lebensmittel wie Vollkornprodukte, braunen Reis oder Hülsenfrüchte essen. Ballaststoffe sorgen dafür, dass die Energien langsamer ins Blut gehen. So steigt der Blutzuckerspiegel wesentlich kontrollierter an. Dadurch ist der Körper nicht überfordert und schüttet die Menge an Insulin aus, die benötigt wird.

2. **Transfette**

Als Transfette werden künstlich gehärtete pflanzliche Fette bezeichnet. Diese Fette sind beispielsweise in Chips, Fast Food, Fertiggerichten, Margarine, Gebäck, Süßigkeiten oder Wurst enthalten. Außerdem können diese beim Frittieren entstehen.

Transfette werden als Verursacher von Herzkrankheiten angesehen, wie z. B. einem Herzinfarkt oder einem Schlaganfall. Außerdem beeinträchtigen diese Fette den Stoffwechsel, indem sie das

LDL-Cholesterin erhöhen, das als das „böse" Cholesterin angesehen wird.

Aus diesem Grund sind Transfette in einigen Städten in den USA bereits verboten – wie beispielsweise in New York. In den nächsten Jahren sollen Transfette in den USA komplett verboten werden, was in Dänemark bereits seit 2003 komplett der Fall ist. In Deutschland gibt es aktuell keine Einschränkungen – und es ist auch nichts geplant...

Es würde jetzt den Rahmen sprengen, weiter auf Transfette einzugehen. Die Empfehlung für dich: Nutze eine Suchmaschine deiner Wahl und lies dir zwei bis drei Artikel zu diesem Thema durch!

Abschließend möchte ich erwähnen, dass Fett nicht fett macht – ganz im Gegenteil: Die richtigen Fette sind sogar lebensnotwendig. Achte deshalb zukünftig darauf, hochwertige Fette zu dir zu nehmen – wie z. B. natives Olivenöl! Zum Anbraten kannst du Kokosöl oder Butter aus Weidemilch verwenden.

Es ist sinnvoll, Zeit in das Erlernen von Ernährungsgrundlagen zu investieren. Solange du dich auf die Grundlagen fokussierst, ist es gar nicht so schwierig wie du jetzt vielleicht denkst.

Wenn du lernst, wie sich Kalorien zusammensetzen oder wie die Zutatenlisten auf Produkten zu verstehen sind, dann wirst du in deinem Alltag einige Vorteile haben. Du wirst beispielsweise erkennen, dass sogenannte Mehrkornbrötchen oftmals trotzdem Weißmehl als Hauptbestandteil haben.

Nimmst du Nahrung zu dir, iss langsam und kau dein Essen gut. Meide dabei Ablenkung durch Gespräche, Fernseher oder die Zeitung. Dies wird dir dabei helfen, ein Gespür für dein Hungergefühl zu bekommen, sodass du merkst, wann du satt bist. Im Zweifel ist es sogar besser, mit dem Essen aufzuhören, BEVOR du satt bist, da das Sättigungsgefühl oftmals erst verspätet einsetzt.

Ich möchte hier noch kurz auf Alkohol eingehen, der Gesellschaftsdroge Nummer eins. Dazu brauche ich eigentlich nur zwei Dinge zu erwähnen:

1. Alkohol ist Nervengift.
2. Alkohol enthält viele Kalorien.

Liegt dir etwas an deiner Gesundheit und deiner schlanken Figur, empfehle ich dir, Alkohol nur in geringem Maße zu dir zu nehmen.

Zu guter Letzt noch eine Frage an dich: Isst du aus einem Mangel heraus?

Wie beim Geldausgeben kann es sein, dass wir durch Essen einen Mangel an Nichterfüllung in uns kompensieren wollen. Doch dies führt zu nichts – außer zu Übergewicht...

Setzt du die in diesem Unterkapitel beschriebenen Tipps um, wird es dazu führen, dass du ein angemessenes Gewicht haben wirst. Dadurch wirst du gut aussehen und du wirst dich gut fühlen. Dies wiederrum hat große Auswirkungen auf dein Selbstbewusstsein.

Doch bei allen Ernährungstipps, die du hier und in den Weiten des Internets finden wirst, darfst du eine Sache nicht vergessen: Totale Verbote führen zu nichts.

Ja, du darfst ab und zu Fast Food essen und ja, du darfst auch ab und zu Alkohol trinken oder Süßigkeiten und Chips essen. Es kommt jedoch immer auf die Menge und die Summe der Ausnahmen an.

Ernährst du dich zu 90 % gesund und 10 % ungesund, machst du schon vieles richtig. Selbst wenn das Verhältnis 80 % zu 20 % beträgt, bist du noch gut dabei.

Ich rate dir jedoch, dich objektiv zu kontrollieren, da der Mensch zur Selbsttäuschung neigt. Vielleicht kannst du dich noch an die Geschichte mit meinem 30-Jährigen-Bäuchlein erinnern... (Teil I, Kapitel 7, Tipp 6)

Bewege deinen Körper ausreichend und angemessen!

Dein Körper ist nicht dafür gemacht, acht Stunden an einem Schreibtisch zu sitzen. Er ist dafür gemacht, dass du ihn bewegst!

Regelmäßiger Sport und Bewegung hat viele positive Auswirkungen auf dein Leben, wie z. B.:

- Die geistige Leistungsfähigkeit wird erhöht.
- Das Immunsystems und das Herz werden gestärkt.
- Stress wird abgebaut und du bist in der Lage, Stress besser zu bewältigen.
- Der Blutdruck wird gesenkt.
- Die Schlafqualität erhöht sich.

Des Weiteren wird beim Sport das Glückshormon Serotonin ausgeschüttet, wodurch du dich gut fühlen wirst. Außerdem verbessert Sport deine Körperhaltung, was dich attraktiver wirken lässt und ebenfalls dein Wohlbefinden steigert.

Die Liste der Vorteile, die dir Sport und Bewegung bieten, ließe sich jetzt beliebig fortsetzen. Doch ich glaube, das weißt du alles schon...

Dementsprechend die Frage an dich: Wie viel Sport treibst du pro Woche?

Falls du dich aktuell nicht sportlich betätigst, empfehle ich dir dringend, die Gewohnheit zu entwickeln, 3-mal pro Woche 60 Minuten Sport zu treiben.

Da regelmäßige Bewegung starke positive Auswirkungen auf unsere Selbstdisziplin hat (siehe Teil 1, Kapitel 7, Tipp 17), ist Sport sogar eines der ersten Dinge, die du umsetzen solltest.

Das Wichtigste dabei ist, eine Sportart zu finden, die dir Spaß macht. Es wird dir nichts bringen, dich dauerhaft zum Sport zwingen zu müssen. Macht dir eine Sportart keinen Spaß, probiere eine Neue!

Teste verschiedene Sportarten aus! Es gibt so viele verschiedene Sportarten, dass mit Sicherheit auch etwas für dich dabei sein wird. Durch die Interaktion mit anderen Menschen können Gruppen- oder Teamsportarten besonders motivierend sein.

Fang klein an, falls du bis jetzt keinen regelmäßigen Sport getrieben hast, denn viele Leute fallen von einem Extrem ins andere:

Durch die Ausschüttung von Glückshormonen hat Sport ein hohes Suchtpotential. Ich habe es schon oft erlebt, dass Menschen nach Jahren des Nichtstuns mit Sport anfangen und mehr trainieren als ihnen guttut. Nach dem Motto: Viel hilft auch viel.

Doch weniger ist manchmal mehr. Du musst nicht immer an deine Grenzen gehen. Selbst professionelle Sportler legen regelmäßig nur leichte Trainingseinheiten und Ruhetage ein. Durch Überehrgeiz schadest du dir nur selbst. Gib deinem Körper ausreichend Zeit, sich zu erholen und sich an die neue Belastung zu gewöhnen.

Kleine Schmerzen sind oft ein Anzeichen von Überbelastung. Schenkst du diesen Anzeichen keine Beachtung und trainierst einfach weiter, wird dir dein Körper immer stärkere Signale senden, bis du irgendwann gar nicht mehr trainieren kannst.

Lerne deinen Körper kennen und höre auf die Signale, die er dir sendet! Trainiere auf keinen Fall, wenn du irgendwelche körperlichen Schmerzen hast!

Auch beim Sport gilt es wieder, ein gesundes Mittelmaß zu finden. Sport sollte dich in deinem Leben unterstützen und dir zusätzliche Energie geben, nicht Energie rauben.

Der Bonustipp ist, mehr Bewegung in deinen Alltag einzubauen.

Experten empfehlen, dass wir 10.000 Schritte am Tag gehen sollen. Dies entspricht ca. vier Spaziergängen von 20 Minuten oder einer Strecke von insgesamt sechs bis sieben Kilometern. Dies hört sich jetzt erst einmal viel an, doch in der Praxis lässt sich dies leicht umsetzen:

- Statt den Lift oder die Rolltreppe zu benutzen, verwende die Treppen.
- Mach in deiner Mittagspause einen kleinen Spaziergang.
- Lass das Auto stehen und fahr mit dem Fahrrad zur Arbeit.
- Steig eine Busstation früher aus und lauf die restliche Strecke.
- Übst du eine sitzende Tätigkeit vor dem Bildschirm aus, steh regelmäßig auf und lauf etwas im Raum umher. Sieh außerdem aus dem Fenster, um deine Augen zu entspannen.

Wie du siehst, gibt es eine ganze Reihe von Möglichkeiten, mehr Bewegung in deinen Alltag zu bringen. Allein dies wird deine Gesundheit positiv beeinflussen.

Achte auf genügend Schlaf und ausreichend Erholung

Der dritte Faktor, der deine Gesundheit entscheidend beeinflusst, ist, ob du dich ausreichend erholst. Des Weiteren ist ausreichend Schlaf ein entscheidender Faktor, was die Stärke deiner Selbstdisziplin angeht.

Ich hatte jahrelang mit Schlafstörungen bzw. einem nur sehr oberflächlichen Schlaf zu kämpfen. Aus diesem Grund fehlte mir tagsüber oft die Energie, meinen Projekten nachzugehen. Außerdem stagnierte meine sportliche Leistung, die einem ambitionierten Hobbysportler wie mir sehr wichtig ist.

Was mir damals fehlte, war eine gesunde Balance zwischen meinen Lebensbereichen sowie zwischen Anspannung und Entspannung. Mein Leben bestand hauptsächlich aus Leistung. Mit dieser Einstellung ging ich auch an das Thema Schlaf heran und versuchte, den Schlaf zu optimieren.

Doch ein qualitativer hochwertiger Schlaf lässt sich nicht erzwingen, durfte ich damals erfahren. Wir können lediglich die entsprechenden Rahmenbedingungen dafür schaffen.

Einen regelmäßigen Schlafrhythmus zu haben, mit mehr oder weniger festen Bettgehzeiten, ist dafür eine wichtige Sache. Natürlich sind Ausnahmen möglich. Doch inzwischen gehe ich jeden Tag zur selben Zeit ins Bett – sowohl unter der Woche als auch am Wochenende.

Mit zunehmenden Alter wurde ich für Veränderungen in meinem Schlafrhythmus immer sensibler: Mit Anfang 20 spielte dies zwar noch keine große Rolle, doch jetzt – im Alter von 30 Jahren – hat es sehr negative Auswirkungen auf die Qualität meines Schlafes, sofern mein Schlafrhythmus gesprengt wird.

Arbeitest du als Angestellter und stehst unter der Woche beispielsweise um 5 Uhr früh auf, machst jedoch am Wochenende immer bis 4 Uhr morgens durch, brauchst du dich nicht zu wundern, dass du in der Nacht auf Montag nicht vernünftig schlafen kannst und montags total kaputt bist.

Dementsprechend der Tipp an dich: **Achte darauf, dass du einen regelmäßigen Schlafrhythmus hast und diesen auch am Wochenende nicht großartig änderst!**

Um runterzukommen und abzuschalten, braucht unser Körper ausreichend Zeit. Dieser Prozess sollte ein bis zwei Stunden vor dem Schlafengehen beginnen.

Wie sehen die letzten zwei Stunden deines Tages aus, bevor du ins Bett gehst?

Schaust du bis kurz vor dem Schlafengehen fern?

Treibst du intensiv Sport?

Sind in deiner Wohnung alle Lichter an?

Trifft davon etwas zu, sind das keine guten Voraussetzungen für einen tiefen und erholsamen Schlaf. Schaust du dir beispielsweise ein hochspannendes Spiel deiner Lieblingsmannschaft an und gehst danach direkt ins Bett, brauchst du dich nicht zu wundern, wenn du auf 180 bist und nicht schlafen kannst.

Dein Körper benötigt Zeit, um von 100 % auf 0 % herunterzufahren. Bist du – aus welchen Gründen auch immer – aufgedreht, ist der Adrenalinspiegel erhöht, was nicht förderlich für unsere Müdigkeit und die Qualität unseres Schlafes ist.

Aus diesem Grund solltest du in der letzten Stunde deines Tages auf nervenaufreibende und intensive Dinge verzichten. Damit meine ich Dinge wie z. B.:

- Sport, der den Puls extrem in die Höhe treibt
- Hektische Computerspiele
- Aufwühlende Serien oder Bücher
- Spannender Sport im TV

Stattdessen wäre es besser, z. B. ...

- ...etwas Beruhigendes zu lesen.
- ...Entspannungsübungen zu machen.
- ...Gespräche mit dem Partner zu führen (natürlich keine Streitgespräche).

Ein weiterer Faktor ist das Schlafhormon Melatonin. Sobald die Dunkelheit anbricht, wird dieses Hormon automatisch von unserem Körper ausgeschüttet. Es sorgt dafür, dass wir müde werden. Das Problem ist, dass helles Licht und LED-Bildschirme die Ausschüttung von Melatonin hemmen.

Aus diesem Grund empfehle ich dir, spätestens eine Stunde vor dem Schlafengehen zu einer sanften indirekten Beleuchtung bzw. sogar zu Kerzenlicht zu wechseln. Die Helligkeit von Bildschirmen kannst du herunterdimmen – und vor allem rate ich dir, für deine Bildschirme einen Blaulichtfilter zu verwenden. Durch einen Blaulichtfilter wird das blaue Licht herausgefiltert, das die Ausschüttung von Melatonin hemmt. Allgemein solltest du spätestens 30 Minuten vor dem Schlafengehen auf Bildschirme komplett verzichten, besser wären sogar 60 Minuten.

Schwirren vor dem Schlafengehen viele Gedanken in deinem Kopf herum, empfehle ich dir, diese Gedanken aufzuschreiben. Es hilft ungemein, seine Gedanken zu Papier zu bringen, da im Kopf anschließend meist Ruhe herrscht. Unter anderem aus diesem Grund habe ich ein spezielles Notizbuch auf meinem Nachttisch liegen.

Natürlich ist es wichtig, ausreichend zu schlafen. Wie viel Schlaf jeder Mensch benötigt, ist zwar individuell, sollte jedoch zwischen 7 und 9 Stunden liegen. Außerdem kommt es stark auf deine aktuelle Lebensphase an. Machst du gerade viele Veränderungen durch, braucht dein Körper mehr Schlaf, um diese Veränderungen verarbeiten zu können. Ich glaube, ich brauche nicht zu erwähnen, dass du darauf achten solltest, jeden Tag genügend Schlaf zu bekommen…

Die bislang aufgezählten Dinge haben alle ihre Daseinsberechtigung, doch sie sind meist nur Symptombehandlungen. Die Ursache vieler Schlafprobleme ist in der heutigen Zeit oft zu viel Stress.

Stress ist der Schlafkiller Nummer 1 und oft eine Folge der westlichen Leistungsgesellschaft, deren Lebensstil aus zu viel Anspannung und zu wenig Entspannung besteht.

Wann hast du dir das letzte Mal wirklich Zeit für dich genommen und dir etwas Gutes gegönnt?

Diese Zeit benötigen wir, um unsere Batterien wieder aufzuladen. Aus diesem Grund ist es wichtig, sich selbst Ruhe und Ausgleich in seinem Alltag zu gönnen. Zwinge dich notfalls dazu, auch mal eine Pause zu machen!

Wie die Erholung konkret für dich aussehen mag, ist Typsache. Finde heraus, wobei du dich am besten entspannen kannst. Für mich beispielsweise sind dies:

- Saunabesuche
- Spaziergänge in der Natur
- Massagen

Außerdem ist Sex eine gute – vielleicht sogar die beste – Methode, um Stress abzubauen.

Es hilft, deinen Körper bewusst entspannen zu können. Auch wenn es sich jetzt komisch lesen mag, auch das Entspannen ist eine Fähigkeit, die erlernbar und verbesserbar ist.

Progressive Muskelentspannung ist ein gutes Mittel, um Entspannung zu lernen. Dabei werden verschiedene Muskelgruppen angespannt und anschließend wieder entspannt. Dadurch verbesserst du dein Körperbewusstsein. Der Vorteil dabei ist, dass es dir zukünftig verstärkt auffallen wird, wann und an welchen Stellen du verspannt bist. Fällt dir dies auf, kannst du diese Stelle bewusst entspannen. Kostenlos geführte Meditationen wirst du im Internet zur Genüge finden.

Der zweite Punkt, dem du zukünftig mehr Beachtung schenken darfst, ist deine Atmung. Während wir in unserem Alltag oft flach in die Brust atmen, atmen wir meist in unseren Bauch, sobald wir entspannt sind. Achte darauf, diese tiefe Bauchatmung zukünftig auch verstärkt in deinem Alltag zu praktizieren. Dies wird dir ebenfalls dabei helfen, entspannter durch dein Leben zu gehen.

Bist du in der Lage, dich bewusst zu entspannen, hilft es dir dabei runterzukommen. Somit bist du in der Lage, besser mit Stress umzugehen. Selbst wenn du im Bus nur drei Minuten Zeit hast, kannst du ein paar tiefe Atemzüge nehmen und dich bewusst entspannen.

Nur wenn du einen gesunden Körper hast, wird dir dieser in allen anderen Lebensbereichen dabei helfen, Höchstleistungen zu erbrin-

gen. Neben richtiger Ernährung und ausreichender Bewegung, ist der dritte – und oft vernachlässigte – Faktor, auf genügend Erholung zu achten.

Sorge dafür, dass du genug qualitativ hochwertigen Schlaf bekommst, sodass Anspannung und Entspannung in einem ausgewogenen Verhältnis zueinander stehen und lerne einen besseren Umgang mit Stress!

Resümee:

- Rund 70 % der Kosten in unserem Gesundheitssystem werden für die Behandlung von sogenannten Zivilisationskrankheiten aufgewendet. Das sind Krankheiten, die durch den richtigen Lebensstil zum Großteil vermeidbar wären.

- Zu einem gesunden Lebensstil gehören eine ausgewogene Ernährung, ausreichend Bewegung sowie genügend Schlaf und Erholung.

- Du bist, was du isst. Deine Nahrung ist der Treibstoff für deinen Körper. Wenn du etwas zu dir nimmst, das deinem Körper nicht guttut, brauchst du dich nicht zu wundern, wenn du dich nicht gut fühlst.

- Abnehmen wirst du, wenn du dauerhaft weniger Kalorien zu dir nimmst als dein Körper benötigt. Wie dieses Kaloriendefizit entsteht, ist fast nebensächlich.

- Verzichte soweit wie möglich auf einfache Kohlenhydrate wie Zucker oder Weißmehlprodukte sowie auf Transfette! Dies senkt das Risiko, an Herzkrankheiten und Diabetes zu erkranken.

- Treibe mindestens drei Mal pro Woche 60 Minuten Sport. Finde eine Sportart, die dir Spaß macht. Sobald du eine solche Sportart gefunden hast, wirst du dich dafür kaum noch überwinden müssen. Sport zusammen mit anderen Menschen kann dabei besonders viel Spaß machen.

- Achte außerdem darauf, dich in deinem Alltag mehr zu bewegen. Nimm beispielsweise statt des Aufzugs oder der Rolltreppe die normalen Treppen und fahr mit dem Rad zur Arbeit.

- Qualitativ hochwertiger Schlaf lässt sich nicht erzwingen. Wir können nur die richtigen Rahmenbedingungen dafür schaffen. Regelmäßige Schlafenszeiten, der Verzicht auf Bildschirme, helle Beleuchtung sowie auf nervenaufreibende Dinge vor dem Schlafengehen können dir dabei helfen, besser zu schlafen.

- Übermäßiger Stress ist der Schlafkiller Nummer 1. Achte zukünftig verstärkt auf ein ausgewogenes Verhältnis zwischen Anspannung und Entspannung. Finde heraus, wobei du dich am besten entspannen kannst und tue diese Dinge regelmäßig!

Schlusswort

In diesem Buch habe ich bereits erwähnt, dass eine meiner Hauptmotivationen zu schreiben der Grund ist, dass ich dadurch selbst am meisten lerne. Beim Schreiben dieses Buches habe ich natürlich einiges gelernt und besser verstanden.

Zum Schluss möchte ich meine Schlüsselerfahrungen mit dir teilen:

1. Du brauchst nicht viel Selbstdisziplin!

In einem Buch über Selbstdisziplin mag sich dies vielleicht ironisch lesen. Doch, wenn du wirklich deine eigenen Ziele verfolgst, wirst du dich kaum überwinden müssen, die dafür notwendigen Dinge zu tun.

Dieses Buch ist das beste Beispiel:

Wie du dir sicher vorstellen kannst, schreibt sich ein Buch nicht von selbst. Allein für das Schreiben habe ich rund vier Monate meines Lebens investiert und du kannst mir glauben, dass es mich oft an meine Grenzen gebracht hat.

Zum Großteil hat mir das Schreiben Spaß gemacht, doch es gab auch immer wieder Phasen, in denen es nicht lief und ich nicht weitergekommen war. Genau das waren die Phasen, in denen meine Disziplin gefragt war.

Die Tage, an denen es nicht läuft und an denen du keine Lust hast, sind entscheidend über den Erfolg oder Misserfolg deines Projekts. An diesen Tagen gilt es, seine Disziplin einzusetzen und sich zu überwinden, die Dinge zu tun, die notwendig sind.

Setzt du deine Selbstdisziplin für die richtigen Projekte ein, brauchst du die Selbstdisziplin lediglich dafür, um den Karren anzuschieben und ihn erstmalig in Bewegung zu versetzen. Sobald er einmal in Bewegung ist, rollt er fast von allein – bis schlechtes Wetter aufzieht und er dadurch im Schlamm stecken bleibt. Dann benötigst du Selbstdisziplin, um den Karren wieder aus dem Schlamm herauszuziehen.

Das bedeutet, du benötigst Selbstdisziplin hauptsächlich, um überhaupt anzufangen und an den Tagen, an denen du absolut keine Lust hast. Sofern du einen starken Beweggrund hast, können an den anderen Tagen deine Gewohnheiten für dich übernehmen, was der zweite große Punkt ist:

2. Wir sind das Produkt unserer Gewohnheiten

Bis zu 50 % unseres Tages bestehen aus Gewohnheiten. Dabei sind unsere Gewohnheiten keinesfalls in Stein gemeißelt: Wir können neue Gewohnheiten entwickeln und alte Gewohnheiten ändern.

In den letzten Jahren habe ich mich bewusst mit meinen Gewohnheiten auseinandergesetzt und diese so geändert, dass mich meine Gewohnheiten fast automatisch zu meinen Zielen tragen.

Unsere Selbstdisziplin ist begrenzt. Setze sie aus diesem Grund an den Stellen ein, wo sie den größtmöglichen Unterschied ausmachen! Diese Stellen sind deine Gewohnheiten.

Konzentriere dich dabei zuerst auf EINE Gewohnheit und fang damit an, kleine, dich unterstützende Gewohnheiten in dein Leben zu integrieren! In der Regel reicht es aus, diese kleinen Tätigkeiten 30 Tage am Stück durchzuführen, bis sie verinnerlicht wurden und anschließend quasi automatisch ausgeführt werden. Danach kannst du dich der nächsten Gewohnheit widmen.

Mit zunehmender Erfahrung kannst du damit anfangen, größere Gewohnheiten zu entwickeln oder alte Gewohnheiten zu ändern.

Falls nicht schon geschehen, ist die erste Gewohnheit, die ich dir empfehle, in dein Leben zu integrieren, regelmäßige Bewegung. Anschließend kannst du dich der Gewohnheit widmen, jeden Tag etwas dafür zu tun, um deinen Träumen näher zu kommen – selbst wenn es nur eine klitzekleine Sache ist.

Erfolgreiche Leute sind nicht anders als du. Sie haben es sich nur zur Gewohnheit gemacht, all die Dinge zu tun, die notwendig sind, damit sie Erfolg haben.

Dies kannst du auch! Dabei spielen unsere Gefühle eine wichtige Rolle:

3. Es geht immer nur um Gefühle

Rational wissen wir, was wir zu tun haben, damit wir unsere Ziele erreichen. Tun wir diese Dinge nicht, werden wir unsere Ziele nicht erreichen – auch das wissen wir.

Warum tun wir diese Dinge oft trotzdem nicht?

Wir verbinden mit den dafür notwendigen Tätigkeiten stärkere negative Gefühle, als dass wir positive Gefühle mit dem Erreichen unserer Ziele verbinden.

Falls dies der Fall ist, könnten wir uns noch so häufig rational einreden, dass wir diese Dinge tun müssen, doch es würde nichts bringen: Steht das Rationale im Konflikt mit dem Emotionalen, wird sich das Emotionale immer durchsetzen.

Die Lösung dafür ist, mit deinem angestrebten Ziel starke positive Gefühle zu verknüpfen. Sobald die positiven Gefühle stärker sind als die negativen Gefühle, die du mit der Überwindung und Anstrengung verbindest, wirst du die Dinge tun, die nötig sind, um deine Ziele zu erreichen.

Dafür eignet sich die Technik der mentalen Bilder ausgezeichnet: Sieh deinen gewünschten Erfolg vor deinem geistigen Auge und spüre in dich hinein, wie du dich beim Erreichen deines Ziels fühlen würdest! Intensiviere dieses Gefühl so stark wie möglich und merke dir, wie sich dieses Gefühl anfühlt! Jedes Mal, wenn du dich zu einer unangenehmen Tätigkeit überwinden musst, geh zurück in dieses positive Gefühl!

Ebenso kannst du dir negative Gefühle zunutze machen: Frag dich, wie dein Leben in 3, 5, 10, 20 und 30 Jahren aussieht, solltest du so weitermachen wie bisher. Geh auch hier voll in das negative Gefühl hinein und merke dir, wie es sich anfühlt! Stehst du vor einer unangenehmen Tätigkeit, erinnere dich an dieses unangenehme Gefühl! Dadurch kann es dir leichterfallen, dich zu überwinden.

Deine Emotionen steuern dich – ob du es willst oder nicht. Werde dir aus diesem Grund immer wieder bewusst, welche Gefühle du mit einzelnen Tätigkeiten verknüpfst und sei auch dazu bereit, neue Gefühle mit den Tätigkeiten zu verknüpfen.

Je öfter du dies tust, desto besser wirst du darin werden, womit wir beim nächsten Punkt wären:

4. Selbstdisziplin ist Erfahrung

Ich gehe davon aus, dass quasi alles eine Fähigkeit ist, die wir verbessern können. Wir werden besser in einer speziellen Fähigkeit, wenn wir genau diese Fähigkeit regelmäßig ausführen und üben.

Auch Selbstdisziplin ist eine solche Fähigkeit: Du wirst besser darin, indem du diese immer wieder anwendest, dich überwindest und diszipliniert handelst.

Dadurch wirst du Erfahrungen sammeln und erkennen, was für dich gut und was weniger gut funktioniert. Die gut funktionierenden Strategien kannst du immer wieder anwenden.

Daher weiß ich inzwischen beispielsweise, dass die Überwindung mit Abstand das Schlimmste ist. Habe ich es geschafft, mich zu überwinden, läuft es meist wie von selbst. Dies mache ich mir immer wieder zunutze, falls ich auf bestimmte Tätigkeiten keine Lust habe.

Bist du wie ich ein Mensch der Extreme, wirst du außerdem deine Grenzen besser kennen und achten lernen.

Ich neige zwar immer noch dazu, ab und zu übers Ziel hinauszuschießen und mir mehr zuzumuten (Arbeit, Sport, …) als gut für mich wäre, doch das Ganze passiert auf einem deutlich gesünderen Level als noch vor ein paar Jahren.

Dieses Buch wird dir dabei helfen, deine Selbstdisziplin auf ein neues Level zu heben. Ich empfehle dir, immer wieder mit diesem Buch zu arbeiten und die darin enthaltenen Strategien nach und nach umzusetzen.

Damit wird es dir in Zukunft immer leichterfallen, dich zu überwinden und kurzfristig Anstrengungen auf dich zu nehmen, um dadurch langfristig einen größeren Vorteil zu erhalten.

Abschließend möchte ich noch erwähnen, dass du diese unangenehmen Dinge niemals für deine Eltern, deine Lehrer, deinen Chef oder mich tust. Du machst sie ausschließlich für dich selbst.

Ich hoffe, du hattest viel Freude mit dem Buch. Solltest du noch Fragen, Feedback oder Anregungen haben, kannst du mir gerne eine Mail zukommen lassen.

Eine kleine Bitte…

Solltest du es nicht bereits wissen, Rezensionen sind ein extrem wichtiger Produktbestandteil. Kunden verlassen sich auf Rezensionen, wenn sie Kaufentscheidungen treffen.

Wenn dir das Buch gefallen hat, dann bitte ich dich, auf Amazon eine Rezension zu diesem Buch zu schreiben.

Um eine Rezension abzugeben, geh auf die Produktseite dieses Buchs (https://www.amazon.de/dp/171992600X), scrolle nach unten und klicke auf den Button „Kundenrezension verfassen". Beschreibe anschließend in einigen kurzen Sätzen, was dir am Buch besonders gut gefallen hat und natürlich auch, falls du etwas vermisst hast. Klicke abschließend auf „Absenden".

Des Weiteren hilft mir deine Rezension dabei, dieses und meine zukünftigen Bücher zu verbessern. Daher wäre ich dir sehr dankbar, wenn du dieses Buch bewerten würdest.

Ich danke dir vielmals für deine Unterstützung!

Andreas

Mehr Selbstdisziplin: Der kostenlose 7-tägige E-Mail-Kurs

Wie bereits mehrfach beschrieben, nützt dir alles Wissen der Welt nichts, sofern du dieses Wissen nicht anwendest.

Da ich dich dabei unterstützen möchte, dass du leichter in Aktion kommst, habe ich einen kostenlosen 7-tägigen E-Mail-Kurs entwickelt.

In diesem Kurs bekommst du noch einmal viele wichtige Infos kompakt zusammengefasst. Außerdem erhältst du jeden Tag eine leicht und schnell umzusetzende Aufgabe.

Du findest den Kurs auf meiner Website unter folgendem Link:

www.andreas-hofmann.net/kurs-mehr-disziplin

Danksagung

Als Erstes möchte ich mich bei meinen Eltern bedanken, die mir das Leben schenkten. Ich weiß, dass ich kein leichtes Kind war. Trotzdem habt ihr immer alles in eurer Macht Stehende getan, damit es mir gut geht.

Als Nächstes danke ich meinen großen Mentoren, die teils zu guten Freunden geworden sind: Andreas Fulde, Philipp Czerny, John Aigner, Sven Philipp, Michèl Keller, Alexander Monas sowie allen anderen Menschen, von denen ich etwas lernen durfte.

Weiterer Dank geht an meine tollen Freunde, die zu viele sind, um sie hier alle namentlich zu nennen. Vielen Dank, dass ihr mein Leben bereichert!

Mein Dank geht außerdem an David Röttger für das Designen des Buchcovers.

Außerdem möchte ich noch einmal meiner wunderbaren Lektorin Yvonne Roth danken. Die Zusammenarbeit mit dir war sehr konstruktiv und professionell. Du hast mich zwar gut gefordert und oft an meine Grenzen gebracht, doch ohne dich wäre das Buch nicht so gut geworden.

Über den Autor

Andreas Hofmann ist Coach, Autor und Experte für eine liebevolle Selbstdisziplin.

Als Coach unterstützt er ambitionierte Unternehmer dabei:

- Mit ihrem Business mehr Einfluss in der Welt zu gewinnen,
- damit das Leben von anderen Menschen zu bereichern,
- natürlich auch mehr Geld zu verdienen und
- ein erfüllteres und glücklicheres Leben zu führen.

Andreas hat sich voll und ganz dem persönlichen Wachstum verschrieben. Seine Mission ist es, andere Menschen auf eine liebevolle Art und Weise dabei zu unterstützen, dass sie zu ihrer besten Version werden.

Auf seiner Website **www.andreas-hofmann.net** schreibt Andreas darüber, wie es uns gelingt, ein selbstbestimmtes, glückliches und erfolgreiches Leben zu führen.

Quellenverzeichnis

[1] W.A. Roberts: „Are Animals Stuck in Time?", Psychological Bulletin 128 (2002), S. 473-489

[2] W. Bickel und M. W. Johnson: „Delay Discouting: A Fundamental Behavioral Process of Drug Dependence", in: G. Loewenstein, D. Read und R. Baumeister (Hg.): Time and Decision (New York: Russell Sage, 2003), S. 419-440

[3] Megan Oaten und Ken Cheng: „Academic Examination Stress Impairs Self-Control", Journal of Social and Clinical Psychology 24 (2005), S 254-279

[4] National Sleep Foundation: Sleep in America Poll. Washington 2008

[5] Spiegel, K., E. Tsali, R. Leproult, E. Van Cauter: „Effects of Poor and Short Sleep on Glucose Metabolism and Obesity Risk". In: Nature Reviews Endocrinology 5 (2009), S. 253-261

[6] Elmenhorst, D.,E.-M. Elmenhorst, N. Luks, H. Mass, E.-W. Mueller, M. Vejvoda, J. Wenzel, A. Samel: „Performance Impairment During Four Days Partial Sleep Deprivation Compared with the Acute Effects of Alcohol and Hypoxia". In: Sleep Medicine 10 (2009), S. 189-197

[7] Britton, W.B., R. R. Bootzin, J. C. Cousins, B. P. Hasler, T. Peck, S. L. Shapiro: „The Contribution of Mindfulness Practice to a Multicomponent Behavioral Sleep Intervention Following Substance Abuse Treatment in Adolescents. A Treatment-Development Study." In: Substance Abuse 31 (2010), S. 86-97

[8] S. Danziger, J. Levav, L. Avnaim-Pesso: „Breakfast, Lunch, and Their Effect on Judicial Decisions" Proceedings of the National Academy of Sciences 108 (2011), S. 6889-6892

[9] Baumeister, R.F., M. Gailliot, C.N. De Well, M. Oaten: „Self Regulation and Personality. How Interventions Increase Regulatory Success, How Depletion Moderates the Effects of Traits on Behavior"; In: Journal of Personality 74 (2006)

[10] Deutsches Krebsforschungsinstitut Heidelberg, Pressmitteilung 14-38, „Was uns Lebensjahre raubt"

[11] H. Ersner-Hershfield, G.E. Wimmer und B. Knutson: „Saving for the Future Self: Neural Measures of Future Self Continuity Predict Temporal Discounting", Social Cognitive and Affective Neuroscience 4, Nr. 1, 2009: S 85-92

[12] X. Giné, D. Karlan und J. Zinman: „Put Your Money Where Your Butt Is: A Commitment Contract for Smoking Cessation"; American Economic Journal: Applied Economics 2 (October 2010); S 213-235

[13] R. Rahinel, J.P. Redden, and K.D. Vohs: „An Orderly Mind is Sensitive to Norms" (unveröffentliches Manuskript, University of Minnesota, Minneapolis, 2011)

[14] Fox KC, Nijeboer S, Dixon ML, Floman JL, Ellamil M, Rumak SP, Sedlmeier P, Christoff K: „Is meditation associated with altered brain structure? A systematic review and meta-analysis of morphometric neuroimaging in meditation practitioners."; Neurosci Biobehav Rev. 2014 Jun;43:48-73. doi: 10.1016/j.neubiorev.2014.03.016. Epub 2014 Apr 3.

[15] Oaten, M., K. Cheng: „Longitudinal Gains in Self-Regulation from Regular Physical Exercise"; In: British Journal of Health Psychology 11 (2006), 717-733

[16] Colcombe, S.J., K.I. Erickson, N. Raz, A.G. Webb, N.J. Cohen, E. McAuley, A.F. Kramer: „Aerobic Fitness Reduces Brain Tissue Loss in Aging Humens"; The Journals of Gerontology Series A. Biological Sciences and Medical Science 58 (2003), M176-M80

[17] Barton, J., J. Pretty: „What Is The Best Dose of Nature and Green Exercise for Improving Mental Health? A Multi-Study Analysis". In: Environmental Science & Technology 44 (2010), 3947-3955

[18] Werth, L. & Mayer, J. Sozialpsychologie (2008).

[19] N.A. Christakis and J.H. Fowler: „The Collective Dynamics of Smoking in a Large Social Network"; New England Journal of Medicine 358 (2008), S. 2249-2258

[20] N.A. Christakis and J.H. Fowler: „The Spread of Obesity in a Large Social Network over 32 Years"; New England Journal of Medicine 357 (2007), S. 370-379

[21] Orbel S., and Verplanken, B. „The Strenght of Habit"; Health Psychology Review 9 (3) (2015), S 311-317

[22] P. Lally, C.H.M. van Jaarsveld, H.W.W. Potts, J. Wardle: "How are habits formed: Modelling habit formation in the real world"; European Journal of Social Psychology, Volume 40, Issue 6 October 2010, S. 998-1009

[23] C. Schleier, D. Held: „Wie Werbung wirkt: Erkenntnisse des Neuromarketings"; (2006) S. 47

[24] G. Matthews: „Strategies for Achieving Goals"

[25] https://www.tk.de/tk/balance-im-job/zeitmanagement/pausen/36484

[26] https://de.wikipedia.org/wiki/Selbstbild

[27] http://www.sueddeutsche.de/gesundheit/psychologie-allein-1.2799578

[28] http://www.t-online.de/gesundheit/kindergesundheit/id_41407148/rauchen-kinder-qualmender-eltern-auch-oder-werden-sie-davon-abgeschreckt-.html

[29] https://www.tk.de/centaurus/servlet/contentblob/819848/Datei/74792/TK-Bewegungsstudie-2016-Beweg-dich-Deutschland.pdf

[30] http://www.n-tv.de/wissen/Deutschland-raucht-sich-unter-die-Top-Ten-article19783296.html

[31] https://www.aerzteblatt.de/nachrichten/59709/Studie-Raucher-sterben-deutlich-frueher

[32] http://aje.oxfordjournals.org/content/172/4/419.abstract

[33] http://www.spiegel.de/gesundheit/diagnose/glutenunvertraeglichkeit-wie-oft-bleibt-zoeliakie-unerkannt-a-1070573.html

Impressum

Andreas Hofmann

Urbanstr. 32

10967 Berlin

www.andreas-hofmann.net

andreas@andreas-hofmann.net

Covergestaltung und -konzept: David Röttger

Coverbild: Dino Reichmuth | unsplash.com

Copyright © 2018 Andreas Hofmann

Alle Rechte vorbehalten.

Printed in Germany
by Amazon Distribution
GmbH, Leipzig